京津冀协同发展背景下的首都经济结构调整路线图

刘　瑞 等◎著

北京市教育委员会共建项目：提升北京创新能力，
打造环渤海经济新引擎

经济管理出版社
ECONOMY & MANAGEMENT PUBLISHING HOUSE

图书在版编目（CIP）数据

京津冀协同发展背景下的首都经济结构调整路线图/刘瑞等著. —北京：经济管理出版社，2016.9

ISBN 978-7-5096-4550-5

Ⅰ.①京… Ⅱ.①刘… Ⅲ.①区域经济—经济结构调整—研究—北京 Ⅳ.①F127.1

中国版本图书馆 CIP 数据核字（2016）第 189025 号

组稿编辑：申桂萍
责任编辑：高　娅
责任印制：黄章平
责任校对：赵天宇

出版发行：经济管理出版社
　　　　　（北京市海淀区北蜂窝 8 号中雅大厦 A 座 11 层　100038）
网　　址：www. E-mp. com. cn
电　　话：（010）51915602
印　　刷：北京九州迅驰传媒文化有限公司
经　　销：新华书店
开　　本：720mm × 1000mm/16
印　　张：16.75
字　　数：283 千字
版　　次：2016 年 10 月第 1 版　2016 年 10 月第 1 次印刷
书　　号：ISBN 978-7-5096-4550-5
定　　价：58.00 元

目　录

‖第一章‖
首都经济圈经济形态发展的国际比较

英国伦敦、法国巴黎、日本东京、韩国首尔是世界上著名的首都城市，也是成熟和发达的首都经济圈典范。观察、分析、比较这四座首都城市圈经济的演化过程，特别是分析和比较它们在长期演化过程中形成的城市经济新兴业态，可以为推进北京城市经济发展和促进京津冀经济圈提供许多值得借鉴的经验教训。进一步说，对打造环渤海经济圈也具有巨大的启发意义。我们对此已在其他课题项目中做了相当全面和深入的研究，有关研究的部分成果已做公开发表[①]，在本书中我们再对这些研究结论做一概要性的阐述，以便帮助读者理解后面关于打造首都经济圈、促进京津冀区域协同发展的路线分析。

一、首都经济圈的八大经济形态对比

在长期的首都经济圈形成与发展进程中，伦敦、巴黎、东京、首尔都形成了具有特色十分鲜明的服务经济、总部经济、知识经济、"绿色经济"、园区经济、临轨经济、临空经济和临港经济。把这四座城市首都经济圈与北京首都经济圈（京津冀经济圈）做一对比，可以看出北京首都经济圈（京津冀经济圈）与国际首都经济圈的发展差距。

[①] 刘瑞，伍琴. 首都经济圈八大经济形态的比较与启示：伦敦、巴黎、东京、首尔与北京 [J]. 经济理论与经济管理，2015（1）.

（一）服务经济

当服务业产值或就业人数占比超过 60%，便形成以服务业为主体产业的社会经济形态。四大国际性首都经济圈均已在 20 世纪 90 年代进入服务经济阶段，目前第三产业占比由高到低依次为伦敦（90.64%）、巴黎（87.4%）、东京（81.4%）、首尔（71.9%）。就北京市单体而言，2012 年第三产业占比虽已达76.5%，但仅接近伦敦首都圈 1990 年的水平；就京津冀首都经济圈而言，仅为50.77%，相当于巴黎首都圈 1990 年的水平（见表 1-1）。

表 1-1　首都圈第三产业发展比较

首都圈	第三产业占比（%）		年均增长率（%）
伦敦首都圈（1990~2010 年）	79.60	90.64	0.55
巴黎首都圈（1990~2010 年）	54.40	87.40	1.65
首尔首都圈（1990~2010 年）	61.60	71.90	0.52
东京首都圈（1970~2009 年）	67.90	81.40	0.47
京津冀圈（1994~2012 年）	37.26	50.77	0.75
北京市（1990~2012 年）	38.80	76.50	1.71

资料来源：英国国家统计局，http：//www.ons.gov.uk；法国国家统计局，http：//www.insee.fr；韩国国家统计局，http：//kostat.go.kr；日本总务省统计局，http：//www.stat.go.jp；北京统计信息网，http：//www.bjstats.gov.cn。京津冀圈数据由各个省份的第三产业产值及 GDP 计算得出；增长率采用算术平均法计算所得年均增长率。

四大国际性首都圈均表现出高度发达的服务经济形态，但服务经济内部结构仍各具特色。伦敦作为英国工业中心，借助大规模工业生产机会聚集资本、信息、专门知识及金融保险服务，其服务业内部结构中以金融保险服务业、专门服务、商务服务、科学技术服务为主。巴黎首都圈则以公共服务、金融服务、房地产及商务服务为主。东京首都圈以金融保险业、批发零售业、信息与通信业和不动产业为主。首尔首都圈则以金融保险业、批发零售业、商业服务和房地产及租赁业为主。对比发现，伦敦与巴黎首都经济圈的服务结构已经趋于高端化，东京和首尔首都经济圈服务经济结构层次次之，还包含批发零售业和房地产租赁业，主要集中在贸易与国际交往领域。京津冀的服务结构中现代服务业占比虽不断增加，但仍处于现代服务业发展阶段，服务业升级及高端化仍存在诸多障碍。

（二）总部经济

总部经济作为首都经济形态中不可或缺的部分，是指一种由各种社会经济机构的首脑部门聚集带动综合服务效应的社会经济形态。总部经济的发展不仅能有效集聚人才、资金、信息等高端资源，还能带动与之相关的配套服务业的发展，具有巨大的税收及就业效应。

首都经济圈的总部经济发展具有共同特征，即总部企业主要聚集在首都城市。根据《2013 年财富世界 500 强排行榜》公布的世界 500 强总部数据显示，伦敦、巴黎、首尔、东京分别拥有世界 500 强总部数量 16 个、2 个、12 个、47 个，分别占据全国上榜企业的 61.54%、64.52%、85.71%、75.81%，所创造的利润总额从高到低依次为东京、伦敦、首尔和巴黎。北京的总部经济发展迅速，2013 年世界 500 强企业总部数量（48 个）与创造利润均超过四大国际性首都，发展潜力惊人。但北京首都经济圈的总部企业结构仍有待进一步优化，伦敦和巴黎的总部企业以保险和商业银行业等金融服务业企业为主，北京的总部企业还具有明显的制造业特征，除了银行及商业储蓄（5 家），主要集中在工程与建筑（6 家）和金属产品（4 家）行业。

总结国际首都圈总部经济发展经验，其主要依托便捷的交通和完善的商业服务建立商务区或产业功能区形成总部聚集区，比如伦敦城、巴黎 CBD、东京中央区等。同时，采用企业总部与制造基地（分支机构）相分离的方式，以首都为中心，促进首都圈内各个城市的分工和合作。

（三）知识经济

知识经济是指一种以知识作为核心要素来实现经济增长的社会经济形态。教育、科学研发和文化创意产业是知识经济的先导。

教育方面，四大国际性首都经济圈均十分重视教育投入，但又各具特色。伦敦注重高等教育，比率高达 31.14%（2009 年）[1]；巴黎注重精英教育，设有专门培育"精英"的"大学院"；东京注重"产学研"结合；首尔注重基础教育和终身职业教育，重视学生的创新力培养。

---

① 英国国家统计局，http://www.ons.gov.uk。

科学研发方面,四大国际性首都经济圈的共性表现为依托政府研发投入,走"产学研"相结合的道路。政府十分重视高校科研机构研发投入,东京甚至将大学、研发机构和高技术产业聚集转移至多摩和筑波,建设科学城,致力于促进高新技术产业的发展。

文化创意产业方面,伦敦、巴黎、首尔和东京均享有世界创意之都、时尚之都和设计之都的美誉,其文化创意产业均相当发达,也各具特色。伦敦首都圈以音乐视觉和表演艺术、电影视频和摄影以及广告和设计产业为核心产业;巴黎首都圈以时尚设计、出版发行和电影著名;东京首都圈依托诸多著名文化设施,以电影、动漫和广告设计闻名世界;首尔首都圈作为亚洲韩流的原动力,主打广播、音乐、电视剧集、电影和游戏产业。

综观京津冀在上述三个方面的发展,教育与科学研发表现出投入不足、区域结构失衡等特点,北京拥有的教育和科研资源远远超出天津和河北。京津冀的文化创意产业发展也主要集中在北京,以收入额为指标,软件、网络及计算机服务和广告会展产业发展迅速,文化创意产业已经成为未来发展的重要方向。

(四)"绿色经济"

"绿色经济"是指一种以经济与环境和谐为目的发展起来的新经济形态,其核心是节能环保促进经济发展。

综观四大首都城市经济发展历程,均饱受了工业发展时期环境严重污染的恶果,在经历漫长的控污斗争后,均逐步变为清洁宜居城市,绿色低碳产业也成为新的经济增长点。根据大伦敦政府报告显示,2011 年 12 月伦敦低碳和环保商品及服务部门的产值达 254 亿英镑,涵盖了 9200 多个绿色企业,雇佣员工超过163500 名。伦敦主要发展低碳、可再生能源和环保产业,其中碳金融、地热、风和建筑技术份额最高,碳金融、光伏能源、风能和潮汐能则增长速度最快。①

总结四大国际性首都经济圈控污及"绿色经济"发展经验,各城市主要从政策、规划和制度入手解决环境污染问题,各具良策。伦敦首都圈治理环境问题初期主要通过制定一系列法案严格控制工业和生活污染,待治理颇具成效后大力发

---

① Department for Business Innovation & Skill. London's Low Carbon and Environmental Goods and Services [R]. City of London: Greater London Authority, 2013.

展公共交通和绿色自行车计划，通过收取交通拥堵费限制私家车进入市区，并动员全民参与绿地建设，同时政府制定政策大力支持发展绿色低碳产业。巴黎首都圈治理初期政府鼓励工业企业外迁至首都圈以外的省份以严格控制工业废气、废水污染，此后大力发展"绿色经济"，依托《建筑节能法规》发展低能耗建筑，依托承办世界气候会议等绿色外交活动提升全民节能意识，依托清洁公共交通和电动汽车租赁服务严格控制城区污染，依托科技研发完善空气检测、预报及污染溯源系统。东京首都圈"绿色经济"发展重点基于其成熟的碳交易市场机制，立法颁布《强制碳减排与排放交易制度》，建立亚洲第一个强制性碳排放配额交易制度，同时政府为住户免费安装太阳能，并将减排量储存在太阳能银行，以绿色电力证书形式销售，普及节能减排意识。首尔首都圈则大力促进绿色建筑事业发展，普及环保汽车，注重废弃资源的循环利用及全社会公共参与。

不得不承认，北京首都圈的环境污染控制及"绿色经济"发展与四大国际性首都圈相比还存在巨大的差距。就北京单体城市而言，"绿色经济"发展明显好于天津和河北，河北的工业废水、工业烟尘排放位居全国前十，其作为首都经济圈的外部圈层承接了首都经济圈内部城市的高污染、高能耗的工业转移。但近年来，政府日益重视"绿色经济"发展，并已明确定位京津冀三省市未来"绿色产业"的发展方向，其中，北京主要负责新能源汽车、风能和太阳能研发；天津负责锂离子和镍氢电池、薄膜太阳电池、风电装备；河北主要集中于太阳能和风能发电设备制造。

（五）园区经济

园区经济是指一种高端生产要素在区域内集聚而形成的现代社会经济形态。在当代，园区经济越来越具有高技术密集性、产业集群性和价值链关联性等特性。在各国现代首都经济圈中，园区经济是一个新的特色。

国际首都圈园区经济发展的特点主要体现在：①地理位置远离市中心。科技园区大多坐落在首都郊区或者是首都圈内的其他城市，部分园区的建立本身便是为了缓解首都城市压力。②交通便利。毗邻公路、机场和港口等重要交通枢纽。③依托大学研发中心而立，注重"产学研"结合，将大学研发中心作为科技企业技术和人才的培育摇篮。例如，伦敦首都圈内的各个园区紧邻剑桥大学、牛津大学等世界知名学府，东京首都圈的筑波科学城内拥有筑波大学。④园区制度灵活，注重中小企业的培育，政府在政策和融资上给予中小企业良好的创新环境。

京津冀内的园区经济发展主要以北京中关村园区和亦庄园区为示范性园区，在天津及河北建立六个园区，园区经济发展势头较好，但也存在诸多问题。第一，中关村园区位于市中心，加重了首都北京的"大城市病"。第二，产业园区与高校合作较少，未能实现有效率的"产学研"相结合的发展模式。第三，产业园区企业的原始创新力不足。第四，园区产业同构化现象严重，各园区经济特色不明显。

（六）临轨经济

临轨经济是指一种由轨道运输方式带动相关产业聚集而发展起来的社会经济形态。首都城市交通点线成网，形成综合交通，带动首都经济圈内的人流、物流、商流和资金流，带动商业、地产、广告、文化、娱乐、办公、商务、住宅等市场及其相关设施的发展。

国际首都经济圈的轨道交通均非常发达，以地铁为主，辅以轻轨。东京首都圈的地铁被称为世界上最繁忙的地铁，首都圈发展沿着轨道向外扩散，通过交通布局引导城市发展形成中心等级体系，东京首都圈内依托城际轨道交通倡导远距离通勤方式，疏解中心城市人口压力。巴黎首都圈的临轨经济十分繁荣，形成巨大的"地下超市"，2012年地铁附近设置的销售点和自动售卖机等商业净利润达2300万欧元，形成新的经济增长点。[①]首尔首都圈临轨经济起步较晚，但发展迅速，除地铁之外，城际铁路及高速铁路覆盖国土一半的人口，缓解了首尔中心区的人口高密度压力。伦敦首都圈内地铁运营历史最为悠久，具有12条地铁线路，总长度达402公里，同时拥有2条轻轨线路，地铁轨道总长度远远超过其他三个首都圈。

北京的地铁和高铁比四个国际首都圈都要发达。北京市地铁总共17条正在运营，包含一条机场轨道，组成覆盖北京市11个市辖区，拥有270座运营车站、总长456公里运营线路的轨道交通系统，位居世界第一。轨道延伸之处经济效应十分明显，北京地铁1号线、2号线交汇的建国门和复兴门都形成了商圈效应；西直门和东直门作为换乘车站发展迅速，商铺租金涨价明显；5号线和13号线

---

① 黄远春，邱薇华. 城市轨道交通行业经济效益增值方法探讨 [J]. 硅谷，2010（22）.

交汇的立水桥区域汇集了东方明珠、东亚奥北中心等多个商业项目，总面积达50万平方米。此外，地铁也将北京郊区与中心城区紧密联系起来，带动沿线经济。京津冀内主要通过高铁线路连接带动经济，目前圈内运营9条高铁线路，根据规划，到2020年，圈内的城际轨道交通总里程将达到710公里，线网布局满足区域经济社会发展要求，主要技术装备达到国际先进水平。城际轨道交通网络将覆盖京津冀地区的主要城市，基本形成以北京、天津为中心的"一小时交通圈"。

综合比较，京津冀的临轨经济发展迅速，颇具特色，有后来者居上之势，但仍需借鉴国外成功发展经验。第一，采用政府与社会资本组合融资模式，在轨道交通建设上引入社会资金，将地铁运营权利交予企业（巴黎和首尔）。第二，利用轨道交通引导城市建设，轨道交通规划布局应优先于土地开发，形成以轨道交通站点为中心的紧凑混合式土地开发模式。第三，重视轨道交通站点与其他交通工具的无缝式城市交通体系建设。

（七）临空经济

临空经济是指一种由航空运输方式带动相关产业聚集而形成的社会经济形态。相关产业在机场周边形成产业集群，进而形成以临空指向产业为主导、多种产业有机关联的独特经济发展模式，以巨大的航空货流和商务人流为支撑，产生出综合的经济效应。

伦敦、巴黎、东京、首尔和北京首都经济圈内分别拥有6个、2个、3个、2个和8个机场。其中伦敦希斯罗机场客运总量常年占据全球机场客运吞吐量列表前三甲，巴黎戴高乐机场承担法国国际交通客运量的52%，均属于世界最繁忙的机场之一。北京首都机场的客运量在2010年已经超过伦敦希斯罗机场，京津冀圈与伦敦首都圈客运量较大，首尔首都圈与东京首都圈货运量较大。各首都圈临空产业结构存在差异，伦敦和巴黎首都圈以零售、会展业、商务服务、电子信息服务等现代服务业为主，首尔、东京和北京首都圈的临空产业具有明显的制造业特征，主要是航空相关制造业、运输业、物流业。

（八）临港经济

临港经济是指一种依托港口发展相关产业的经济形态。除巴黎首都圈没有港口（原有的塞纳河现只有观光邮轮），伦敦、东京和首尔首都圈分别拥有伦敦港、仁川港和东京湾港口群，北京首都圈内拥有天津港、唐山港、秦皇岛港和黄骅港四大港口，总货物吞吐量远高于其他首都圈内港口，但北京首都圈内的港口存在分工不明晰、同质竞争严重等特征，未能如东京形成系统的港口群，不利于可持续发展。

各个首都圈临港经济的产业发展大致经历三个阶段：重化工业集聚、增值物流延伸及现代服务拓展。最初，港口的重化工业因港口的发展而集聚。"二战"后的日本依靠东京湾港口群，兴建了钢铁、石油化工、机械制造等重化工业基地，拉动日本经济；韩国依托港口走出口导向型经济发展道路，建立以仁川港为中心的京仁工业区。重化工业发展成熟后，港口功能开始延伸，通过提供增值物流服务来提高资源利用效率。东京首都圈的港口增值物流发展十分迅速，例如，其汽车产业在港口附近进行组装再出口。临港经济发展到一定程度后，对金融、保险、商务等现代化高端服务业需求增加。伦敦临港经济已十分成熟，其临港产业是以市场交易为主的金融保险业，航运业与金融保险业相伴而生。

借鉴国际首都圈临港经济发展经验，北京首都圈内未来临港经济发展要点主要是建立跨行政区域的港口管理与规划机构，明确京津冀内各大港口职能分工，形成功能互补的港口群，创造新的经济增长点。

二、首都经济圈发展的综合评价

为深入量化比较首都经济圈的经济形态差距，特选取除临港经济外（因巴黎首都圈缺少临港经济）的七大经济形态相关的 12 项指标，指标选取均为相对指标，侧重于经济结构比较，采用阈值法计算各首都经济圈的综合指数，该指数越接近于 1 表明经济发展越好，越接近于 0 表明经济发展越差。

选取宏观经济、服务经济、总部经济、知识经济、"绿色经济"、园区经济、临轨经济、临空经济等八个一级指标，分别对应人均 GDP、服务业增加值占比、服务业从业人员占比、入驻世界财富 500 强企业营业收入/总部数量、科研经费支出占 GDP 比重、人均科研经费支出、森林覆盖率、每万美元 GDP 所产生的温室气体排放量、园区人均产出（园区产出/从业人员数）、每公里地铁承担的客运量（年客运总量/地铁总里程）、每万美元 GDP 所产生的航空客运量、每万美元 GDP 所产生的航空货运量 12 项二级指标。

若按照单体城市概念计算其综合指数，北京市综合指数排名第三，仅次于伦敦和首尔首都圈（见表 1-2），尤其在知识经济、总部经济和临空经济方面指数排名第一，但"绿色经济"指标偏弱，表明北京市"绿色经济"有待进一步发展。若将京津冀作为首都经济圈范畴与四大国际性首都经济圈比较，其综合经济情况远不如其他首都经济圈。根本原因是，此处比较虽将京津冀作为首都经济圈整体，但实际上经济圈内经济发展差距较大，并未形成真正意义上的整体，而其他的首都经济圈均通过多次规划整合资源，明确圈内各层级职能分工，首都城市的辐射效应充分发挥，区域协同发展，早已在经济和社会上形成不可分割的整体。

表 1-2　首都经济圈经济综合比较

指标	北京市	北京首都圈	伦敦首都圈	巴黎首都圈	东京首都圈	首尔首都圈
综合指数	0.4241	—	0.7185	0.4051	0.3270	0.5574
	—	0.2932	0.7394	0.4090	0.3477	0.6389

三、国际首都经济的演化规律

通过以上对英国伦敦、法国巴黎、日本东京和韩国首尔作为国际首都经济分析和考察后发现，四个国际性首都经济在发展过程中均具备以下共同特征。

第一，均从单一的首都城市逐渐发展成以首都城市为核心的城市群。城市群拓展多为层级式圈层结构，每个圈层均有明确的功能定位。英国伦敦由伦敦城发展至大伦敦，包含伦敦城及周边的 32 个行政区，具体分为内伦敦与外伦敦两个圈层；法国巴黎发展而成的巴黎首都经济圈由巴黎市与其他七个省组成，具体分为巴黎市区、内环和外环三个圈层；日本东京最终发展成以东京为中心，半径 100 公里范围内的一都七县城市群，具体分为内层、中间层和外层三个圈层；韩国首尔首都圈则包含中心城市首尔特别市、仁川直辖市、京畿道行政区及其下属的 64 个次级地方行政区等三个圈层。上述以首都为核心形成的城市群，通常被称为"首都圈"或"首都经济圈"。

第二，首都经济圈对全国经济贡献大。观察四大国际性首都圈的地区生产总值，近几年伦敦、巴黎、东京、首尔首都经济圈的地区生产总值分别占全国总产值的 22%（2011 年）、31%（2012 年）、27.5%（2009 年）、47%（2011 年），[①] 除伦敦首都圈经济占比约为 1/5 以外，其余首都圈占比均超过 1/3。上述数据表明，四大国际性首都经济圈也是该国的经济中心。

第三，城市规划成为首都经济圈形成的重要推动力。伦敦、巴黎、首尔和东京分别经历了四次、六次、三次和五次首都圈规划调整，规划调整出发点均试图缓解中心首都城市的人口及环境压力，常见方式是建立新城和卫星城，首尔还尝试通过迁都来缓解中心城市压力。

第四，均早已形成"三二一"的产业结构，且第三产业占据绝对主导地位。据统计，伦敦、巴黎、东京和首尔首都圈的第三产业占比均超过了 70%。首都经济圈的形成伴随着产业结构的调整与升级，产业的空间分布随首都经济的发展由扩散到集中，再由集中向周边地区转移升级。主导产业经历了农业、制造业、传统服务业到现代服务业的转变；要素驱动经历了劳动密集型、资本密集型、技术密集型、创新驱动型转变。

第五，最终均形成稳定的首都经济特有结构形态：服务经济、总部经济、知识经济、"绿色经济"、园区经济、临轨经济、临空经济和临港经济。这八种类型的经济形态虽然存在一定的外延活动交叉和部分功能重叠，但各自业态的内核稳定和特征鲜明。这八大业态因首都而生，又因首都而兴，最终在首都城市圈内形成稳定而又完善的经济形态。其中仅有巴黎首都经济圈稍微有所不同：历史上贯穿巴黎市的塞纳河曾经也是繁忙的内河航运通道，由此形成临港经济。但是塞纳河地处内陆地区且长期对流域进行环保治理，如今该河流最终只保留具有城市观光性质的航运功能，临港经济转型为服务经济和"绿色经济"。

---

① 英国国家统计局，http://www.ons.gov.uk；法国国家统计局，http://www.insee.fr；韩国国家统计局，http://kostat.go.kr；日本总务省统计局，http://www.stat.go.jp。

四、对北京首都经济结构调整的启示

对世界经验观察，首都经济圈的演化历程通常分为两个阶段。第一阶段，首都城市建立之初，出现明显的资源集聚效应，资源从周边向首都城市汇集，经济要素集聚总量不断加大，推动首都城市经济快速发展。第二阶段，当经济要素聚集达到临界点，首都城市人口、交通压力等"大城市病"症状愈发严重时，首都经济的扩散及辐射效应出现，亟须借助周边城市疏解中心城市压力，同时资源会逐步向周边扩散，带动周边城市经济发展，最终形成以首都城市为核心的经济圈。此外，首都经济圈的演化过程中，政府成为主导因素，政府而非市场通过行政手段整合资源协调功能，以城市规划为手段推动首都经济圈的形成。

北京市经历 60 多年的结构调整，调整的结果均不令人满意，除对城市功能本身定位摇摆不定导致调整不到位外，还有一个最重要的原因就是没有遵循首都经济特有的演化规律进行调整，没有依照规律进行适宜的聚集与扩散。当需要集聚时，北京就像功能巨大的吸纳器那样恨不得把全国的资源都吸纳进来；当需要扩散时，北京又像风力极弱的鼓风机那样只把少量的资源扩散到周边区域。由于缺乏北京首都经济功能明确定位，在集聚和扩散过程中，究竟应当集聚哪些所需资源，扩散哪些不需要的资源，没有明确界定。集中和分散之后的经济是什么架构、形态，没有清晰的思路。

根据我们的分析判断，北京首都经济已经从集聚阶段进入到扩散阶段，已经从单体城市经济发展阶段进入到城市群体经济或首都经济圈发展阶段。这个首都经济圈，正如国家《京津冀协同发展规划纲要》所展示的，就是以京津冀城市群为一体的经济圈。这是一个世界上特大首都经济圈，以全国 2.3% 的地域面积承载了 8% 的人口，创造了 10.4% 的经济总量，人均地区生产总值 6 万元，是全国平均水平的 1.3 倍。在这个关键时刻，一定要把握好战略机遇，不再使北京首都经济结构调整进入左摇右摆、来回折腾、历史循环，争取一步到位，完成结构调整任务。而依据国际首都经济圈的比较分析，北京首都经济调整要遵循首都经济一般性演化规律，要在围绕建设八大首都经济形态上完成转型。

依据上述分析逻辑，我们在后面分别对北京首都经济的八个形态进行了分析，并给出每个经济形态的发展思路或路线图。

第二章
首都服务经济发展路线图

一、北京服务经济发展历程

服务经济是指服务经济产值在 GDP 中的相对比重超过 60% 的一种经济状态，或者说，服务经济是指服务经济中的就业人数在整个国民经济就业人数中的相对比重超过 60% 的一种经济态势。现代服务经济产生于工业化高度发展的阶段，是依托信息技术和现代管理理念而发展起来的，现代服务经济的发达程度已经成为衡量区域现代化、国防化和竞争力的重要标志之一，是区域经济新的极具潜力的增长点。

具体来看，服务经济的范畴包括以企业为主发挥职能的社会服务，如物流、金融、邮政、电信、运输、旅游、体育、商贸、餐饮、物业、信息、文化等行业服务，以及以政府事业单位等为主发挥职能的公共服务，如教育、医疗卫生、人口和计划生育、社会保障。

从北京市 1949~2010 年第三产业各部门增加值和第三产业占 GDP 的比重看，北京市服务业经济的发展可以分为四个阶段。

（一）1995 年前：传统服务业缓慢发展

在新中国成立初期，北京市的工商业基础依然十分薄弱。

在 20 世纪 50 年代初，前苏联城市规划专家认为，首都既应是全国的政治中心，也应是一个大工业城市。新中国成立后北京的第一个城市规划方案（1953年）就首先考虑了工业发展的需要，逐步发展了冶金工业、轻型和精密机械工业、纺织工业和其他轻工业。北京市在建国门外兴建了一批以纺织为主，包括机械、建材和其他轻工业在内的企业，形成了东郊工业区。毛泽东主席于1955年发表的《论十大关系》提出了"将消费性城市转变为生产性城市"的方针，指出"对沿海工业采取消极态度是不对的"。因此，在修订北京城市规划（《北京城市规划初步方案》）时提出了应该迅速将北京建设成为一个现代化的工业基地和科学技术中心的设想。1958年8月，中共北京市委决定对原城市总体规划方案进行重大修改，按"分散集团式"进行工业布局，在市区周围形成若干分散的"集团"，配置工业和农业，这使得市区工业企业更多、布局也更趋分散。在20世纪50~80年代，北京市将投资重点放在重工业领域，其中在1958~1975年对重工业的投资占了工业投资总额的90%以上。

1980年4月，中共中央书记处在关于首都建设方针的指示中指出，首都是全国的政治中心，不一定要成为经济中心。1982年，《北京城市建设总体规划方案》明确了北京的城市性质是"全国的政治中心和文化中心"。1983年7月，中共中央、国务院在《关于北京城市建设总体规划方案的批复意见》中明确提出，对"工业建设的规模，要严加控制"。自此，北京内城区的一批工业企业开始关停并转。

进入20世纪90年代，外资企业开始在中国发展壮大，相关产品的质高价优严重冲击着国有企业，北京市也不例外：原有的机械、轻工、食品、印刷等行业严重亏损，冶金、化工和建材工业环境污染严重。在这种情况下，仅旅游业一枝独秀得到迅速发展，后来金融保险业、商业饮食业、科教文卫业、运输邮电业逐渐成为第三产业的主要部门。1992年底完成的《北京城市总体规划（1991~2010年）》，针对第三产业迅速发展的新形势明确强调："大力发展第三产业，建立起服务首都、面向全国和世界的、功能齐全、布局合理、服务一流的第三产业体系。"1994年，北京城市中心区内有11家工厂利用原厂址进行了房地产开发，其中四个在二环路以内，三个在二环路和三环路之间。这一时期，北京的主要商贸中心集中在西单、王府井、菜市口和新街口。

（二）1995~2000 年：商业和生产性服务业的发展

通过《北京城市总体规划（1991~2010 年）》的实施，北京市加快了调整改造王府井、西单、前门外原有的三大市级商业中心的步伐，使其成为了高水平、高档次、现代化的商业文化服务中心；按照多中心格局规划建设了朝阳门外、公主坟、海淀、木樨园、马甸等新的市级商业文化服务中心；在旧城内的鼓楼前、西四、新街口、北新桥、东四、东单、花市、珠市口、菜市口，以及在旧城以外的北太平庄、五道口、甘家口、三里河、酒仙桥、望京、六里屯、定福庄、南磨房、方庄、西罗园、丰台、古城、鲁谷等地，建设了 70 个地区级中型商业文化服务中心或商业街区；在建国门至朝阳门、东二环路至东三环路之间，开辟了具有金融、保险、信息、咨询、商业、文化和商务办公等多种服务功能的商务中心区；调整改造了通惠河两岸、铁匠营、宋家庄等工业区，腾出了部分用地用于发展第三产业。同时，进一步完善了位于海淀区的北京市新技术产业开发试验区，建立了科技贸易结合的科技市场和科技服务中心。在上地、丰台以及石景山、望京等地建设了科技园区。到 1995 年，北京市第三产业比重首次超过了 50%。

在 1995~2000 年的六年间，北京市第三产业产值从 648.85 亿元增至 2049.1 亿元，增加了 3.15 倍。期间，北京市的交通运输仓储和邮政业、信息传输、计算机服务和软件业、批发与零售业、金融业、房地产业、租赁和商务服务业等部门产业增长迅速。

（三）2001~2008 年：先进服务业的发展

2001 年，中国加入了世界贸易组织。也正是在 2001 年，中国制造业增加值达到了 5911 亿美元，超过德国位居全球第三，电子及设备制造业、交通运输设备制造业、化学原料及制品制造业、黑色金属冶炼及压延加工业、纺织业、电器机械及器材制造业、石油加工及冶炼业七大部门占据了中国制造业的半壁江山。

在中国城市成为世界制造业新的集聚地时，北京则成为制造业本土化的服务中心，其现代金融服务、专业服务（咨询、会计、法律等）、会展与机构服务、研发与技术服务、教育培训、医疗保健、文化传媒（包括体育）等先进服务业获得了迅速发展。

2000 年，北京知识型服务业增加值已经达到 605.9 亿元，占全市增加值的

24%。2001年全国高新区专利申请数为3379项，其中中关村园区企业专利申请数占全国高新区的76.9%，达2597项。

2002年，北京市的技术交易额达221.1亿元，占全国的20%。2003年，北京金融业的产值占GDP的比重超过15%，成为第一大支柱产业和全国性金融管理中心。

2004年，新一轮《北京城市总体规划（2004~2020年）》按照"国家首都、国际城市、文化名城、宜居城市"的定位，进一步推进了国际大都市的建设。

2005年，按照国务院批复的《北京城市总体规划（2004~2020年）》的发展目标，北京市在城市用地布局上开始重点支持金融、保险、商贸、物流、文化、会展、旅游等产业发展，构建了中央商务区（CBD）、金融街、中关村西区一主两副商务中心格局；完善了王府井、西单和前门（含大栅栏、琉璃厂）商业区；依托交通枢纽和边缘集团，建设了公主坟、木樨园、望京、北苑、石景山等集商业、文化、休闲、娱乐为一体的综合商业区；在中心城外围建设了汽车、建材、农产品大型专业商贸中心；建设了以空港、马驹桥、良乡等物流基地为主的物流体系；在顺义、通州、朝阳、石景山各建了一座综合性会展中心；在奥林匹克中心区建设了国际会议中心；在怀柔、密云等新城建设了若干会议培训中心。此外，2004年北京市还编制了《北京市文化产业发展规划（2004~2008年）》，提出了把北京建设成为全国文艺演出中心、出版发行和版权贸易中心、影视节目制作和交易中心、动漫和互联网游戏研发制作中心、文化会展中心、古玩艺术品交易中心等六大文化创意产业中心的设想。2005年，北京市生产性服务业的相对劳动生产率为1.96，高于第三产业1.06的平均水平。金融业的相对劳动生产率最高，为6.31，其余行业除交通运输、仓储和邮政业之外均大于第三产业的平均水平。

2006年，北京市文化创意产业增加值达812.1亿元，占GDP的10.3%；从业人员达到89.5万人，占全社会从业人员的9.7%。根据北京市统计局公布的数据，2001~2006年，北京市金融服务业企业数量年均增长率为1.7%，就业人数年均增长率为11.6%；计算机服务业企业数量年均增长率为17.7%，就业人数年均增长率为29.0%；信息咨询服务业企业数量年均增长率为30.0%，就业人数年均增长率为40.4%。

(四) 2008 年以来：基本服务业的发展

2009 年，北京市政府正式提出了建设世界城市的设想，此举对推进北京市基本服务业的迅速发展起到了十分重要的作用。从产值看，金融业、批发与零售业、信息传输计算机服务和软件业、房地产业成为四大服务业部门；从就业岗位看，租赁和商务服务业、批发与零售业、交通运输仓储和邮政业、科学研究技术服务与地质勘查业、教育、信息传输计算机服务和软件业等为主要部门。期间，北京市第三产业中科学研究技术服务与地质勘查业、居民服务和其他服务业、信息传输计算机服务和软件业、金融业、批发与零售业、租赁和商务服务业成为增长最快的行业。

二、首都经济圈服务经济发展现状

"十二五"时期，北京首都经济圈经济持续快速发展，服务业实现规模扩张、质量升级、效益提高，总体呈现规模大、水平高、门类全、比重高的特点，整体发展水平居国内领先地位。

(一) 总量规模持续扩大，占据首都经济主导地位

2013 年，北京服务业实现增加值 14986.5 亿元，占地区生产总值的比重达 76.85%。全年文化创意产业实现增加值 2406.7 亿元，比上年增长 9.1%；占地区生产总值的比重为 12.3%，与上年持平。高技术产业实现增加值 1327 亿元，增长 7%；占地区生产总值的比重为 6.8%，比上年下降 0.1 个百分点。生产性服务业实现增加值 9811.8 亿元，增长 10.4%；占地区生产总值的比重为 50.3%，比上年提高 0.6 个百分点。[①]

仅就产业结构比重而言，北京已接近伦敦、东京、巴黎等国际型大都市水平。从服务业增速（按不变价）来看，2007~2012 年，北京服务业年均增速达

---

① 《北京市 2013 年国民经济和社会发展统计公报》。

13.4%，高于地区生产总值年均增速（12.5%）0.9 个百分点。从对区域经济增长的贡献看，2012 年服务业对经济增长贡献率达到 81.7%，是拉动区域经济增长的重要引擎（见图 2-1 和表 2-1）。

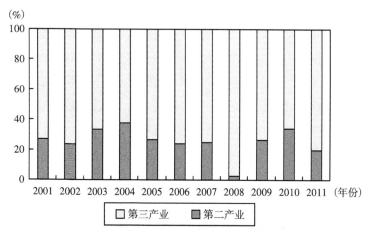

图 2-1 北京市第二、第三产业对地区生产总值增长的拉动
资料来源：北京市统计局，http：//www.bjstats.gov.cn/。

表 2-1 北京市三次产业贡献率

单位：%

年份	地区生产总值	第一产业	第二产业	第三产业
2001	100.0	0.8	26.7	72.5
2002	100.0	0.5	23.4	76.1
2003	100.0	−0.2	33.4	66.8
2004	100.0	−0.1	37.9	62.2
2005	100.0	−0.3	26.9	73.4
2006	100.0	0.1	23.5	76.4
2007	100.0	0.2	24.9	74.9
2008	100.0	0.1	2.4	97.5
2009	100.0	0.4	26.5	73.1
2010	100.0	−0.1	34.4	65.7
2011	100.0	0.1	19.7	80.2

资料来源：北京市统计局，http：//www.bjstats.gov.cn/。

（二）生产性服务业引领发展，内部行业门类齐全

2012 年，生产性服务业实现增加值 7795.3 亿元，占全市服务业总量达到 57.3%，占首都经济比重达到 43.8%。生产性服务业对全市 GDP 现价经济贡献率

连续五年超过 55%，生产性服务业成为引领服务经济乃至首都经济发展的重要力量。从重点行业看，金融业实现增加值 2592.5 亿元，占服务业比重达 19.07%；信息传输、计算机服务和软件业实现增加值 1610.8 亿元，占服务业比重达 11.85%；科学研究、技术服务与地质勘查业实现增加值 1240.5 亿元，占服务业比重达 9.13%，体现了北京作为全国的金融中心、信息中心和科技创新中心的战略地位。从各行业门类看，除水利、环境和公共设施管理业，居民服务和其他服务业占 GDP 比重分别为 0.68%、0.88% 之外，其他行业门类占比均达到 1% 以上，这体现了北京作为国际性大都市各类服务需求相对旺盛，服务业内部门类齐全，内部发展相对均衡的特点（见表 2-2 和表 2-3）。

表 2-2　2013 年北京收入法计量的服务业数据

项目	单位数（个）	收入合计（万元）		从业人员平均人数（人）	
		2013 年	同比增长（%）	2013 年 1~12 月	同比增长（%）
合计	26557	93904.2	10.5	4859132	2.3
按注册登记类型分组	26557	93904.2	10.5	4859132	2.3
内资企业	23657	76894.7	10.5	3983723	2.5
国有企业	4662	13324.3	11.8	1174330	1.2
集体企业	471	249.6	-9.6	61263	3.7
股份合作企业	293	159.7	4.9	27855	-5.0
联营企业	32	17.7	12.0	3494	-1.9
有限责任公司	8679	44104.1	12.7	1451601	2.5
股份有限公司	780	12924.6	7.6	508356	1.5
私营企业	8568	5987.1	1.4	716595	5.5
其他内资	172	127.7	7.2	40229	1.1
港澳台商投资企业	1076	4485.2	9.1	362548	0.5
外商投资企业	1824	12524.3	10.9	512861	2.4
按行业分组	26557	93904.2	10.5	4859132	2.3
批发和零售业	4560	46974.6	9.4	591204	1.4
金融业	1373	15339.7	9.9	361785	5.5
租赁与商务服务业	5311	8334.1	16.7	659795	4.5
科学研究和技术服务业	3245	5511.7	10.0	487853	4.4
信息传输、软件和信息技术服务业	2796	4901.5	9.5	594760	4.4
交通运输、仓储和邮政业	1068	4449.2	21.8	590975	0.8
房地产业	2323	3025.9	6.5	348241	3.0
教育	1537	1454.4	5.7	373330	0.6
卫生和社会工作	603	1280.8	13.2	214481	3.4

续表

项目	单位数（个）	收入合计（万元）		从业人员平均人数（人）	
		2013 年	同比增长（%）	2013 年 1~12 月	同比增长（%）
文化、体育和娱乐业	1252	1263.6	9.4	151440	0.8
住宿和餐饮业	1478	741.4	-4.7	317021	-5.1
水利、环境和公共设施管理业	537	440.1	21.2	88189	0.7
居民服务、修理和其他服务业	474	187.1	2.5	80058	-0.6

资料来源：北京市统计局，http://www.bjstats.gov.cn/。

表 2-3 2013 年北京市服务业分行业固定资产投资额

行业名称	投资额（亿元）	同比增长（%）
批发和零售业	51.4	66.2
住宿和餐饮业	78.2	34.9
教育	142.7	31.8
信息传输、软件和信息技术服务业	209.7	26.8
租赁和商务服务业	50.5	25.7
卫生和社会工作	60.9	22.8
文化、体育和娱乐业	111.6	14.7
房地产业	3906.3	11.4
金融业	57.4	8.5
水利、环境和公共设施管理业	515.6	4.3
科学研究和技术服务业	127.4	-4.2
交通运输、仓储和邮政业	685.3	-6.8
公共管理、社会保障和社会组织	90.0	-14.8
居民服务、修理和其他服务业	14.7	-28.9

资料来源：《北京市 2013 年国民经济和社会发展统计公报》。

（三）服务业投资稳步增长，利用外资水平大幅提升

"十二五"以来，北京服务业固定资产投资及利用外资水平大幅增长。2012年，北京全社会固定资产投资 5493.5 亿元，是 2006 年的 1.92 倍。其中，服务业全社会固定资产投资 5597.5 亿元，占全部社会固定资产投资比重达到86.61%，比 2006 年下降了 2.19 个百分点。从实际利用外资看，2012 年北京实际利用外资 804160 万美元，是 2006 年的 1.77 倍。其中，服务业实际利用外资额 691361 万美元，是 2006 年的 1.99 倍，占全部利用外资额的比重达到85.97%，比 2006 年提高了 9.57 个百分点。从外资的投向看，租赁和商务服务

业，信息传输，交通运输、仓储和邮政业是外资投向的重点领域，分别占实际利用外资额的 20.1%、16.8% 和 14.3%。

（四）吸纳就业能力增强，成为拉动就业的重要力量

"十二五"以来，北京市服务业吸纳就业的数量、规模进一步提升，就业的层次也有显著提高。2011 年北京市全部从业人员 1069.7 万人，比 2006 年增加了 150 万人，其中，服务业吸纳就业人员 791.4 万人，比 2006 年吸纳就业人员增加了 127.7 万人，占全部新增从业人员的比重达 85.1%；服务业吸纳就业人员比重由 2006 年的 68.9% 增加至 2011 年的 74.0%，提高了 5.1 个百分点，服务业成为拉动城市就业的主导力量。

（五）劳动生产率呈现快速上升趋势，各行业发展不均衡

从增长速度看，按 2003 年不变价，2003~2011 年，北京第三产业劳动生产率增长 1.9 倍，年平均增长率为 8.1%。在第三产业内部各行业中，除信息传输、计算机服务和软件业与金融业外，其他行业的劳动生产率都呈现上升的态势。其中上升最快的五个行业是：批发与零售业（17.7%），交通运输、仓储和邮政业（13.3%），住宿和餐饮业（12.7%），租赁和商务服务业（9.8%），卫生、社会保障和社会福利业（9.6%）。

若以 2011 年劳动生产率大小排序，北京第三产业中只有金融业（57.9 万元/人），房地产业（20.2 万元/人），信息传输、计算机服务和软件业（19.6 万元/人），批发与零售业（16.5 万元/人）四个行业劳动生产率高于全市平均第三产业劳动生产率。金融业是北京劳动生产率最高的行业。2011 年，北京金融业劳动生产率达到 59.9 万元/人，是劳动生产率最低的居民服务与其他服务业（6.2 万元/人）的 9.3 倍，也是排名第二的房地产业的 2.9 倍（见表 2-4）。

表 2-4　北京第三产业及内部各行业的劳动生产率

单位：万元/人

行业	2003 年	2011 年		年均增长率 （不变价，%）
		现价	2003 年不变价	
合计	5.43	15.62	10.11	8.07
交通运输、仓储和邮政业	2.67	11.16	7.22	13.25
信息传输、计算机服务和软件业	15.86	19.56	12.65	-2.97

续表

行业	2003 年	2011 年		年均增长率
		现价	2003 年不变价	（不变价，%）
合计	5.43	15.62	10.11	8.07
批发和零售业	2.89	16.47	10.65	17.72
住宿和餐饮业	1.69	6.81	4.40	12.72
金融业	38.33	57.94	37.48	−0.28
房地产业	9.67	20.24	13.09	3.86
租赁和商务服务业	3.24	10.59	6.85	9.80
科学研究、技术服务与地质勘查业	5.51	14.61	9.45	6.98
水利、环境与公共设施管理业	4.07	7.39	4.78	2.04
居民服务和其他服务业	2.44	6.24	4.03	6.51
教育业	4.62	11.28	7.30	5.88
卫生、社会保障和社会福利业	3.55	11.38	7.37	9.55
文化、体育与娱乐业	7.44	15.05	9.74	3.41
公共管理与社会组织	3.58	10.73	6.94	8.63

资料来源：《北京市统计年鉴》（2004）、《北京市统计年鉴》（2012）。

（六）从横向看，北京市在经济圈中占据领先地位

本书选取了交通运输、仓储和邮政业，批发和零售业，住宿和餐饮业，房地产业，金融业五大产业为代表进行横向对比，从增加值看，北京在其中三个行业居于首都经济圈领先位置（见图 2-2~图 2-7）。

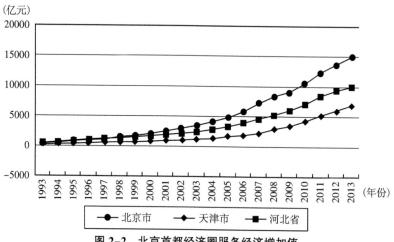

图 2-2　北京首都经济圈服务经济增加值

资料来源：国家统计局。

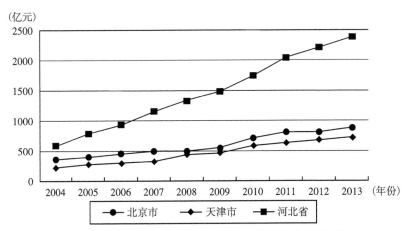

图 2-3　北京首都经济圈交通运输、仓储和邮政业增加值

资料来源：国家统计局。

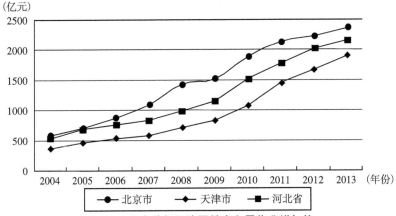

图 2-4　北京首都经济圈批发和零售业增加值

资料来源：国家统计局。

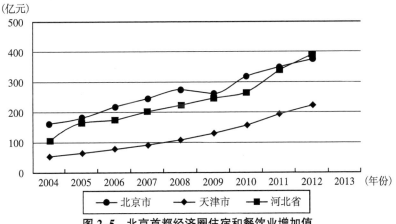

图 2-5　北京首都经济圈住宿和餐饮业增加值

资料来源：国家统计局。

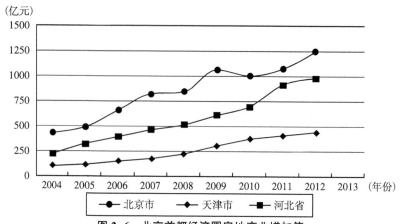

图 2-6 北京首都经济圈房地产业增加值

资料来源：国家统计局。

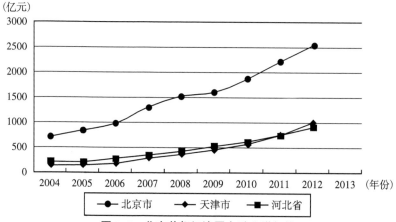

图 2-7 北京首都经济圈金融业增加值

资料来源：国家统计局。

三、首都经济圈服务经济技术分析

（一）北京首都经济圈服务经济区位商分析

在区域经济学中，通常用区位商来判断一个产业是否构成地区专业化部门。区位商是指一个地区特定部门的产值在地区工业总产值中所占的比重与全国该部门产值在全国工业总产值中所占比重之间的比值。区位商大于 1，可以认为该产业是地区的专业化部门；区位商越大，专业化水平越高；如果区位商小于或等于 1，则认为该产业是自给性部门。一个地区某专业化水平的具体计算，是以该部门可以用于输出部分的产值与该部门总产值之比来衡量。利用它可以为人们发展区域经济提供定量分析数据作为参考依据。

区位商的计算公式：

$$LQ_{ij} = \frac{L_{ij} / \sum_j L_{ij}}{\sum_i L_{ij} / \sum_i \sum_j L_{ij}} \qquad (2-1)$$

其中，i 代表产业，j 代表地区，L 代表产值，LQ 即为某地区某产业的区位商。综合 2004~2012 年服务业五大产业的时间序列数据进行分析，得到表 2-5。

表 2-5　北京首都经济圈五大行业区位商变化

地区	产业	2004 年	2006 年	2008 年	2010 年	2012 年
北京市	金融业	2.088	1.840	1.603	1.455	1.499
	房地产业	0.959	0.963	0.899	0.723	0.719
	批发和零售业	0.744	0.800	0.854	0.865	0.766
	住宿和餐饮业	0.703	0.691	0.622	0.644	0.605
	交通运输、仓储和邮政业	0.605	0.567	0.478	0.609	0.562
天津市	批发和零售业	1.462	1.510	1.246	1.250	1.302
	金融业	1.242	1.074	1.127	1.119	1.335
	交通运输、仓储和邮政业	1.172	1.155	1.213	1.253	1.061
	住宿和餐饮业	0.754	0.771	0.907	0.800	0.813
	房地产业	0.724	0.703	0.703	0.555	0.586
河北省	交通运输、仓储和邮政业	1.448	1.751	2.035	2.224	2.218
	批发和零售业	0.996	1.047	0.940	1.043	1.013
	金融业	0.892	0.797	0.705	0.715	0.786
	房地产业	0.741	0.871	0.868	0.655	0.827
	住宿和餐饮业	0.666	0.832	0.930	0.800	0.918

资料来源：国家统计局网站 2004~2012 年数据。

从表 2-5 我们可以对北京、天津、河北三地的服务业进行一个系统的分析。

在北京，金融业是主导产业，是其专业化部门，而其他的部门相对自给。天津的发展是比较综合的，在交通运输、仓储和邮政业，批发和零售业以及金融业都有较强的专业性。房地产业自给性很强，在这个房价过高、人民幸福感被房子套牢的时代，天津房地产业的发展在整个服务业的发展中是具有生态性的。对于河北来讲，交通运输、仓储和邮政业的专业化极强，其他的行业区位商也都比较高，可见专业化水平在进一步提升。

从总体看，除了河北的批发和零售业以外，其他地区产业的区位商都趋于稳定，即大于1的产业的区位商经过多年的变化依然大于1，而小于1的产业的区位商经过多年的变化依然小于1。从北京看，其最具优势的行业——金融业的专业化指数呈下降趋势，领先优势在逐步缩小；从天津看，交通运输、仓储和邮政业，批发和零售业增速放缓，金融业在2010年以来迅速发展，缩小了和北京的差距；河北地区利用其区位优势，交通运输、仓储和邮政业发展迅速。

（二）北京服务经济投入产出分析

根据北京投入产出表，计算北京三大产业间完全消耗系数发现，各产业均以工业消耗为主；与2007年相比，工业与服务业2010年的完全消耗系数有所下降，但仍高于2002年。同时，三大产业对农业的完全消耗在2002~2010年经历了一个先升后降的过程，并且与2002年相比，三大产业2010年对农业的完全消耗有较大幅度下降（见表2-6）。而各产业对服务业的完全消耗增长则较为显著，尤其是农业，对服务业消耗系数增长态势稳定，增幅较大，为72%；虽然工业、服务业对服务业的完全消耗系数在2007年有所下降，但之后出现了较大幅度的增长；与2002年相比，这两个产业对服务业的完全消耗系数分别增长了64%和58%。这表明：随着北京经济与科技的发展，农业在经济发展中的支撑性作用越来越小，但农业发展对服务业的依赖性则越来越强，这与北京近些年大力推进都市农业、观光农业及休闲农业的政策紧密相关。工业对北京GDP的贡献虽然在降低，但其在经济发展中的支撑性作用仍很显著；服务业对北京经济发展的作用则日益提升，三个产业对其完全消耗系数在考察年度内均表现出较大幅度的增

表2-6　2002年、2007年、2010年北京三大产业完全消耗系数

	农业			增幅(%)	工业			增幅(%)	服务业			增幅(%)
	2002年	2007年	2010年		2002年	2007年	2010年		2002年	2007年	2010年	
农业	0.44	0.55	0.18	-59	0.04	0.08	0.03	-25	0.02	0.04	0.02	0
工业	0.86	0.98	0.84	-2	1.65	2.14	1.97	19	0.71	1.07	1.06	49
服务业	0.40	0.44	0.69	72	0.66	0.58	1.08	64	0.67	0.62	1.06	58

长。此外，工业与服务业出现了完全消耗系数大于 1 的情况，这也表明北京工业与服务业存在着明显的产业内循环特征。

服务业内部各行业与农业、工业的关联度也存在较大差异。农业对交通运输及仓储业、批发零售业、住宿餐饮、科学研究几个行业的完全消耗系数较高，都在 0.01 以上；而批发与零售贸易、旅游业、科学研究以及公共管理与社会组织四个行业的完全消耗系数则在考察期内出现了巨幅增长，消耗系数增幅在 50% 以上（见表 2-7）。工业对服务业各行业的消耗也存在不均衡的现象，其中对交通运输、金融业、租赁与商业服务、综合技术服务消耗系数较大，均在 0.1 以上，而交通运输、批发与零售贸易、旅游业以及公共管理与社会组织的消耗系数增长率较高，除交通运输业外，对其余行业完全消耗系数增幅均在 300% 以上。但对其余行业的消耗系数与 2002 年相比出现了负增长。

表 2-7　北京市 2002 年及 2010 年各产业对服务业完全消耗系数及变化情况

	农业		增长率	工业		增长率
	2002 年	2010 年	（%）	2002 年	2010 年	（%）
交通运输及仓储业	0.057	0.110	93	0.082	0.104	28
邮政业	0.005	0.001	−89	0.008	0.000	−95
信息技术、计算机服务和软件业	0.034	0.005	−86	0.056	0.004	−93
批发和零售贸易业	0.016	0.122	661	0.026	0.125	371
住宿和餐饮业	0.017	0.013	−25	0.027	0.011	−60
金融保险业	0.073	0.016	−79	0.104	0.023	−78
房地产业	0.021	0.003	−86	0.035	0.003	−90
租赁和商务服务业	0.074	0.046	−38	0.142	0.054	−62
旅游业	0.001	0.006	503	0.001	0.007	509
科学研究业	0.011	0.075	583	0.029	0.030	4
综合技术服务业	0.064	0.026	−59	0.104	0.002	−98
其他社会服务业	0.004	0.002	−44	0.010	0.003	−71
教育事业	0.003	0.003	−2	0.004	0.002	−53
卫生、社会保障和社会福利业	0.004	0.000	−98	0.005	0.000	−99
文化、体育和娱乐业	0.017	0.005	−72	0.031	0.004	−86
公共管理和社会组织	0.000	0.040	9795	0.001	0.008	923

服务业对农业和工业的消耗系数变化表明：服务业与农业、工业的关联度进一步下降。2002~2010 年，只有租赁与商业服务业、旅游业以及综合技术服务业对农业的完全消耗系数有所提高，其余行业都存在不同程度的下降；对工业完全

消耗系数提高的行业也只有租赁和商业服务、旅游业两个行业。总体来看，北京工业与其他产业关联度较为稳定，服务业与其他产业关联度在逐步提高。但是，服务业与另外两个产业关联度稳定性较差，并且主要集中于少数几个行业。

根据 2002 年及 2010 年北京投入产出表，计算得到北京三大产业两个年度的影响力系数和感应度系数（见表 2-8）。农业无论影响力系数还是感应度系数在考察期内都有所下降。这意味着，不仅农业部门增长对经济发展的拉动作用在弱化，而且北京经济增长对农业的相对需求也在下降。工业对北京经济的影响力系数与感应度系数在三个产业中最高。2002~2010 年，工业影响力系数有微弱增长，增幅为 3.53%，而感应度系数则下降了 -1.76%。2002 年，服务业影响力系数在三大产业中最低，但有较大幅度增长，2010 年仅次于工业，高出农业15.6%；服务业感应度系数不仅绝对值较高，而且增幅最大，为 19.42%。服务业内部 16 个行业中，9 个行业的影响力系数都有显著提升，11 个行业的感应度系

表 2-8　北京市 2002 年及 2010 年农业、工业及服务业各行业影响力系数与感应度系数及变化情况

	影响力系数		增长率	感应度系数		增长率
	2002 年	2010 年	（%）	2002 年	2010 年	（%）
农业	0.959	0.820	-19.49	0.532	0.370	-30.45
工业	1.190	1.232	3.53	1.499	1.474	-1.67
服务业	0.851	0.948	11.40	0.968	1.156	19.42
交通运输及仓储业	1.078	1.152	6.93	0.964	1.843	91.24
邮政业	0.951	0.969	1.85	0.445	0.508	14.05
信息传输、计算机服务和软件业	0.958	0.950	-0.89	0.904	0.614	-32.05
批发和零售贸易业	0.818	0.996	21.84	0.541	1.345	148.64
住宿和餐饮业	1.060	1.004	-5.30	0.656	0.738	12.41
金融保险业	0.876	0.915	4.42	1.294	0.808	-37.53
房地产业	0.987	0.887	-10.09	0.838	0.584	-30.33
租赁和商务服务业	0.860	1.165	35.45	1.167	1.394	19.52
旅游业	0.888	1.038	16.86	0.403	0.604	49.92
科学研究业	1.000	1.083	8.34	0.576	0.859	49.19
综合技术服务业	1.048	0.974	-7.08	0.750	0.527	-29.70
其他社会服务业	0.978	0.934	-4.44	0.468	0.544	16.26
教育事业	0.955	0.871	-8.82	0.441	0.580	31.68
卫生、社会保障和社会福利业	1.160	0.942	-18.82	0.447	0.494	10.44
文化、体育和娱乐业	0.962	0.996	3.55	0.697	0.628	-9.82
公共管理和社会组织	1.004	1.095	9.08	0.404	0.710	75.68

数有所提高。其中批发零售业、租赁与商业服务业、旅游业三个行业的影响力系数提高最为显著，均在 15% 以上；感应度系数提升较为显著的行业则分别为：交通运输及仓储业、批发和零售贸易业、租赁和商业服务业、旅游业、科学研究业、教育事业、公共管理和社会组织，感应度系数增幅均在 15% 以上。其中科学研究业、旅游业、批发和零售贸易业及交通运输及仓储业感应度系数增长超过 49%。因此总体上看，北京服务业在经济发展中的作用日益显著，对经济增长的拉动与推动力日益提高。此外，无论是从行业数量还是增幅上看，北京服务业感应度系数增幅超过影响力系数增幅，因此服务业对北京经济增长的推动力比拉动力更为活跃，北京服务业发展将逐渐以需求拉动为主。

（三）小结

2014 年 2 月，习近平总书记在北京市调研时，就推进北京发展和管理工作要求，提出要明确城市战略定位，坚持和强化首都全国政治中心、文化中心、国际交往中心和科技创新中心的核心功能，深入实施人文北京、科技北京、绿色北京战略，努力把北京建设成为国际一流的和谐宜居城市。提出要调整疏解非首都核心功能，优化三次产业结构，突出高端化、服务化、集聚化、融合化、低碳化，有效控制人口规模，增强区域人口均衡分布，促进区域均衡发展。

上述讲话阐明了两个方面的内容。第一，阐明了北京首都核心功能的大致范畴，提出了未来疏解非核心功能的方向。政治、文化、国际交往和科技创新这四个方面的功能属于核心功能，应当继续集中于首都北京，基本不应进入功能疏散范畴；或者四个方面的功能中非核心的部分将进入疏散名单，而其他功能领域的资源很可能进入外迁名单。第二，首都北京产业取舍和选择的标准是"高精尖"产业和绿色环保产业。

结合习近平总书记讲话要求，综合区位商、完全消耗系数、影响力系数、感应度系数等指标及其变化趋势，北京市服务经济未来的发展方向应该为重塑金融保险业，大力发展租赁和商务服务业、旅游业和科学研究业；房地产业、大型批发零售业、仓储业、信息技术计算机服务和软件业、综合技术服务业可以逐步退出；教育事业、卫生社保和社会福利业、公共管理和社会组织可以有计划地向津冀地区转移。

四、首都经济圈服务经济发展的深层次制约

服务业门类众多、涉及面很宽，而且行业间发展规律差异很大，需加强对服务业发展规律的认识，着力突破制约服务业发展的体制机制瓶颈制约，突出表现为以下几个方面：

（一）高端服务资源潜能未得到充分释放

以央属资源、跨国公司总部资源、高校科研院所资源等高端服务资源是北京服务业发展的重要优势，但由于体制原因，资源还未转化为效益。中央单位资产总额占到全市八成左右，增加值占全市四成左右。中央单位在很多行业占绝对主导地位，交通、信息、文化等中央资产都在一半以上，有的在全国都占据相当大的比重。以金融业为例来看，2012 年北京金融业实现增加值 2592.5 亿元，占GDP 的比重达 19.07%，但相对于北京庞大的金融资产而言，金融业的资产运营效率相对不高。截至 2010 年 9 月，北京金融资产总额已达 47.4 万亿元，占全国金融资产总额的比重达到 57.8%，其中，中央金融资产占很大比重。

（二）适应服务业发展的体制机制尚不健全

服务业具有融合性、渗透性特点，加上电子商务、移动互联网等新型业态的出现，导致目前的行业管理体制机制难以适应服务业发展的要求，突出表现在以下几个方面：

一是会展、旅游、住宿、新闻出版等行业存在"多头管理"问题，如会展业涉及安保、消防、卫生检疫、海关等多个审批环节，尚未形成统一权威的行政管理机构，造成审批环节繁多、程序复杂、效率低下，对行业发展造成了巨大的运营和管理成本。

二是文化创意、商务服务等内部细分行业领域存在"管理缺位"问题，电子商务、移动互联网、数字内容、云计算、物联网等基于三网融合而出现的新型服务业态，其管理涉及多个横向行业部门，对部门间的分工协作、横向联动管理提

出更高的要求。

三是基于行业发展需求，由政府主导推动或由行业自发组建了很多行业协会、服务联盟等行业性社会组织，但这些行业性社会组织的行业自律、资源集成、政府对接等职能发挥不够充分，未能与政府宏观管理形成配套或联动。据统计，在中关村国家自主创新示范区就有各类业协会 42 家，产业联盟 61 家，但只有部分行业协会、产业联盟具有较强的影响力和组织管理能力。

四是部分服务行业和领域存在准入门槛高、生产要素使用成本高等问题，特别是在服务业供地方式及出让金政策、人才吸引等方面与制造业相比有一定差距。

（三）服务需求市场迫切需要挖掘与开发

服务业与制造业是互为支撑的，制造业为服务业发展提出要求、提供市场空间。2012 年北京市实现工业增加值 3294.3 亿元，由于首都经济圈之间产业衔接合作不够，与长三角、珠三角等制造业区域相比，本区域制造业对服务业的需求拉动效应相对不足。本地服务业市场受货币政策、房地产调控政策以及本市机动车限购政策等影响，发展增速显著趋缓，2012 年全市服务业增速仅为 7.8%，为近五年增速的最低值。在这样的背景下，应加快龙头服务企业"走出去"，对京津形成辐射效应，拓展新的服务需求市场。

（四）国有企事业单位改制仍有较大空间

"十二五"时期，国家将改革重点集中在文化、科技、体育、医疗卫生、事业单位转企改制等准（非）经营性领域，北京在承接中央在京企事业单位改制，推动市属国有企事业单位改革，培育服务市场方面仍有较大空间。目前，全国事业单位总数达到 130 万家，总资产约 3000 亿元以上，总从业人员约 3000 万人，北京事业单位从业人员达 200 万人以上，事业单位总数在 1.2 万家左右，庞大的事业单位服务市场仍需有效激活。

同时，北京服务业发展中还存在服务业发展不均衡、服务资源高度集中于中心城区、远郊区县吸纳服务资源能力不强、服务业发展基础相对薄弱等问题。

五、首都经济圈服务经济发展的制度保障

（一）放宽服务领域市场准入

要贯彻落实《国务院关于鼓励和引导民间投资健康发展的若干意见》，按照"非禁即入"的原则，鼓励和引导社会资本进入基础产业、基础设施、市政公用事业、社会事业等领域。建立健全市政公用事业的投资主体、运营主体招标制度与特许经营制度，扩大社会资本介入市政公用事业的广度和深度。简化服务企业登记注册、税务登记等审批流程和手续，简化外商投资服务业企业多级分支机构登记程序，放宽服务业企业集团登记在母子企业注册资本总额、控股子公司数量方面的限制。

（二）推动国有企事业单位改革

鼓励市属服务企业加快社会职能剥离、非核心业务拆分与重组，加速国有资产证券化。按照"政事分开、管办分离"原则，推进政府机关与其下属事业单位分离，分类推进事业单位改革：主要承担行政职能的事业单位，将其行政职能划归行政机构或转为行政机构；经营性事业单位适时退出竞争性服务领域或转制为企业；强化公益性事业单位公益属性，落实事业单位法人自主权，建立健全内部管控机制和外部监督机制。

（三）完善服务业行业管理体系

推进市属各职能部门行业管理职能分工与协调，健全与服务业发展相适应的行业管理体系与协调机制，重点解决会展、住宿、新闻出版等服务行业"多头管理"问题与文化创意、商务服务等内部细分行业领域的"管理缺位"问题，探索在电子商务、三网融合、物联网等新兴服务领域方面的管理机制。

（四）推动服务业要素资源改革

深化服务业领域价格改革，逐步放开市场发育较为成熟行业的政府指导价，对一些垄断行业和市场竞争不充分的服务行业，提高政府定价决策的科学性、民主化和透明度，逐步建立公开、透明的市场定价机制。推进生产性服务业、文化创意产业等重点服务业逐步实现与工业用电、用水、用气、用热基本同价。继续清理涉及服务业的行政事业性收费，加强收费监管，规范收费行为。

（五）加大服务项目的采购力度

提高和扩大对国内现代服务业范畴内产品和服务的政府采购力度和范围，增加新兴服务业如专业咨询服务、信息服务、国产软件服务、专业设计服务、中介服务等领域的政府采购；加大政府对社区服务、文体活动、养老服务等社会服务领域的购买力度，培育和扩大服务市场。

（六）完善法制与市场环境

加大知识产权保护力度，坚决查处和严厉打击侵权违法行为，健全知识产权保护体系，保护具有自主创新知识产权的科技成果。整顿和规范服务业市场秩序，加大专项整治力度，严格落实责任制和责任追究制，建立公开、公平、规范的市场环境，推动服务业有序、快速、健康发展。

（七）提高生活服务业比重

适应消费需求升级，积极发展为城乡居民生活服务的新兴服务业。引导文化娱乐、教育培训、体育健身、医疗保健等行业发展，满足人民不断增长的服务性消费需求。进一步发展以居民住宅为重点的房地产业和装修装饰业，推广和规范物业管理；发展壮大社区服务业，提供各种便民利民的社区服务。

（八）加强服务业与第二产业协调

制造业和服务业日益呈现出相辅相成、相互促进的良性互动关系。生产性服务业逐步形成完整的产业链，渗透到生产活动的上、中、下游三个环节中，为其提供有力支撑。在上游，如可行性研究、产品研发、市场调研、风险资本等；在中游，如质量控制、会计、人力资源、法律、信息、保险等；在下游，如销售、广告、物流、维修保养、客户培训等。这些服务活动逐步成为制造业提升竞争力的战略环节。同时，专业化分工更加发达，制造业将重要的服务活动外置，提高了产业活动的迂回性，推动了服务业的市场化，带动了服务业，尤其是研发、咨询、信息等新兴行业的发展。

六、首都经济圈服务经济发展路线图

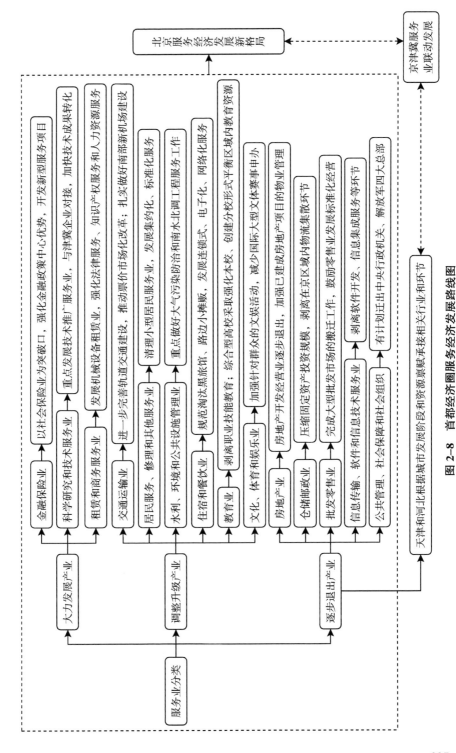

图 2-8 首都经济圈服务经济发展路线图

参考文献

［1］邓丽姝. 北京发展生产性服务业的 SWOT 分析和对策建议[J]. 特区经济，2007（9）.

［2］邓丽姝. 北京生产性服务业发展的现状与思路 [J]. 特区经济，2007（7）.

［3］葛本中. 北京经济职能与经济结构的演变及其原因探讨（上）[J]. 北京规划建设，1996（3）.

［4］葛本中. 北京经济职能与经济结构的演变及其原因探讨（下）[J]. 北京规划建设，1996（4）.

［5］胡丹等. 北京市生产性服务业的增长及其空间结构［J］. 地理科学进展，2009（2）.

［6］李彦君. 北京服务业产业效率的演变、空间分异与提升策略研究［J］. 区域发展，2014（3）.

［7］李治堂. 北京现代服务业发展问题与对策［J］. 商业时代，2007（24）.

［8］刘绍坚. 生产性服务业发展趋势及北京的发展路径选择［J］. 财贸经济，2007（4）.

［9］邵晖. 北京市生产者服务业聚集特征［J］. 地理学报，2008（12）.

［10］孙强. 基于投入产出的北京服务业发展分析［J］. 北方工业大学学报，2013（6）.

［11］赵群毅，谢从朴. 都市区生产者服务业企业区位因子分析——以北京为例［J］. 经济地理，2008（1）.

［12］赵群毅，周一星. 北京都市区生产者服务业的空间结构——兼与西方主流观点的比较［J］. 经济地理，2007（5）.

［13］赵群毅等. 北京都市区生产者服务业地域结构［J］. 地理研究，2009（5）.

第三章
首都总部经济发展路线图

一、北京总部经济现状

　　根据中国总部经济研究中心主任赵弘对总部经济的定义："总部经济"是指某区域由于特有的资源优势吸引企业将总部在该区域集群布局，将生产制造基地布局在具有比较优势的其他地区，而使企业价值链与区域资源实现最优空间耦合，以及由此对该区域经济发展产生重要影响的一种经济形态。经过多年的发展，总部经济早已成为首都经济发展的重要组成部分，总部企业是总部经济发展的主体。

　　总部企业按照不同的分类标准可以划分为多种类型：①按管辖的区域范围分类，可分为区域性总部和全球性总部；②按照资金控制权分类，可分为战略导向性总部、资产导向性总部和操作导向性总部；③按价值链分工分类，可分为管理总部、投融资总部、研发总部、营销总部、采购总部和生产总部等，或者是以上各种功能总部的排序组合；④按照企业纵向管理结构分类，可分为一级总部、二级总部、三级总部等；⑤按企业横向管理结构分类，可分为行政总部、投资总部、融资总部、研发总部、销售总部、采购中心、（跨国公司）地区总部、办事处、代表处等。

（一）北京全市总部企业基本情况

依据北京市统计局、市国税局、市地税局提供的数据，市商务委汇总分析得出，2012 年北京全市各类一级总部企业 1533 家（其中一二级总部企业合计 7982 家），比上年增加 228 家。总部企业及在京下属分支机构共实现增加值 8655.4 亿元，占全市地区生产总值的 48.4%，比上年提高 1 个百分点；实现收入 7.3 万亿元，增长 14.4%，占全市收入的 59.9%，提高了 0.2 个百分点；国地税收入合计 5136 亿元，占全市同一指标的 55.7%，较上年提高 3.3 个百分点；市区两级地方留存 1338 亿元，占全市同一指标的 40.4%，较上年提高 1.1 个百分点。

2012 年总部企业吸纳从业人员 308.3 万人，同比增长 10.1%，占全市就业人数的 27.8%；总部企业人均劳动报酬 12.5 万元，远高于 8.2 万元的社会平均水平。

如表 3-1 所示，北京总部企业以占全市 0.4% 的单位数、25% 左右的就业人数，创造了全市近一半的增加值，实现了全市近六成的收入和税收，已经成为推动首都经济发展的重要力量。

表 3-1   2011~2012 年北京市总部企业主要经济指标情况

指标	一级总部企业数量（家）		增加值（家）		收入（万亿元）		国地税合计（亿元）		其中市区两级地方留存税收（亿元）		从业人员（万人）	
	2012 年	2011 年	2012 年	2011 年	2012 年	2011 年	2012 年	2011 年	2012 年	2011 年	2012 年	2011 年
总量	1533（一二级总部合计7982家）	1305（一二级总部合计7769家）	8655.4	7707.9	7.3	6.3	5136	4194	1338	1153	308.3	280
占全市比重（%）	0.4	0.3	48.4	47.4	59.9	59.7	55.7	52.4	40.4	39.3	27.8	27.5

资料来源：依据市统计局、市国税局、市地税局数据汇总得出。

（二）世界 500 强企业总部

世界 500 强企业数量是一个城市国际竞争力的体现。北京作为我国唯一的首都经济体，是我国唯一的政治和外交中心。北京市的世界 500 强企业总部是总部经济中不可忽视的重要方面。

1. 数量

根据美国《财富》杂志统计，2013 年包含我国台湾省在内，我国上榜的公司总数已经达到 95 家，其中北京有 48 家 500 强企业总部（见表 3-2），成为全球拥有 500 强企业总部最多的城市，显示了北京在世界城市体系中的国际地位和国际竞争力。

1996 年《财富》杂志首次推出世界 500 强榜单，当时北京市仅拥有世界 500 强企业总部数量两家，其以惊人的增长速度，一跃到如今成为全球拥有企业总部数量最多的城市，高于常年位居第一的东京（2013 年 47 家）。

表 3-2 北京市拥有世界 500 强企业总部数量变化

年份	1996	2000	2007	2011	2012	2013
北京	2	9	16	41	43	48

资料来源：根据财富中文网历年世界 500 强榜单整理而成。

2. 行业分布

从 48 家总部企业所属行业分布来看，金融服务业总部数量最多达 8 家，其中包括银行及商业储蓄企业 5 家，保险业 2 家以及多元化金融企业 1 家。其次是工程与建筑业，为 6 家（见表 3-3）。从行业数量占总数量的比重看，制造业占比较高，这也与我国整体的产业结构相关。虽然北京市的服务业相当发达，但在全球具有竞争力的还是不多。若与伦敦、东京等世界城市看齐，总部企业所属行业中，金融服务业等高端服务业占比有待提升。

表 3-3 北京世界 500 强企业行业分布

行业	数量	行业	数量
金融服务业	8	电信	2
工程与建筑	6	制药	1
金属产品	4	邮件、包裹及货物包装运输	1
航天与防务	4	网络、通信设备	1
公用设施	3	建材、玻璃	1
能源	3	计算机、办公设备	1
贸易	3	化学品	1
采矿、原油生产	3	船务	1
炼油	2	车辆与零部件	1
工业机械	2		

资料来源：根据财富中文网整理而成，行业划分参照《财富》杂志世界 500 强企业榜单中标志的行业。

3. 经济效益

总部企业的经济效益主要体现在其税收和就业效益。总部企业对北京市贡献的主要税种包括增值税、消费税、营业税、城市维护建设税、企业所得税、个人所得税、房产税、契税、资源税、土地使用税、车船使用税、印花税等。其中增值税、营业税和所得税为主要来源。在总部经济模式下，总部企业直接创造的税收和间接创造的税收，由于自身税源不同，有的税种表现出不确定性和流动性，其中个人所得税是最稳定的税种，总部企业代扣代缴的个人所得税对区域税收来说是一笔可观的税收收入。

总部企业的人员构成主要是由大量的高级管理人员、高级技术人员和高级营销人员组成。据统计，高级管理人员的平均收入相当于普通工作人员的2~6倍。此外，高管的股息、红利所得也需缴纳个人所得税，应由总部企业代扣税款，向总部所在地的主管税务机关缴纳。同时，聚集在总部周围的金融、保险、法律、信息等服务行业也是我国的高收入行业，不仅利于税收，还能促进区域税制结构的优化。高收入人员通过高端消费对第三产业的税收也有影响。

北京市的48家世界500强企业总部2013年的营业收入和利润总和分别为3441227.1百万美元、206322.6百万美元，营业收入和利润高在一定程度上体现其税收效应（见表3-4）。

表3-4　北京市世界500强总部企业经济效益

经济效益指标	营业收入（百万美元）	利润（百万美元）
数值	3441227.1	206322.6

资料来源：根据财富中文网2013年世界500强企业名单整理。

（三）其他类型总部

根据国务院发展研究中心发布的数据显示，截至2012年6月底跨国公司在京总部企业和研发机构达到639家。[1]

2011年，北京有大型中央企业总部222家，实现增加值3013.2亿元，占全市总部经济的40.9%，实现利润占全市总部经济的66.2%。

2012年，外资企业联合年检显示，北京市累计设立具有地区总部功能的外

---

[1] 国务院发展研究中心发表于2013年2月6日的《北京总部经济发展仍需增强辐射力》。

资企业 228 家，占参检外资企业总数的 1.2%，共实现营业收入 4460 亿元，利润 659 亿元，税收 379 亿元，分别占全市外资企业同一指标的 19.5%、31.2% 和 16.6%。[①] 但经认定的跨国公司地区总部只有 127 家，其中世界 500 强企业 84 家，占在京投资世界 500 强企业的 30.2%（共有 278 家世界 500 强企业在京投资）。其中，投资性公司 103 家，管理性公司 24 家。跨国公司地区总部的业务范围也在不断扩展，从原有的投资决策、资金运作、财务管理、技术支持与研究开发逐渐向进出口及国内分销、物流配送、服务外包等业务扩展。

2013 年，中国 500 强企业中有 77 家总部位于北京。营业收入占中国 500 强企业的 45.9%，利润占 55.76%。

总部企业的行业集中度高，主要是第三产业吸纳总部企业，集中在商务服务、信息服务、金融、批发零售、制造业和建筑业，这六大行业聚集了全市 1014 家总部企业，占总数的 78.7%，实现增加值占全市总部企业的 69.5%，吸纳就业人员占全市总部企业的 61.7%。尤其是金融业中总部企业实现增加值占金融行业的 70.2%，租赁和商务服务业中总部企业实现增加值占该行业的 47%。

（四）北京总部聚集区

为全面落实市第十一次党代会精神，发挥首都优势，加快培育和打造一批总部经济和商务服务业集聚区，打造世界高端企业总部聚集之都，在推进"六高四新"高端产业功能区建设中，经过各集聚区自主申报、区县初审、现场核查、专家评审和公示，市商务委决定授予北京金融街、北京 CBD、中关村海淀科技园等八个园区"北京市总部经济集聚区"称号，授予北京雁栖经济开发区、北京密云生态商务区等四个园区"北京总部经济发展新区"称号（见表 3-5）。

从主要指标看，初步统计，授予"北京市总部经济集聚区"称号的八个园区，2012 年共有规模以上入驻企业 1.6 万家，纳税 4050 亿元，占全市纳税总额的 43.9%，其中总部企业数量 4747 家，占全市总部企业数量的 61%。授予"北京市总部经济发展新区"称号的四个园区均位于城市发展新区和生态涵养发展区，具有明确规划和发展总部经济的明确产业定位。全市总部企业初步形成集聚发展态势。

---

① 《北京：跨国公司地区总部已达 127 家》，www.china.com.cn。

表 3-5　北京市总部经济集聚区及发展新区（第一批）名单

序号	中文名称	英文名称	所在区县
	北京市总部经济集聚区（8 个）		
1	北京金融街	Beijing Financial Street	西城区
2	北京商务中心区	Beijing Central Business District	朝阳区
3	中关村科技园区海淀园	Zhongguancun Haidian Science Park	海淀区
4	东二环高端服务业发展带	High-end Service Industry Development Zone of East 2nd Ring Road	东城区
5	中关村科技园区电子城科技园	Electronic Zone of Zhongguancun Science Park	朝阳区
6	中关村科技园区丰台园	Zhongguancun Fengtai Science Park	丰台区
7	北京天竺空港经济开发区	Beijing Tianzhu Airport Economic Development Zone	顺义区
8	国门商务区	Air CBD	顺义区
	北京市总部经济发展新区（4 个）		
1	北京雁栖经济开发区	Beijing Yanqi Economic Development Area	怀柔区
2	北京兴谷经济开发区	Beijing Xinggu Economic Development Zone	平谷区
3	北京环渤海高端总部基地	Beijing Bohai-rim Advanced Business Park	通州区
4	北京密云生态商务区	Miyun Ecological Business District, Beijing	密云县

资料来源：北京市商务委员会。

二、北京发展总部经济的成本—收益分析

（一）经济和社会效益

表 3-6　发展总部经济的收益

效应	具体内容
规模效应	集聚了一定数量企业总部的中心城市将会吸引人才、金融、高端服务业等资源要素，从而改善企业总部的商务环境，加上总部企业之间可能存在的业务关系，从而吸引更多的企业总部入驻，而更大规模的总部集群又吸引更多的资源要素，从而形成良性循环
资本聚集效应	资本聚集主要体现在：①对资金实行归集和统一管理使得全国的资金向总部所在中心城市集中；②吸引大量城市基础设施建设服务投资；③金融资本聚集，主要体现在大量的金融机构聚集
产业乘数效应	①吸引大量跨国制造公司和外埠制造企业总部入驻，打造"总部—制造基地"链条，增加第二产业产值；②促进第三产业升级，尤其是知识型服务业等新型服务业（信息服务业、中介服务业、金融服务业等）
消费拉动效应	①总部企业的商务活动、研发活动以及保障这些活动所必需的各种配套消费；②总部员工的个人消费，包括住宅、佳通、教育、健身、旅游、购物等；③文化多元和融合，带来更高的城市开放度，就业结构的优化均使消费结构发生改变，提升消费层次

效应	具体内容
税收贡献效应	①总部企业税收贡献效应；②员工个人税收贡献效应
劳动就业效应	企业总部发展本身会充分利用当地的智力人才优势，带来大量高智力就业岗位。同时，总部经济通过产业乘数效应带动第三产业，也会增加就业岗位

（二）成本

表3-7　发展总部经济成本分析

成本	具体内容
交易成本	政府为实施总部经济战略，设立专门机构、指派专任负责及调研等成本，属于沉没成本
优惠成本	政府为提高总部吸引力及同其他区域竞争力，而给予的地价优惠或税收减免等
歧视成本	因同区域内企业的不同对待，引起部分企业的不满，从而削弱企业发展的积极性
社会震荡成本	总部入驻拉高当地的房价、物价，引起当地居民的不满
城市运行压力及社会管理成本	过多的企业总部入驻导致城市人口、资源、交通和环境压力超出承载范畴的成本，也是目前北京面临的最严峻的"大城市病"
人才资源流失成本	是指跨国公司类企业总部入驻后对本国同行业企业的冲击，甚至导致优秀人才和资源流失的成本

（三）结论

总部经济的发展对于推动首都经济结构转型升级有着重要的意义，在大范围强调北京功能疏解的关键时刻，北京能发展的东西越来越少，总部经济还是应该继续发展的。但面对人口、交通等压力，要有选择性的发展。发展总部经济，既有收益，又有成本。总部企业的数量并不是越多越好，还是要寻求一个均衡点。用经济学的话语解释，便是当边际收益等于边际成本时的总部经济发展状态是最优的。如何达到最优，要有选择地引入企业总部，在减少成本的同时增加企业带来的收益。

三、从总部经济角度推动北京市经济结构转型和缓解城市压力

（一）首都核心功能与总部经济筛选

2014 年 2 月，习近平总书记在北京市调研时，就推进北京发展和管理工作要求，提出要明确城市战略定位，坚持和强化首都全国政治中心、文化中心、国际交往中心和科技创新中心的核心功能，深入实施人文北京、科技北京、绿色北京战略，努力把北京建设成为国际一流的和谐宜居城市。提出要调整疏解非首都核心功能，优化三次产业结构，优化产业特别是工业项目的选择，突出高端化、服务化、集聚化、融合化、低碳化，有效控制人口规模，增强区域人口均衡分布，促进区域均衡发展。

上述讲话阐明了两个方面的内容。第一，阐明了北京首都核心功能的大致范畴，提出了未来疏解非核心功能的方向。政治、文化、国际交往和科技创新这四个方面的功能属于核心功能，应当继续集中于北京，基本不应进入功能疏散范畴；或者四个方面的功能中非核心的部分将进入疏散名单，而其他功能领域的资源很可能进入外迁名单。第二，首都北京产业取舍和选择的标准为"高精尖"产业和绿色环保产业。

北京目前除了上述四项核心功能之外，还承担了经济中心、金融中心、研发中心等多项功能。

总部经济的发展本身就是一个筛选产业的过程，面对既有的总部企业以及未来的发展，在北京首都经济结构调整的大背景下，仍然需要"有舍有得"。将与北京首都核心功能相符的总部企业或总部企业的某些环节留下，将非首都核心功能的企业或环节外迁，以缓解北京日益剧增的人口、环境和资源压力。

从北京首都核心功能角度看，总部企业去留问题初步有以下几个方面的方向。

（1）行业选择上，倾向于选择技术密集、知识含量高、无须大量能源、没有污染的企业总部，如金融、商务服务等高端服务业总部；总部可以整体迁出，也

可以剥离部分环节，如化学品行业。

（2）价值链各个环节上，倾向于留下高端创新环节，迁出制造环节等低端环节。

（3）政治总部均保留，符合政治中心功能定位。

（4）跨国企业地区总部建议全部保留并大力发展，跨国企业总部是全球资源配置的重要载体，对于提升北京国际影响力具有重要作用，符合北京"对外交流中心"的定位。

（二）行业选择

1. 以行业区位熵为标准筛选

为了更加明确总部的行业筛选，主要分析中国 500 强的行业选择。

根据《财富》杂志公布的 2013 年中国企业 500 强名单，北京拥有中国 500 强企业总部 77 家，营业收入占中国 500 强企业的 45.9%，利润占 55.76%。观测得知 77 家总部企业分布在 20 个行业中（行业划分标准参照《财富》杂志中国 500 强企业榜单），具体如表 3-8 所示。

表 3-8　北京市拥有中国 500 强企业总部行业分布

	行业	企业数量（个）	营业收入（百万元）	利润（百万元）
1	船舶	1	58501	3577
2	电力	7	386470	29367
3	房地产	2	29910	3886
4	纺织服装	1	26486	836
5	互联网服务	2	30507	13242
6	机械设备制造	7	326378	15353
7	基建、建筑	12	2313408	51964
8	计算机及相关产品	3	62640	1882
9	建材	1	34054	2965
10	交通运输、仓储业	2	126623	5350
11	金融	11	2628102	846888
12	金属	4	210140	-6831
13	旅游酒店业	2	26414	1301
14	煤炭	3	345270	57930
15	农林牧渔	2	18982	801
16	批发零售	7	292399	44
17	汽车	1	40973	1353

续表

	行业	企业数量（个）	营业收入（百万元）	利润（百万元）
18	石油、天然气、化工	4	5009743	178646
19	食品饮料	1	13033	616
20	医药、生物制品、医疗保健	4	37049	1467
	总和	77	12017082	1210637

资料来源：根据《财富》公布的 2013 年中国企业 500 强榜单整理。

基于北京总部行业分布，挑选出中国 500 强中 20 个行业覆盖的 468 家企业，作为全国的样本进行分析。

在上述数据的基础上，采用"区位熵"原理来分析北京市各个行业总部的实力。分别对营业收入和利润计算区位熵。

其计算公式为：

$$Q = 区位熵 = \frac{北京市第 I 个行业指标值/北京市指标值的和}{全国第 I 个行业指标值/全国指标值的和} \qquad (3-1)$$

Q>1，表明北京市该行业的总部经济实力发展强于平均水平；

Q<1，表明北京市该行业的总部经济实力发展弱于平均水平；

Q>1.5，表明具有很强的发展优势。

通过计算得出北京市总部企业 20 个行业的营业收入区位熵和利润区位熵（见表 3-9）。

表 3-9 北京市中国 500 强企业总部各行业区位熵

行业	营业收入区位熵	利润区位熵
船舶	1.3754	1.6053
电力	1.1855	1.0481
房地产	0.0644	0.0470
纺织服装	0.3638	0.1058
互联网服务	0.7980	0.8551
机械设备制造	0.6585	0.6435
基建、建筑	1.6708	1.3098
计算机及相关产品	0.2246	0.4966
建材	0.1900	0.2177
交通运输、仓储业	0.3797	0.4045
金融	1.2492	1.2521
金属	0.1832	-1.1650
旅游酒店业	1.2743	1.1436

续表

行业	营业收入区位熵	利润区位熵
煤炭	0.7655	1.0625
农林牧渔	0.2779	0.5191
批发零售	0.5021	0.0040
汽车	0.0681	0.0397
石油、天然气、化工	1.6878	1.1192
食品饮料	0.0530	0.0214
医药、生物制品、医疗保健	0.1747	0.2098

上述分析结果，主要侧重于营业收入和利润区位熵。三者区位熵全部小于1的行业有房地产、纺织服装、互联网服务、机械设备制造、计算机及相关产品、建材、交通运输及仓储业、金属、煤炭、农林牧渔、批发零售、汽车、食品饮料、医药和生物制品及医疗保健14个行业。这些行业在全国范围内看，北京并无发展优势，原则上其总部可以迁出，尤其是金属行业的利润区位熵为负，可以考虑迁出。煤炭、金属等行业也均是高耗能、高污染行业，应迁出。

互联网服务行业的营业收入和利润区位熵均小于1，但接近于1，考虑到互联网服务行业属于朝阳产业，某种意义上也属于高端服务业和科技创新企业，符合北京"科技创新中心"的功能定位，可以暂时保留。其他可以考虑将总部保留在京的行业包括船舶、电力、基建和建筑、金融、旅游酒店业、石油和天然气及化工行业。石油和天然气及化工行业虽然有污染，但其总部基本没有生产环节，对北京环境影响不大，加之其大多属于国家命脉产业，可以考虑放在首都。

2. 以行业平均工资为标准筛选

根据总部经济的效益显示，其给当地政府带来的最大税收效应是个人所得税，因此，平均工资高的行业，其总部员工的工资能贡献更多的个人所得税，能在一定程度上缓解地方政府的财政收入压力。

过去三年来，全国城镇非私营单位从业人员行业平均工资最高的行业一直是金融业，信息传输、软件和信息技术服务业，科学研究、技术服务业。排名最靠后的三个行业分别是农、林、牧、渔业，住宿和餐饮业，水利、环境和公共设施管理业。同时，2014年5月27日，根据国家统计局首次发布的全国城镇非私营单位分行业分岗位平均工资数据，在同一行业中，单位负责人的岗位工资是所有岗位中最高的，信息传输、软件和信息技术服务业中岗位平均工资最高与最低之比为 4.68，科学研究和技术服务业中最高与最低工资之比为 4.18，均高于行业平均差距。在一定程度上表明，行业总部职员的工资水平大于分部的平均工资（见表 3-10）。

表 3-10　2011~2013 年行业平均工资

单位：元

	行业	2011 年	2012 年	2013 年
	全国城镇非私营单位平均工资	42452	46769	51474
前三名	金融行业	91364（2.15）	89743（1.92）	99695（1.94）
	信息传输、软件和信息技术服务业	70619（1.66）	80510（1.72）	90926（1.77）
	科学研究、技术服务业	65238（1.53）	69254（1.48）	76603（1.49）
后三名	水利、环境和公共设施管理业	30750（0.72）	32343（0.69）	36122（0.70）
	住宿和餐饮业	27847（0.66）	31267（0.67）	34043（0.66）
	农林牧渔业	20393（0.48）	22687（0.49）	25820（0.50）

平均工资排名前三的行业中，金融业是高端服务业的典型代表，信息传输、软件和信息技术服务业，科学研究、技术服务业是建立科技创新中心的重要产业依托，这三个行业不仅能在一定程度上解决首都的财政问题，也符合首都核心功能定位，应是首都未来总部经济的重点发展行业。

3. 小结

综合上述两种筛选标准，金融业，信息传输、软件和信息技术服务业（互联网行业），科学研究、技术服务业是未来重点发展的三大行业，船舶，电力，基建、建筑，旅游酒店业，石油、天然气、化工行业的总部可以保留。此外，对于予以保留的行业，除了要发展行业总部之外，还应考虑创造好的条件来发展行业协会总部。

至于跨国企业总部，由于大多属于战略性总部或区域总部，其极少包含制造等环节，在行业筛选上可暂时不予考虑，可以保留来提升首都的国际影响力，也与首都核心功能的国际交往中心定位相符。

（三）价值链判断

企业的经营活动中，并不是每个经营环节都创造价值或者具有比较优势，企业所创造的价值和比较优势，实际上来自企业价值链上某些特定环节的价值活动。随着企业的成长，这些价值活动对企业发展起到了决定性作用，以总部的形式分离出来（见图 3-1 和表 3-11）。

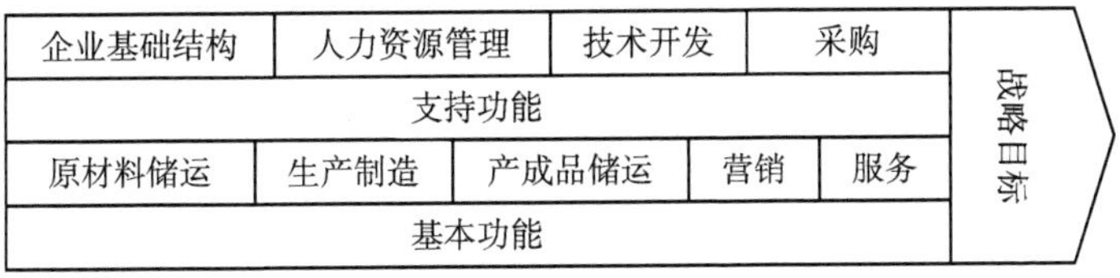

企业基础结构	人力资源管理	技术开发	采购	
支持功能				战略目标
原材料储运	生产制造	产成品储运	营销	服务
基本功能				

图 3-1　企业价值链

表 3-11　企业价值链功能

功能类别	功能名称	功能主要内容
基本功能	原材料储运	接收、保管和分发生产投入物的活动，如物料搬运、库存控制、仓储管理以及与供应商签订合同等
	生产制造	产品的生产活动，如加工、组装、包装和检验等
	产成品储运	保管和向顾客分送产品的活动，包括仓储管理
	市场与销售	一系列与顾客提供购买产品的渠道和使得顾客产生购买意愿相关的活动，如广告、销售和定价
	售后服务	提供产品服务和维护产品价值的活动，如安装、培训
支持功能	采购	购入生产和非生产性货物
	技术开发	设备、工艺和产品开发
	人力资源管理	员工招聘、培训、发展、报酬等
	基础设施	行政管理、财务、战略、计划、质量保证

　　根据企业的价值链功能可以将企业总部分为六类，分别是生产总部、营销总部、采购总部、研发总部、管理总部和综合总部。从各个环节的功能来讲，生产总部包括原材料储运、生产制造和产成品储运功能。生产总部应该建立在劳动力成本低廉、仓储成本小和运输成本低的地区，这与北京市的资源禀赋不相符，北京集中了大量的优秀人力、技术等资源，但不存在大量的低廉劳动力，且地价贵，交通拥堵，不适宜设立生产总部。采购总部功能是为实现企业正常运转提供充足的优质价廉的原材料，北京不属于优势明显的原材料采购地，不适宜设立采购总部。此外，还有售后服务等低附加值的劳动密集型的环节，与北京的资源优势和首都功能定位都不相符，均可以迁往其他地区。

　　北京市的总部企业主要是综合总部，一般具有两种及以上的功能。根据北京市商务委调研过去三年 7982 家一二级总部企业实体化经营结果显示，具有三种以上功能的总部企业数量少、贡献大。在 7982 家一二级总部企业中，具有管理、投资、财务、采购、研发、销售、结算、物流等三种以上功能的总部企业数量为

3084 家，占全市总部企业数量的 39%；其 2010~2012 年共完成国地税收入合计分别为 3236 亿元、4104 亿元和 5079 亿元，分别占全市总部企业同一指标的 97.6%、97.9% 和 98.9%；2010~2012 年共实现市区两级地方留存分别为 839 亿元、1098 亿元和 1299 亿元，分别占全市总部企业同一指标的 94.2%、95.2% 和 97.1%。具体而言具有以下特点（见表 3-12）。

表 3-12 北京市实体化经营情况统计表

单位：家、亿元

总部企业所具有的功能	2012 年平均纳税额	一二级总部企业数量及占比	2010 年		2011 年		2012 年	
			国地税合计及占比	其中：市区留存及占比	国地税合计及占比	其中：市区留存及占比	国地税合计及占比	其中：市区留存及占比
具有管理、投资、财务、采购、研发、销售、结算、物流等五种以上功能	7.15	620	2689.79	536.37	3432.45	720.77	4434.89	920.53
		7.8%	81%	60%	82%	63%	86%	69%
具有管理、投资、财务、采购、研发、销售、结算、物流等四种以上功能	0.54	633	260.59	138.86	336.49	185.52	341.68	195.46
		7.9%	8%	16%	8%	16%	7%	15%
具有管理、投资、财务、采购、研发、销售、结算、物流等三种以上功能	0.17	1831	285.84	163.75	334.93	191.87	302.50	183.47
		22.9%	9%	18%	8%	17%	6%	14%
具有管理、投资两种功能	0.03	1945	58.57	36.97	65.78	41.02	49.02	32.39
		24.4%	1.8%	4.2%	1.6%	3.6%	1.0%	2.4%
只是具有管理或投资功能	0.003	2953	25.34	14.60	24.34	14.06	7.73	5.71
		37.0%	0.8%	1.6%	0.6%	1.2%	0.2%	0.4%

注：具有管理、投资、财务、采购、研发、销售、结算、物流等三种以上功能的总部企业数量为 3084 家，占全市总部企业数量的 39%；2012 年共完成国地税收入合计为 5079 亿元，分别占全市总部企业同一指标的 98.9%；2012 年共实现市区两级地方留存 1299 亿元，分别占全市总部企业同一指标的 97.1%。

资料来源：北京市商务委。

（1）具有五种以上功能的总部企业数量少、贡献大。具有管理、投资、财务、采购、研发、销售、结算、物流等五种以上功能的总部企业大约 620 家，占全市总部企业数量的 7.8%；其 2010~2012 年共完成国地税收入合计分别为 2689.79 亿元、3432.45 亿元和 4434.89 亿元，分别占全市总部企业同一指标的 81%、82% 和 86%；2010~2012 年共实现市区两级地方留存分别为 536.37 亿元、720.77 亿元和 920.53 亿元，分别占全市总部企业同一指标的 60%、63% 和 69%。

（2）具有四种功能的总部企业数量少、单位企业贡献较大。7982 家一二级总部企业中，具有管理、投资、财务、采购、研发、销售、结算、物流等四种功能的总部企业大约 633 家，占全市总部企业数量的 7.9%；其 2010~2012 年共完成国地税收入合计分别为 260.59 亿元、336.49 亿元和 341.68 亿元，分别占全市总部企业同一指标的 8%、8% 和 7%；2010~2012 年共实现市区两级地方留存分别为 138.86 亿元、185.52 亿元和 195.46 亿元，分别占全市总部企业同一指标的 16%、16% 和 15%。

（3）具有三种功能的总部企业数量较多、单位企业贡献较小。7982 家一二级总部企业中，具有管理、投资、财务、采购、研发、销售、结算、物流等三种功能的总部企业大约 1831 家，占全市总部企业数量的 22.9%；其 2010~2012 年共完成国地税收入合计分别为 285.84 亿元、334.93 亿元和 302.50 亿元，分别占全市总部企业同一指标的 9%、8% 和 6%；2010~2012 年共实现市区两级地方留存分别为 163.75 亿元、191.87 亿元和 183.47 亿元，分别占全市总部企业同一指标的 18%、17% 和 14%。

（4）具有管理、投资两种功能的总部企业数量较多、单位企业贡献小。7982 家一二级总部企业中，具有管理、投资两种功能的总部企业大约 1945 家，占全市总部企业数量的 24.4%；其 2010~2012 年共完成国地税收入合计分别为 58.57 亿元、65.78 亿元和 49.02 亿元，分别占全市总部企业同一指标的 1.8%、1.6% 和 1%；2010~2012 年共实现市区两级地方留存分别为 36.97 亿元、41.02 亿元和 32.39 亿元，分别占全市总部企业同一指标的 4.2%、3.6% 和 2.4%。

（5）单纯只有管理或培训功能的总部企业数量大、单位企业贡献极低。7982 家一二级总部企业中，只是具有管理或培训功能的总部企业大约 2953 家，占全市总部企业数量的 37%；其 2010~2012 年共完成国地税收入合计分别为 25.34 亿元、24.34 亿元和 7.73 亿元，分别占全市总部企业同一指标的 0.8%、0.6% 和 0.2%；2010~2012 年共实现市区两级地方留存分别为 14.60 亿元、14.06 亿元和 5.71 亿元，分别占全市总部企业同一指标的 1.6%、1.2% 和 0.4%。

上述分析表明，功能越多的总部企业对北京市的税收贡献越大。其功能越多，税种和税源越丰富。只有管理功能的总部企业税源主要是个人所得税，以及高消费对第三产业税收的影响。若总部再加上研发功能，主要税源包括较高的个人所得税、研发收入带来的营业税以及企业所得税、在总部具有资金控制权下资金聚集的税收带动效应。若包含生产功能，则增加增值税和城建税等税源。若包含销售功能，则增加营业税、增值税等税源。

虽然，功能越多的总部对北京市的税收贡献越大，但面对经济结构调整的关键时期，必须舍弃部分经济利益。结合价值链各环节功能和北京市资源现状及首都功能定位，针对北京的各总部企业可以将部分环节剥离。

除了之前提到的生产环节、售后服务环节可以剥离外，在上述分析中的采购和物流环节可以一同剥离出去。大部分时候，采购和物流是并存的，两者均可以从北京迁往原材料产地等其他地区。针对研发部门，也可以考虑迁往首都经济圈内首都中心圈层以外的地区。研发是一个知识密集型的活动，人才可以跟随研发部门同时流动，搬迁成本较小。且研发成果多为技术类，由研发部门向总部和生产地区转移均比较容易。加之考虑企业研发人员均是高级优秀人才，可以采用将研发部门迁往河北和天津，但保留研发人员原有北京户籍的方式鼓励迁出。同时，京津冀交通一体化方案显示，到 2020 年，京津冀三地将形成 9000 公里高速公路网和主要城市 3 小时公路交通圈，9500 公里的铁路网和主要城市 1 小时高铁交通圈。[①] 交通一体化有助于人才的自由流动。

这样，具有管理、投资、财务、采购、研发、销售、结算、物流等功能中拨出采购、物流和研发三个环节，还有五种功能供企业选择保留，同时辅以税制改革或者税收筹划，也能保证北京市一部分的税收收益。比如，通过在总部企业设立销售控制中心，就具有了将外部利润转移到总部企业所在地的可能性，在这种管理模式下，总部企业能够为总部所在地带来更多的税收贡献。同时，部分环节从总部企业剥离，就能创造区域内的价值链条，不仅能有效缓解首都的城市压力，还能带动其他地区的发展，对于促进京津冀一体化有着重要的意义。

（四）区位及功能整合和规划

北京市拥有八个总部聚集区，四个发展新区，分布在北京市的各个区县，企业分布也不具备典型的特征。甚至地区与地区之间存在产业定位和功能定位趋同的现象。国外的总部聚集区均根据区域自身的产业基础和产业环境来定位，不会

---

① 凤凰网城市.京津冀合作引擎：交通一体化火速推进 [N].2014-6-6.

企图将所有类型的总部企业放在一个区域，比如美国的底特律集中汽车零部件企业总部；纽约集中金融、保险、公关服务等企业总部；洛杉矶集中影视文化企业总部；硅谷集中电子信息企业总部。北京市目前的总部经济发展还未能形成行业总部聚集的格局，对行业总部定位还有待进一步研究和引导，各个区域都集中在吸引跨国公司总部、国内大型企业集团总部，并没有结合区域的比较优势从总部的研发中心、营运中心等不同功能入手进行合理定位。

首先分析北京各个总部聚集区的特点，再进一步提出整合区域规划，建立功能不重复的总部聚集区。

1. 北京金融街

金融街是 1993 年获批建设的国家级金融管理中心，聚集了中国金融业的最优势资源。金融街占地规划 103 公顷，建筑面积 300 万平方米，南北长约 1700 米，东西宽 600 米。金融街已经成为资金密集、市场完善、交易活跃、信息通畅、功能齐全、环境优美的首都国际化金融中心区，并成为国家的金融决策监管中心、金融资产管理中心、金融信息汇聚中心和国际交往中心。具备形成金融企业总部聚集区的良好基础。

（1）总部经济现状。从目前总部经济发展现状看，金融街区域已经聚集了金融、电信及各类企业总部、监管机构等 588 家，其中金融保险企业占比最大，资产总额占该区域单位资产总额的 70%，营业收入占 65%，利润占 80%，税金占 25%。具体企业类型如表 3–13 所示。[①]

表 3–13　金融街企业总部聚集情况

金融监管机构	中国人民银行总行、中国证监会、中国银监会、中国保监会等
银行总部	工行、中国银行、建行、光大、民生、北京银行、华夏银行等
外资金融机构总部	纽约银行北京代表处、澳大利亚太平洋银行中国代表处、美国道富银行中国代表处等
保险公司总部	中国再保险集团、中财产再保险股份有限公司、中国人寿再保险股份有限公司、泰康人寿保险股份有限公司、东方资产管理公司等
企业集团总部	中国电信、中国移动、中国联通、中国网通、长江电力、大唐发电、中国电力投资公司等
清算中心	中国证券登记结算有限责任公司、中央国债登记结算有限责任公司等

---

① 北京市社会科学院中国总部经济研究中心，《北京总部经济发展研究报告》。

（2）资源特征。金融街位于西城区，西城区集中了党中央、全国人大常委会、国务院等全国党政军首脑机关及其大部分职能机构，是全国政治中心的重要载体。为区域内企业第一时间了解国家政策信息、及时与国家有关部门进行沟通创造了良好的条件。

尤其是金融政策信息方面，"一行三会"以及证券业协会、银行业协会等金融业协会都位于此，对于金融总部的聚集非常有利。

（3）未来定位。基于西城区独特的政府管理部门集中优势，可将其定位于"金融企业总部聚集区"，进一步整合国内外大型金融机构总部，并逐步完善配套的法律、会计等专业商务服务。至于类似于中国移动、中国电信、长江电力等非金融企业总部可以考虑迁至其他城区。

2. 北京商务中心区

北京商务中心区位于北京市朝阳区，是1993年获批建设的现代商务活动场所，总面积约3.99平方公里，基本形成了以公司总部为核心、以外资金融保险机构为保障、以咨询服务机构为配套的产业生态链，成为北京国际交往的重要窗口、中国与世界经济联系的重要节点和总部经济与现代服务业发展基地。

（1）总部经济现状。北京CBD在2012年已有89座高端商务楼宇，其中税收过亿元人民币楼宇达40座，10亿元以上达6座。截至2013年底，北京CBD共聚集企业33000多家，其中世界500强企业近200家。2013年北京CBD又新增三家跨国公司地区总部，跨国公司地区总部数量达到70余家，[1]如壳牌、大众、柯达等。此外，在这些外资企业中还有大量的外资金融机构，比如世界银行北京代表处、英国渣打银行北京分行、瑞士银行北京分行等。北京CBD外资银行数量占到北京市外资银行分行总数的71%。[2]

（2）资源特征。朝阳区是重要的外事活动区，也是北京市各区县利用外资额最多的区，云集了60%以上的境外驻京代表单位，80%以上的驻京海外新闻机构以及除俄罗斯、卢森堡以外的外国驻华使馆等外事机构。朝阳区的高档饭店宾馆数量居全市之首，拥有长城、昆仑、亚洲大酒店等60多家高级饭店，其涉外饭店数量超过全市的1/4。此外，朝阳区尤其是北京CBD及其周边地区汇集了国际

---

① 北京市朝阳区人民政府，http://www.bjchy.gov.cn/。
② 北京市社会科学院中国总部经济研究中心，《北京总部经济发展研究报告》。

会议中心、国际贸易中心、国际展览中心等国际性大型会展设施，为企业的商务活动提供了便利。

（3）未来定位。充分利用该地区的涉外资源，建设成具有国际影响力的"跨国企业总部聚集区"，致力于建成具有世纪性水平的全球商务中心。重点聚集世界级跨国公司，尤其是世界500强跨国企业的亚太区总部、国外知名的商务服务业总部。针对外资银行、保险、证券等国际金融企业地区性总部，原则上可以迁往北京金融街，但鉴于该地区的外资银行地区性总部占全市的70%以上，可以将北京金融街的外资银行迁到北京CBD。

3. 中关村科技园区海淀园

中关村科技园区海淀园是中关村园区的核心组成部分，规划占地217平方公里，由以中关村为核心的65平方公里的中心区和以海淀山后地区为主体的152平方公里的发展区组成。

（1）总部经济现状。该地区目前拥有北京最为密集的科技、人才资源，集聚了IT企业总部及各类研发总部。截至2007年，海淀园累计高新技术企业18000家，经济总量多年在全国54个国家级高新区名列前茅，其中各类研发中心和IT企业总部最具特色。

海淀园区内已经有各种形态的研发中心超过500家，其中跨国公司研发中心40家以上，包括甲骨文、宝洁等一大批世界知名企业。

IT企业总部众多，实力雄厚，成为海淀区的主导产业。不仅聚集了大量的国内知名科技企业，如联想、方正、用友等，而且还聚集了微软等国际知名企业地区总部。

（2）资源特征。海淀区拥有以北大、清华、人大为代表的各级各类高等院校68所，占北京市高校数量的93%；有以中国科学院各研究院所代表的各级各类科研机构200多家，两院院士人数占全国的36%。

中关村海淀园区是技术和人才的集中地。截至2012年底，中关村企业获得国家科学技术奖共59项。园区企业创制了TD-SCDMA、闪联、个域网无线通信等58项重要国际标准、426项国家标准、297项行业标准。中关村技术交易额达到全国1/4以上，其中60%以上输出到北京以外地区。[①]

---

① 中关村科技园海淀园管委会，http://www.zhongguancun.com.cn/yqjj/yqgk/。

（3）未来定位。依托现有高新技术产业基础，充分发挥科技人才资源丰富，高校和科研机构密集的优势，将其定位于"高新技术企业（及研发中心）总部聚集区"。主要聚集国内外知名高技术企业的管理总部和研发中心，电子信息技术、生物医药、新材料等高技术型制造企业的管理总部和研发中心，软件、电信服务等高技术服务业的研发中心。

4. 东二环高端服务业发展带

东二环高端服务业发展带是《北京市东城区总体发展战略规划（2011~2030年)》中提出的东城区新的重点功能区，在空间上整合了东二环交通商务区、忠实里和广渠门外南里社区、建国门内大街两侧等区域。空间调整后，东二环高端服务业发展带成为东城区经济发展的重要载体。

（1）总部经济现状。[①] 2010 年，发展带实现增加值 493.3 亿元，占东城区地区生产总值的 40.0%；区级税收贡献显著，对全区财政收入的贡献超过 17.5%。从产业结构上看，东二环高端服务业发展带第三产业所占比重最高，2010 年达到98.8%，金融业、商务服务业、信息服务业三大重点产业增加值占发展带的59.3%。其中金融业发展尤为迅速，发展带内聚集了 70 多家金融业总部及其分支机构，北京市新兴产业金融功能区地位初步确定。

东二环高端服务业发展带商务楼宇资源密集，总部经济特征明显。截至2010 年底，发展带拥有甲级（或 5A 级）写字楼 15 座，五星级饭店 6 家以及一批综合性商业设施、文化休闲设施。依托商务楼宇资源，东二环高端服务业发展带聚集了总部型企业 35 家，包括中国投资有限责任公司、中石油、中海油、保利集团等大型国企总部，中国电信北京分公司、中国移动北京分公司、中国人保财险北京分公司、中国银行北京分公司等企业的地区型总部，诺基亚西门子、美国辉瑞、东亚银行等跨国公司地区总部，涵盖了能源、信息服务、金融、商务服务等产业领域，围绕总部企业聚集了一批下属子公司、上下游企业和高端专业服务企业，总部企业对区域税收贡献超过 50%。

（2）资源特征。该区域最大的优势便是交通优势，东二环内地区南接北京站，北连东直门交通枢纽，东直门交通枢纽是全市规模最大的轨道换乘综合交通枢纽站。交通便利成为总部企业选址的首要条件。此外，新开发南新仓文化休闲

---

① 方迪智库，《东二环高端服务业发展带总部经济发展思路与对策研究》。

一条街，聚集了会所、商铺、酒吧、餐馆，成为京城时尚人士推崇的地方。东城区是文物最集中的城区，占全市约 40% 的古建筑，文化也是该地区的特色之一。文化和商务的融合也让该地区充满了商机。

（3）未来定位。基于该地区的资源特征及现有的总部企业格局，将其定位于"高端服务业总部聚集区"，主要聚集专业商务服务。正好与北京 CBD 和北京金融街形成良好的产业互动。对于能源等大型企业可以考虑迁出该区。

5. 中关村科技园区电子城科技园

电子城科技园位于首都市区东部酒仙桥、望京地区，占地面积 10.5 平方公里，是国家"十一五"期间的重点投资、集中建设的电子工业基地。

（1）总部经济现状。该地区的总部聚集主要是以移动通信、网络与通信设备、软件与网络服务为主。拥有摩托罗拉、北电网络、三星、西门子等 10 余家跨国公司地区总部和研发中心，以及双鹤药业、中材国际等多家国内知名企业总部。

（2）资源特征。电子城科技园是新中国成立初期由三个电子工业基地中最大的北京电子城改造升级而来，具有雄厚的产业基础，早已形成以电子整机和电子元器件为主的电子产业基地。此外，该地区东邻首都国际机场，西连奥运村，南通 CBD，地理位置优越，交通便捷。

（3）未来定位。基于其雄厚的电子产业基础，将其定位于"电子通信企业总部（及研发中心）聚集地"。主要是电子信息产业的总部入驻，尤其是手机产业及其研发中心。剔除该地区的生产基地，将不符合功能定位的药业等企业总部迁移。

6. 中关村科技园区丰台园

丰台园是中关村的组成部分之一，位于西四环与南四环交界处。园区总面积 8.18 平方公里，包括东区 4.01 平方公里、西区 4.17 平方公里以及由孵化器网络构成的科技一条街，形成"两区一街"的空间布局。

（1）总部经济现状。[①] 截至 2013 年 7 月，丰台科技园区共有入驻企业 3753 家，国家高新技术企业 389 家，中关村高新技术企业 2546 家；收入过百亿元的企业 3 家，收入过十亿元的企业 42 家，收入过亿元的企业 152 家，拥有一套完

---

① 程诗. 总部经济在中关村丰台科技园区的理论实践［M］//中国总部经济发展报告（2012~2013）. 社会科学文献出版社，2012.

整的骨干企业架构；形成了中央企业、上市公司和地方进京企业三大总部群，央企一级企业总部 5 家，二级企业 90 家，上市公司总部 25 家，近六成在主板上市，总市值超过 1000 亿元，其中主板上市 14 家、纳斯达克上市 2 家、东京交易所上市 1 家、新加坡上市 1 家、创业板 3 家、中关村"新三板"4 家。园区成为地方成熟企业进京的主选阵地，以华北地区企业为主，华东、西北、西南等众多地方企业，将全国总部、地方总部以及其他以营销或研发为主的功能总部落户于丰台科技园区。

这里主要有四大产业类型：以轨道交通、应急救援为特色的高端制造业；以新能源新材料为特色的新兴产业；以航天军工为特色的军民融合产业；以信息技术、生物医药为特色的高科技产业。

此外，园区总部企业采取了大量的"总部—分部"、"总部—制造基地"等模式，以带动周边地区的经济合作。

（2）资源特征。丰台科技园拥有低密度、生态型的楼宇空间规划，东区被万亩城市绿化隔离带环绕，拥有占地面积 6.86 公顷的生态主题公园，世界公园、花卉基地、高尔夫球场分布在周边，已取得 ISO14001 环境体系认证，正在申报国家生态工业示范园。西区地处北京市西部生态发展带，临接永定河，具有得天独厚的自然环境生态。工商银行、建设银行、交通银行、北京银行、欧尚超市、便宜坊等各类金融、商业、餐饮机构构成了完善的商务配套。

（3）未来定位。基于丰台科技园区良好的生态环境考虑，将高端制造业迁出城区，打造"低碳产业总部聚集区"。主要吸引新能源新材料为主的新兴产业和以信息技术、生物医药为特色的高科技企业。

7. 北京天竺空港经济开发区

北京天竺空港经济开发区于 1994 年 1 月经北京市政府批准成立，位于首都机场西侧 1 公里，总体规划面积 6.6 平方公里，是首都临空经济高端产业功能区的重要组成部分。

（1）总部经济现状。园区已吸引来自 20 个国家和地区的 450 家企业入区发展，投资总额达 540 亿元，项目平均投资额 1.2 亿元，其中跨国公司 90 家，世界 500 强企业有 21 家在开发区设立了 36 个项目。空港开发区形成了航空物流产业，吸引了如国航股份、中航油、中航材公司等 60 余家中外知名航空物流企业；电子信息产业吸引了如北京索爱普天移动通信、罗森伯格亚太电子、北广科技股份有限公司等电子信息企业 40 余家；文化创意产业吸引了如北京宝洁技术有限公司、北京雅昌彩色印刷有限公司、北京长城华冠汽车技术开发有限公司等具备文化创意产业特征的企业 60 余家；现代服务业吸引了如华夏基金、华欧航空培训及支援中心、华普航空发动机等服务性企业 50 余家。

（2）资源特征。北京天竺空港经济开发区紧邻首都机场，是典型的临空经济区。这里交通区位优势明显。

（3）未来定位。基于其特殊的地理位置，将其定位与"临空经济总部聚集区"，主要吸引临空经济相关的企业总部入驻，如航空物流产业以及与航空相关的会展等现代服务业。至于电子信息相关产业可以与电子城科技园整合。

8. 国门商务区

国门商务区规划范围西起温榆河中央别墅区，东至六环路，南临机场南线高速公路，北接机场征地界。总体规划用地面积 19.65 平方公里。

（1）总部经济现状。国门商务区首先启动首都机场东侧的国际商务核心区。该区域是商务区的起步区，也是商务区的核心功能区，重点吸引跨国公司和集团型企业设立总部及运营管理中心、销售结算中心、数据处理中心、培训保障中心等入驻。核心区以商务办公、酒店公寓、科技研发、展览展示等为主要功能，规划面积约 3.92 平方公里，规划建筑面积超过 390 万平方米。

国门商务区将重点吸引国际或跨国集团总部办公，以"三高两低"（高附加值、高技术含量、高关联度、低能耗、低污染）为原则，重点吸引航空配套、金融服务、地理信息产业为导向，同时大力发展商贸服务、高新技术、展览展示、文化创意、休闲娱乐等高端业态在园区积聚。努力将国门商务区打造成为国际信息交流服务中心、首都产业金融中心及地理信息产业总部聚集区。

（2）资源特征。国门商务区距市中心 15 公里，距天津港 130 公里，完善发达的立体网状交通系统确保国门商务区交通畅通快捷。与首都国际机场无缝对接，高速公路和轨道交通均十分便利。

（3）未来定位。将其定位于"临空经济总部聚集区"，侧重发展临空经济相关的国际商务、会展、文化创意产业等。

9. 总部发展新区

另外四个总部发展新区的总部经济现状、资源特征和未来定位如表 3-14 所示。

表3-14　北京市总部聚集发展新区概况

总部经济 发展新区	总部经济现状	资源特征	未来定位
北京雁栖 经济开发区	由科技服务产业园、纳米科技产业园、数字信息产业园和都市产业园构成，形成四大特色产业园区。①现入区企业已达到300多家，其中外资企业70多家	交通便利，生活配套设施完善	
北京兴谷 经济开发区	吸引了包括雀巢、旺旺、威克瑞等300多家饮食企业入区	依托首都的区位优势和平谷区的环境优势	饮食企业 总部聚集区
北京环渤海 高端总部基地	北京东南部现代服务业和战略性新兴产业聚集区的重要节点，服务于首都经济圈的高端商务新城和面向环渤海的高端企业总部集聚区	区位优势明显，交通发达，生活配套设施完善。商务区围绕湿地建设，生态环境十分优越	环渤海高端 总部聚集区
北京密云 生态商务区	重点吸引和承接绿色环保、健康医疗、休闲旅游、文化及设计创意产业以及配套商务服务业等，着力引进世界500强企业和具有成长性的创新型企业总部。截至2012年底，商务区共引进企业92家，其中，总部型企业为38家，占企业总数的41.3%	亲山近水，生态优美，北京唯一一个由水系贯通的商务区	绿色低碳商务休闲服务业企业总部

　　综上分析发现，在总部经济发展上，有些区县有明显的特征和定位，有些区县则存在定位混乱，企图将所有类型的总部都囊括其中，总部聚集区内企业类型杂乱，存在功能重复和区县间的竞争。基于上述所有总部聚集区的资源特征和现有的产业基础，对每个园区进行功能定位（见表3-15）。

表3-15　总部聚集区功能定位

序号	中文名称	园区定位	所在区县
	北京市总部经济集聚区（8个）		
1	北京金融街	金融企业总部聚集区	西城区
2	北京商务中心区	跨国企业总部聚集区	朝阳区
3	中关村科技园区海淀园	高新技术企业（及研发中心）总部聚集区	海淀区
4	东二环高端服务业发展带	高端服务业总部聚集区	东城区
5	中关村科技园区电子城科技园	电子通信企业（及研发中心）总部聚集区	朝阳区
6	中关村科技园区丰台园	低碳产业总部聚集区	丰台区
7	北京天竺空港经济开发区	临空经济总部聚集区	顺义区
8	国门商务区	临空经济总部聚集区（产业类型太多）	顺义区

---

　　① 科技服务产业园区，由教育基地、科研转化基地、北京综合研究中心三部分组成；纳米园区致力于纳米科技在能源、电子、环境、生物医药等四大领域的应用；数字信息产业园以中科院网络中心北京超级云计算中心为核心，吸引一批网络企业集聚；都市产业园位于开发区中部，以食品饮料、包装印刷等传统都市产业为主。

序号	中文名称	园区定位	所在区县
北京市总部经济发展新区（4个）			
1	北京雁栖经济开发区		怀柔区
2	北京兴谷经济开发区	饮食企业总部聚集区	平谷区
3	北京环渤海高端总部基地		通州区
4	北京密云生态商务区	绿色低碳商务休闲服务业企业总部	密云县

其实，在某种程度上讲，北京总部聚集区过多，功能重复，不仅增加人口和资源环境压力，也不利于总部经济的良性发展。可以去除一些总部聚集区，根据功能重新整合。建设金融企业总部聚集区、跨国企业总部聚集区、高新技术企业总部聚集区、高端服务业总部聚集区、电子通信总部聚集区、低碳绿色产业总部聚集区、文化创意产业总部聚集区和临空经济区八个即可。即便每个区县都要设立总部聚集区，也应该合理规划，很多区县一个总部聚集区规划 4~5 个园区，分别聚集不同类型的企业，实属摊大饼似的做法，并不可取。

（五）发展总部经济的拓展路径

前文论证的均是如何疏解北京的人口压力，保留哪些行业和环节的总部经济。对于北京引入和发展的部分尚未分析。目前北京最大的问题便是人口压力，如何在分流人口的同时发展总部经济，国际行业协会及组织是较好的选择。国外的行业协会被称为"第二政府"，在我国，还未构建国际行业协会总部。国际行业协会和组织的引入，有助于北京首都在全世界扩大影响、提升城市形象、增强城市竞争力。在比利时首都布鲁塞尔，常驻的国际行业机构多达数千家，在香港特区，引进的国际机构总部也超过 3800 家，其中国际行业协会和组织及其地区办事处超过 1800 家。对于北京来说，是较好的发展选择。

（六）总结

根据上述从行业选择、价值链功能判断和区位功能规划三个方面对北京市的总部经济发展有了基本的认识。面对北京的"大城市病"，总部企业确实要进行取舍。但理论上的论证和实践肯定存在巨大的差异，各个利益集团均不会舍得妥协，实践起来困难重重。但要明确两点：其一，总部迁出的前提条件是迁出一部分中央行政机关。北京的核心功能并非经济中心，但企业之所以喜欢把总部设立在北京的本质是权力对经济的影响，中央掌握着众多资源分配的权力，各大部委都在北京。金融街紧邻中南海，CBD 紧邻使馆区，中关村则是高教区。这些都表明了权力对经济的影响，北京是实际上的经济决策和指挥中心。因此，要迁出总部企业的前提是迁出一部分行政机关。其二，央企作为中央各部委直属企业，在总部迁出的过程中应首当其冲，做好典范。

四、天津、河北等周边城市发展总部经济潜力评价

（一）天津、河北总部经济发展潜力

根据中国总部经济研究中心构建的总部经济发展能力评价指标体系，对中国 35 个主要城市的总部经济发展能力进行评价。该指标体系主要包含基础条件、商务设施、研发能力、专业服务、政府服务和开放程度六个方面的评价（见表 3-16）。

表 3-16　北京、天津、石家庄总部经济发展潜力评价

城市	综合实力		分项指标										
			基础条件		商务设施		研发能力		专业服务		政府服务		开放程度	
	得分	排名	得分	排名	得分	排名	得分	排名	得分	排名	得分	排名	得分	排名
北京	88.66	1	82.53	1	99.57	1	87.8	1	99.99	1	84.19	8	85.75	2
天津	59.34	6	58.18	6	66.14	6	61.06	8	58.59	6	49.13	19	65.41	5
石家庄	33.53	29	34.96	31	34.51	23	28.04	31	38.49	22	30.22	23	31.16	25

北京属于第一能级城市（综合得分 > 70），天津属于第二能级城市（50 < 综合得分 ≤ 70），石家庄属于第四能级城市（综合得分 ≤ 40）。天津的总部经济发展势头良好。近年来，随着天津"高端化、高质化、高新化"工业结构雏形的形成，电子信息、汽车、石油化工、冶金、生物技术与现代医药、新能源及环保等六大优势产业发展较快，现代服务业和总部经济也取得良好发展。天津有跨国公司及世界 500 强投资企业近 100 家，其中具有地区总部职能的世界 500 强企业

12 家，包括三星、摩托罗拉等知名公司。同时，天津还有天钢集团、医药集团、渤海化工集团等 26 家国内 500 强企业总部，以及天狮集团、宝仓物流等 12 家民营 500 强企业总部。此外，天津泰达建设集团、滨海发展股份等一批本土总部企业。目前，天津已将总部经济作为重要发展战略，并出台《天津市促进企业总部和金融业发展优惠政策》，为吸引更多跨国公司及国内大型企业来天津设立总部和分支机构提供了政策支持。

河北的总部经济能力发展处于最后一个能级，发展总部经济的条件相对欠缺。京津冀内各城市发展水平差距较大，小城市数量居多，中等发展城市较少，整个城市群城市体系结构缺乏有效的承接。河北各个城市产业基础相对薄弱，与承接北京产业链延伸或作为生产加工制造腹地的要求还有较大的差距，对大城市总部经济发展的产业补充与支撑力较弱，很大程度上制约了总部经济发展。

目前，京津冀内的总部经济发展模式，主要还是"总部—制造基地"分工合作模式。北京、天津等企业逐步将生产工厂等加工制造环节迁移到河北廊坊、沧州等更具制造成本优势的中小城市，总部企业仍然留在北京和天津，通过企业总部与制造基地间的业务联系和合作，进一步加强城市之间的互动。比如首钢涉钢产业整体搬迁至河北唐山曹妃甸，非钢产业机械制造搬迁到廊坊，北京内燃机总厂铸造车间迁至河北沧州泊头，北京白菊集团洗衣机生产基地迁至河北霸州等。河北逐步成为京津地区大企业、大集团实施产业拓展的承载基地。

综合分析，天津可以作为北京疏解非核心功能总部承接区域，对于前文所分析的可以迁移出北京的部分行业的总部可以考虑迁往天津。河北目前还不具备总部经济的发展条件，可以考虑承接总部剥离出的制造、售后服务等环节，通过"总部—制造基地"分离的模式，将北京的技术转化为生产力，加强区域联动，增加北京对河北地区经济发展的辐射力。

（二）案例分析——首钢搬迁

以"首钢搬迁"为例，是指首钢的涉钢项目整体搬迁至河北曹妃甸。该项目的实施，充分发挥了北京的人才、信息、技术和市场等优势，以及曹妃甸的制造成本和土地优势，形成了北京与河北的联动发展，对于深化北京与河北地区的分工合作具有重要的意义。对于北京，首钢涉钢产业搬迁将大大改善北京的环境质量，据环保部门预计，每年可减少 1.8 万吨可吸入颗粒物，可节省 5000 多万立方米水资源，相当于 25 个昆明湖的水量，同时还将减少北京的土地、能源等资源消耗，缓解北京对外交通运输压力。对于河北，搬迁后的首钢进行了彻底的产业升级，过去首钢老厂区主要生产建筑材料，现在主要生产高技术含量、高附加值、社会需求比较高的高端板材，比如汽车、家电板材、管线钢等。目前，家电板材市场占有率第一，达到 23%，海尔、美的、格力等国内较大的家电企业都是使用首钢的家电板材；还开发了汽车板材，2014 年预计将达到 90 万吨的销售量。汽车结构钢中的车轮钢，市场占有率也占据第一位。不仅为唐山乃至河北省钢铁产业结构调整带来重大机遇，还带动相关配套产业发展，拉动劳动就业等，产生明显的效应。

首钢搬迁的初衷是好的，搬离北京的决策是正确的，但其搬至曹妃甸之后的后续发展出现了很多问题，比如项目过大导致当地无法承受、产能过剩、经济效益不佳等问题。因此，总部搬迁的过程，应该是循序渐进的，不仅要考虑当地的承受力、发展潜能和配套条件，还要进行完整的可行性研究，构建完善的制度框架和后续管理监督体系。

五、推动首都经济结构调整之总部经济发展路线图

首都北京的总部经济发展一方面要去除与首都城市核心功能不相符的部分，另一方面要加强总部企业的国际影响力，追求总部企业质量而非数量。做到有进有出，有保有退，以缓解城市压力和带动首都经济结构调整。

在发展总部经济时，其筛选标准如图 3-2 所示。

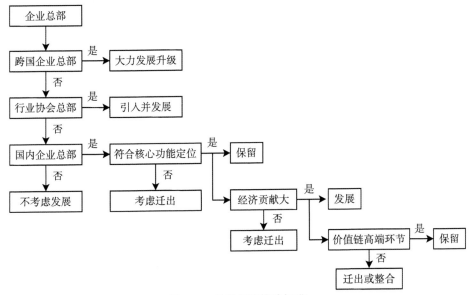

图 3-2　总部经济筛选标准

　　总部经济的路线图如图 3-3 所示。但这只是理论上的论证，实际操作时存在极大的困难。

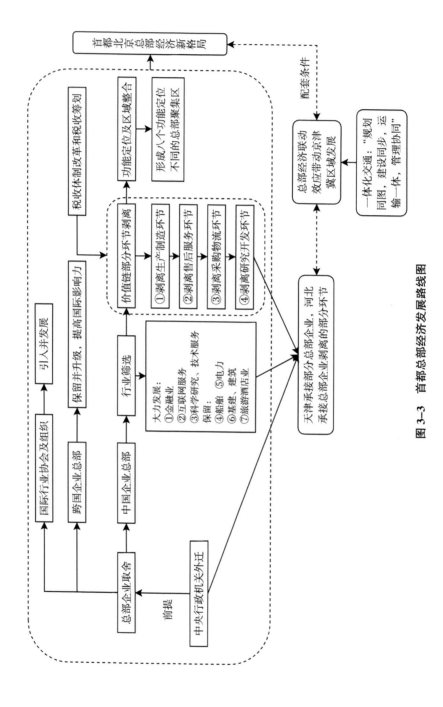

图 3-3 首都总部经济发展路线图

参考文献

[1] 京楚，雨晨. 从北京中关村丰台园总部基地看"总部经济"现象 [J]. 中国高新区，2004（1）.

[2] 刘绍坚，史利国，牛振华. 北京发展总部经济的资源禀赋差异分析 [J]. 数据，2010（12）.

[3] 潘素昆. 北京总部经济发展的现状与对策——基于与上海的比较研究 [J]. 开发研究，2011（1）.

[4] 王磊，张荣齐，杨宜. 北京 CBD 发展总部经济的对策 [J]. 商场现代化，2005（14）.

[5] 张荣齐，李宇红. 北京总部经济发展研究 [J]. 商业时代，2006（18）.

[6] 张晓磊. 以总部经济促进北京现代服务业发展的策略研究 [J]. 北京工商大学学报（社会科学版），2005（4）.

[7] 赵弘. 北京总部经济与服务业的互动发展 [J]. 技术经济，2009（2）.

[8] 赵弘. 论"总部经济"与振兴北京现代制造业 [J]. 首都经济，2003（3）.

第四章
首都知识经济发展路线图

现代经济发展的实践表明，一个国家和地区的经济增长越来越多地依赖知识和信息，知识和技术创新已成为经济增长、社会发展的主要推动力，依靠科技进步才能更好地实现经济发展方式的明显转变。知识经济的兴起和快速发展，对现有的投资模式、产业结构和经济增长方式等都产生了深刻的影响。在投资模式上，以信息、通信等为主的知识密集型高科技产业的快速发展，导致了对无形资产的大规模投资；在产业结构上，电子商务、网络经济等新型产业大规模兴起，同时传统产业越来越知识化和信息化；在增长方式上，知识可以低成本地不断复制并实现报酬递增，使经济增长方式可能走出依赖资源的模式。大力发展知识经济有利于优化经济结构、合理利用资源、保护生态环境、促进协调发展、提高人口素质、彻底消除贫困等，有利于在 21 世纪建设国家创新体系，通过营造良好的环境，推进知识创新、技术创新和体制创新，提高全社会创新意识和国家创新能力，从而实现中国跨越式发展之路。

顺应世界知识经济发展的历史潮流，北京市政府 1997 年提出"首都经济"①发展战略，其主导思想是：以知识经济为方向，发展高新技术产业，并以高新技术产业优化和提升第二产业，同时大力发展第三产业。1998 年，贾庆林在《以高新技术产业为核心，大力发展知识经济》的报告中明确指出：发展知识经济和高新技术产业是北京经济发展的唯一选择。经过将近 16 年的快速发展，随着首都

---

① 1997 年，北京市第八次党代会上，贾庆林首次提出"首都经济"发展战略，明确北京经济发展的基本思路是要发展能充分利用首都资源的经济，即"首都经济"，其本质是知识经济，核心是要发展高新技术产业和服务业。

社会经济发展速度的不断提高，北京知识经济也有了质的飞跃，其发展水平不断提高，增长速度不断加快。以高新技术产业、信息服务业、教育和文化创意产业、科学研究及技术服务业等为主要内容的首都知识产业，无论是在总量增加值上，还是增长速度上，都呈现出喜人的变化趋势。

然而，首都知识经济的快速发展离不开首都经济社会发展的整体环境，同时后者又深深地影响着首都知识经济。在当前加快转变经济发展方式以及京津冀区域一体化进程不断加快的背景下，首都知识经济的发展和产业结构的调整要为彻底破解首都面临的人口、资源和环境约束难题提供新的思路、办法和举措。基于这样的发展战略考虑，从首都知识经济的发展历程和主要脉络入手，系统地总结了首都知识经济和知识产业取得重要成就以及发展中面临的突出问题，最后从京津冀区域协同发展的高度提出了首都知识经济产业结构调整的路线图。

一、首都知识经济的发展历程

知识经济是知识在生产中占主导地位、知识产业（或知识密集型产业）成为龙头产业的一种全新的经济形态。1996 年，世界经济合作与发展组织（OECD）首先提出"知识经济"的概念，并将其定义为"建立在知识的生产、分配和使用（消费）之上的经济"[①]。这里的"以知识为基础"是相对于"以物质为基础"而言的。在农业经济和工业经济时代，经济的增长主要取决于能源、原材料和劳动力（当然也包括技术进步），即以物质为基础。然而，进入知识经济时代，经济增长的重心因素发生的转移，即逐渐转移到知识的生产、扩散和应用上来。知识经济的概念提出之后，人们对知识经济的认识不断加深，并以知识产业为载体对其进行衡量和统计分析。首都知识经济的产生、发展和壮大与北京经济的发展历程密不可分。从 1997 年"首都经济"发展战略提出至今，首都知识经济经历了酝酿提出、快速发展、重点提升和调整转型等主要阶段，在不同发展阶段，其发展的侧重点和政策支持重点是不同的。

---

① 1996 年，世界经合组织发表了题为《以知识为基础的经济》的报告。

（一）酝酿提出时期

20 世纪 90 年代以来，随着经济全球化和区域经济一体化趋势不断加速，科技进步日新月异，知识经济方兴未艾，全球产业调整与生产要素转移步伐不断加快。以信息技术革命为基础的知识经济迅速发展，推动了全球经济运行机制、产业结构和管理方式等的深刻变革，世界经济的网络化、数字化和信息化趋势不断加强。

1988 年，作为我国第一个高新技术产业开发试验区——北京高新技术产业开发试验区[①]的成立，开启了首都知识经济发展的序幕。进入 20 世纪 90 年代，顺应世界知识经济发展的历史潮流，北京市委、市政府通过对北京经济发展规律的深刻认识，于 1997 年适时提出"首都经济"的概念，其主导思想是：以知识经济为方向，发展高新技术产业，并以高新技术产业优化和提升第二产业，同时大力发展第三产业。"首都经济"概念的提出，标志着北京经济发展战略有了重大突破，以知识经济为核心内容的首都经济取代了传统的"大工业"经济。1998 年，贾庆林在政府工作报告中明确指出"把大力发展首都经济放在首位"、"首都经济是立足首都、服务全国、走向世界的经济；是充分体现北京城市的性质和功能，充分发挥首都比较优势，充分反映社会主义市场经济规律的经济；是向结构优化、布局合理、技术密集、高度开放、资源节约、环境洁净方向发展的经济；是既保持较高增长速度，又体现较好效益的经济"、"高新技术及其产业是北京的优势和希望所在，是首都经济新的增长点，必须作为战略先导，重点加以发展；以信息产业为龙头，以商品化、产业化和国际化为目标，逐步形成以电子信息、生物工程和新医药、光机电一体化、新材料等新兴产业为主导的高新技术产业群"。[②]

可以看出，以高新技术产业为主导的知识经济是首都经济发展的重要选择。首都经济的本质特征是知识经济，必须以知识经济改造首都经济，加快首都经济由工业经济向知识经济的转变。高新技术是首都经济发展的核心内容，也是推动首都经济向知识经济转变的切入点，应当把大力发展高新技术产业放在未来经济

---

① 北京市新技术产业开发试验区是我国第一个以电子信息产业为主导，集科研、开发、生产、经营、培训和服务为一体的综合性基地。

② 贾庆林. 在北京市第十一届人民代表大会第一次会议上报告 [R]. 首都之窗，2002（2）.

发展的战略地位。

（二）快速发展时期

进入 21 世纪，首都知识经济进入快速发展时期。北京市"十五"计划将首都经济的特点总结为四个方面，即知识型经济、文化型经济、服务型经济和开放型经济。可见，知识经济是首都各项经济形态中的重中之重。

在首都知识经济发展中，又强调以建设中关村科技园区为重点，加速高新技术产业化进程，推动产学研一体化，努力振兴第三产业，积极培育新的增长点。具体做法为：①以"一路、一城、一园、一网"重点规划项目为中心，加快园区基础设施和主干工程建设。②建立首都创业孵化体系和首都经济创新服务体系；建设北京软件产业基地、北方微电子基地、生物医药基地和西三旗新材料基地等四个基地；实施高清晰度数字电视产业化、大直径半导体硅晶片及大规模集成电路产业化等八个示范工程（即"首都二四八重大创新工程"）。③全面实施教育先导发展战略，启动"首都教育跨世纪重点建设工程"，全面推进素质教育。④重点发展旅游、金融保险、房地产、现代信息服务业等新兴产业，积极培育非义务阶段教育、文化、广播电视、广告、体育和社区服务等新的经济增长点，进一步提高第三产业占国民经济的比重。

按照中共十六届五中全会提出的"建设创新型国家"的战略目标和 2006 年全国科学技术大会提出的"坚持走中国特色自主创新道路"的基本要求，[①]北京市"十一五"规划明确指出"坚持首都经济发展战略"、"坚持以创新为动力，努力建设创新型城市"的战略任务，要求加快实施首都创新战略，以科技创新推动首都经济发展。具体做法为：①加快发展现代服务业。不断优化首都金融发展环境，制定支持文化创意产业发展的地方法规和优惠政策，重点发展六大文化创意产业，抓住奥运契机，打造世界一流旅游城市和国际会展之都，改造提升商业等传统服务业，加快物流业发展。②大力发展高新技术产业。以提升自主创新能力和整体产业竞争力为核心，支持关键技术、关键产品和重大技术标准的研发和产业

---

① 2005 年 10 月，胡锦涛同志在十六届五中全会上，明确提出了建设创新型国家的重大战略思想；2006 年 1 月，他又在全国科学技术大会上指出，要坚持走中国特色自主创新道路，用 15 年左右的时间把我国建设成为创新型国家。

化，重点发展软件、研发、电子信息、生物产业，积极培育数字电视、汽车电子、新材料、新能源等潜力产业；抓好软件产业基地、国家集成电路产业园等专业园建设，形成产业集聚发展。③发展都市型现代农业，调整优化农业结构与布局，重点发展高效生态农业和观光休闲农业。

（三）内涵提升时期

经历了国际金融危机洗礼的全球经济正在发生深刻变化，国内处于全面建设小康社会的关键时期和深化改革开放、加快转变经济发展方式的攻坚时期，北京在成功实现"新北京、新奥运"战略构想之后，开始步入新的发展阶段。2009年，北京市地区生产总值达到11865.9亿元，人均地区生产总值超过1万美元，标志着首都经济发展迈上了一个新的台阶。

北京在成功举办奥运会之后，及时提出"人文北京、科技北京、绿色北京"的发展方向，开启了实践科学发展观、推动首都发展的新思路。建设"科技北京"，就是要把提高自主创新能力作为推动科学发展的突破口，作为调整产业结构、转变发展方式的中心环节，继承发展"科技奥运"成果，加快建设创新型城市，使科技创新成为推动首都科学发展的主要驱动力。

北京市"十二五"规划明确指出，"要坚持服务经济、总部经济、知识经济和'绿色经济'的发展定位，巩固和强化首都经济特征"、"全力推动人文北京、科技北京、绿色北京战略"、"努力打造国际活动聚集之都、世界高端企业总部聚集之都、世界高端人才聚集之都、中国特色社会主义先进文化之都、和谐宜居之都，推动北京向中国特色世界城市迈出坚实的步伐"。

知识经济是首都资源禀赋优势的集中体现，要更加注重增强科学、技术、知识、管理、人才对产业发展的提升带动作用，大力发展科技农业、高技术产业和知识密集型服务业，推动科技要素向多行业、多领域延伸发展，增强经济发展的竞争力。具体做法是：①坚持高端引领、创新驱动、绿色发展，不断创新发展理念、发展模式，把推动发展的动力加快转移到更多依靠科技进步、劳动者素质提高和管理创新上来。②加强创新能力建设，提升自主创新水平，增强经济长期竞争力，率先形成创新驱动的发展格局。

（四）转型调整时期

经过多年的充分发展和定位调整，首都服务功能拓展不断提升，全国政治中心、文化中心、国际交往中心和正在形成的国家创新中心的功能显著增强，为在更高层次上参与全球分工、实现更高水平发展提供了新契机；人文北京、科技北京、绿色北京发展战略和中国特色世界城市长远目标得到确立，成为全市上下凝心聚力、推进首都科学发展的强大动力。

然而，制约和影响首都科学发展的不平衡、不协调、不可持续问题——人口、资源和环境矛盾更加突出，尤其是城市人口规模过快增长给资源平衡、环境承载、公共服务和城市管理带来了严峻挑战，已成为制约首都经济社会可持续发展的重要因素和首要问题。因此，要彻底破解这一问题，关键在于加快首都经济发展方式转变，加快首都产业转移和结构升级。但是，首都发展方式转变已远远超出了单纯一个城市、地区如何发展的问题。跳出首都看首都，以首都经济圈为基础，切实推进京津冀一体化协同发展、抱团发展，是首都实现发展方式转变和可持续发展的必然选择。[①]

知识经济是首都资源禀赋优势的集中体现，知识产业是推动首都经济快速发展的主要动力。在首都经济结构加快调整、发展方式加快转变以及京津冀区域合作的大背景下，首都知识经济的加快调整和转型发展也势在必行。高新技术产业发展如何调整、信息服务业如何转型、教育和文化资源如何实现均衡发展等这些问题，都是首都知识经济发展中亟须考虑和要解决的重要问题。彻底破解首都经济发展中的人口、资源和环境问题，科技创新是关键，产业结构调整、转移和升级是重要途径，其中知识经济起着引领和主导作用。首都知识经济发展历程回顾如图4-1所示。

[①] 2014年《河北省委、省政府关于推进新型城镇化的意见》指出，将落实京津冀协同发展国家战略，以建设京津冀城市群为载体，充分发挥保定和廊坊首都功能疏解及首都核心区生态建设的服务作用，进一步强化石家庄、唐山在京津冀区域中的两翼辐射带动功能，增强区域中心城市及新兴中心城市多点支撑作用。

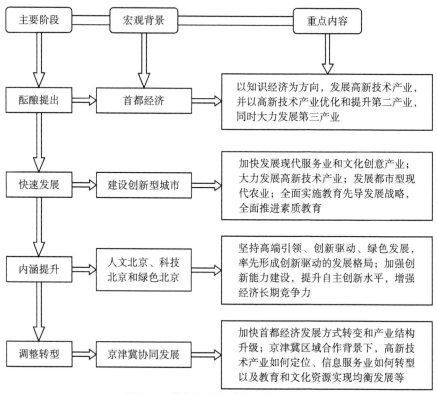

图 4-1　首都知识经济发展历程回顾

二、首都知识经济的突出成就及结构特征

改革开放以来，特别是 20 世纪 90 年代中期以来，首都经济进入快速发展时期，无论经济总量还是经济增长速度都处于全国前列，为知识经济的快速发展壮大奠定了坚实的经济基础。《2013 年中国城市竞争力报告》①显示，北京 2013 年知识城市竞争力排名第一，保持了 2012 年的排名。

---

① 中国社会科学院财经战略研究院和社会科学文艺出版社：《中国城市竞争力报告》，2013 年知识城市竞争力前十分别是北京、上海、南京、香港、杭州、广州、深圳、武汉、天津和大连。

（一）首都知识经济的突出成就

知识经济和知识产业密不可分，知识经济的载体是知识产业。因此，对知识经济的衡量和测度可以从对知识产业的衡量与测度入手。衡量和测度知识经济，主要包括知识经济的发展基础、主要投入和产出状况以及知识产业的结构特征等方面。首都知识经济的快速发展离不开北京经济建设取得的巨大成绩以及第三产业的高度发展。对首都知识经济发展所取得的突出成就的分析，主要是以北京地区生产总值和第三产业增加值为基础，同时兼顾与天津和河北知识经济发展水平的比较分析，以便更好地理解京津冀知识经济结构变动。

1. 知识经济的发展基础

一般而言，经济越发达，特别是第三产业增加值比重越大，知识经济的含量也就越高。虽然第一、第二和第三产业均有知识经济的成分，但知识经济较多地体现在第三产业中，因为第三产业主要是服务业，而服务业多以知识为基础，如通信服务业、咨询业等。改革开放以来，北京第三产业增加值呈上升的趋势。在"酝酿提出"阶段，第三产业增加值显示逐步呈上升趋势而调整自身经济结构。1995 年，第三产业增加值为 560.2 亿元，首次超过第一产业和第二产业增加值之和，以后第三产业增加值迅速上升，逐渐取代第二产业的主体地位。2000 年以后，知识经济进入"快速发展"阶段而其增长速度加快，2000~2010 年的十年，2049 亿元的第三产业增加近五倍，达到了 10600 亿元。

人均 GDP 是反映一个国家或地区人均拥有的经济产出量，是反映经济发展水平的重要指标，经济发展是知识经济产生并发展强大的根本源泉。按照世界银行的划分，北京市人均 GDP 在"酝酿提出"阶段从 1030 美元增长到 2914 美元，保持稳定增长[1]。同时，1994 年人均 GDP 为 1191 美元，按照钱纳里等对经济增长阶段的研究，北京市已进入工业化的第四期（1120~2100 美元），具备提出知识经济的基础。但应当跟其他国家比较，1999 年世界各国人均 GDP 平均水平为 4890 美元，美国更是高达 30600 美元，北京的人均 GDP 仅相当于美国的 1/10。经济基础的落后对北京知识经济发展动力是明显的障碍。第二阶段初期的 2001 年，全国人均 GDP 是 1042 美元，但北京人均 GDP 已达到 3260 美元，首次突破

---

[1] 根据不同时期人民币对美元汇率相应换算而成。

3000 美元，进入上中等收入国家水平。同年，加入 WTO 以后，经济加速发展，2005 年北京人均 GDP 再次突破 5000 美元，作为首都经济至少具有需要的知识经济发展基础。可北京刚刚跨入这一门槛后，呈现猛烈增长，2010 年为 11106 美元，5 年之间翻了近一倍。跟随经济基础的发展，北京正发展以知识经济为方向，同时也有巨大的同步发展空间。

1996 年，北京地区生产总值为 1789.2 亿元，明显低于河北地区生产总值 3452.97 亿元，略高于天津地区生产总值 1121.93 亿元；而同期北京、天津和河北人均 GDP 分别是 14254 元、11734 元和 5345 元，北京人均 GDP 位居三者之首。第三产业增加值方面，北京第三产业增加值为 999.5 亿元，天津第三产业增加值为 445.16 亿元，河北第三产业增加值为 1087.42 亿元，但三个地区第三产业发展水平上，北京为 55.86%、天津为 39.68%、河北为 31.49%。

到 2013 年，北京地区生产总值一跃上升为 19500.6 亿元，人均 GDP 为 92210.0 元，第三产业增加值为 14986.5 亿元，第三产业发展水平为 76.85%。而天津各项指标分别为 14370.16 亿元、97609 亿元、6905.03 亿元，第三产业发展水平 48.05%，河北各项指标分别为 28301.4 亿元、38597.0 亿元、10038.9 亿元，第三产业发展水平为 35.47%。北京、天津、河北 1996~2013 年三个地区人均 GDP 和第三产业发展水平变化趋势如图 4-2 和图 4-3 所示。

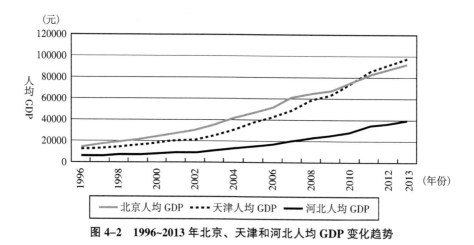

图 4-2　1996~2013 年北京、天津和河北人均 GDP 变化趋势

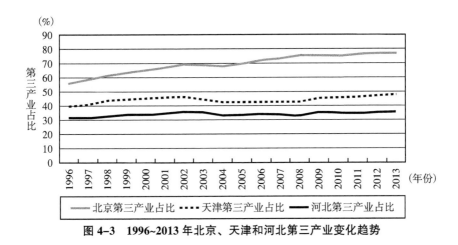

图 4-3 1996~2013 年北京、天津和河北第三产业变化趋势

可以看出，在经济发展早期，北京的人均 GDP 水平和第三产业发展水平都是最高的，这也为后来首都知识经济的快速发展提供了各种条件。经过 17 年的充分发展，北京的人均 GDP 水平和天津相比，尽管略低于后者，但明显高于河北；在三个地区中，北京的第三产业发展水平遥遥领先。这也暗含着首都知识经济的发展具有较大的发展潜力。2011 年，中国全国的第三产业比重为 43%，跟主要发达国家美国（78.6%）、德国（71.2%）和日本（72.7%）相比很低，但北京的第三产业比重已达到 76%；虽然其内部结构要调整，但其基本经济条件已具备。

2. 知识经济的主要投入

经济发展是知识经济发展的基础。衡量一个国家或地区知识经济的发展状况，很重要的一个方面就是要看对知识经济的投入状况。下面主要从对知识经济的人力投入、物力投入和财力投入上来衡量首都知识经济的发展状况，分别来看：

（1）人力投入方面。在知识经济的人力投入上，科技从业人员，包括研究与试验发展（简称研发，即 R&D）人员和科技活动人员，是最重要的组成部分，但每年高校毕业生人数（尤其是研究生毕业人数）以及高等学校专任教师数也是知识经济产生的源泉。

科技从业人员。研发人员和专业技术人员是知识产生和技术知识生产的主体，是技术创新的决定性因素，他们在从业人员中所占比重的高低，标志着一个国家的科技发达程度。1996 年，北京科技活动人员仅 26 万多人，占全部从业人员的比重为 4%左右，而研发活动人员更少，仅为 8 万多人，所占比例还不到 1.3%。到 2012 年，北京科技活动人员一跃上升为 65 万人（5.9%），研发人员增加到 32 万人（3.9%），增加了 2.8 倍。

与北京相比，天津和河北的科技活动人员和研发活动人员在规模和数量上，逊色不少。2012 年，天津科技活动人员达到 19 万人，不到同时期北京科技活动人员总数的 30%，研发人员达到 8.5 万人，仅为同时期北京研发人员总数的 26%左右[1]；而河北省研发人员总数更少，2011 年不足 7000 人，2012 年不足 10000人。可以看出，北京在科技人才队伍建设上拥有天津和河北无法相媲美的巨大优势。

高等教育人员。高等教育是知识产生和传播的源头，每年研究生毕业人数和高校专任教师人数反映了一个地区知识层次的高低及知识的来源状况。2003 年，北京高等教育毕业人数为 8 万多人，其中研究生毕业人数将近 2 万人，高校专任教师将近 3 万人；到 2012 年，高等教育毕业人数增加到 46 万人，其中研究生毕业人数增加到 7 万多人，专任教师增加到 6 万多人。各类人员在绝对总量上成倍增加。

与北京相比，2012 年天津高等教育毕业人数为 11 万人左右，其中研究生为 1.5 万人，专任教师将近 3 万人；而河北的情况是，2012 年高等教育毕业人数将近 32 万人，其中研究生仅为 1 万多人，专任教师 6 万多人（见表 4-1）。可以看出，北京的高等教育最为发达，知识经济的生产和传播主体也最多；而河北的高

表 4-1　2012 年北京、天津和河北知识经济人力投入对比

单位：人

人力状况	人员构成	北京	天津	河北
科技从业人员	科技活动人员	651003	190000	—
	研发活动人员	322417	85000	6926
高等教育人员	年毕业生人数	466202	113000	316000
	研究生毕业数	70491	14500	10441
	高校专任教师	63025	29900	62715

资料来源：《北京统计年鉴》（2013）、《天津统计年鉴》（2013）、《河北经济年鉴》（2012）、《河北经济年鉴》（2013）。

---

[1]《2013 年天津市科技工作报告》。

等教育在规模上大大超出天津，但是由于重点高校较少，可能在培养质量上稍逊于天津。

（2）物力投入方面。在知识经济的物力投入上，主要包括知识产业基础设施投入和固定资产投资等方面。

知识产业基础设施投入比重反映了一个国家或地区对知识经济基础设施建设的重视程度。以高等学校和研发机构为例，1996 年，北京普通高等学校仅为 65 所；到 2012 年，高等教育校数为 179 个，研究生培养机构（不计校数）135 所，普通高等学校增加到 91 所，研究与开发机构总数为 288 所。和北京相比，天津 1996 年高等学校为 20 所，2012 年增加到 55 所，独立科学研究和技术开发机构 140 所；河北 2012 年普通高等学校 113 所，科学研究与开发机构 75 所（见表 4-2）。可以看出，在知识产业基础设施投入上，天津和河北明显不具优势，但是天津和河北具有某些相似性。

表 4-2　2012 年北京、天津和河北知识产业基础设施比较

知识产业基础设施	北京	天津	河北
各类开发区数量（个）	19	12	49
邮电业务总量（亿元）	547.30	186.74	597.60
普通高校总数（个）	91	55	113
文化馆和公共图书馆总数（个）	86	49	349
科学研究与开发机构（个）	288	140	75

注：各类开发区包括国家级、省市级和县级，类型包括高新技术开发区和经济技术开发区等。

资料来源：《北京统计年鉴》（2013）、《天津统计年鉴》（2013）、《河北经济年鉴》（2013）以及 2013 年京津冀三地统计公报。

在知识产业的固定资产投资上，以运输邮电业为例。2012 年，北京市运输邮电业投资为 804.1 亿元，占第三产业固定资产投资总额的 14.4%。另在高新技术产业园区、公共文化设施等方面，京津冀三地也存在很大的差异。

（3）财力投入方面。在知识经济的财力投入上，教育经费支出和研发经费支出等是最重要的两项支出。

教育经费支出。教育经费支出占 GDP 的比重是反映一个国家或地区重视教育程度的重要指标。1999~2007 年，北京市级财政对高等教育的预算内投入由 11 亿元增加到 71.12 亿元，达到原来的 6.47 倍；平均教育事业费由 10967 元增加到

21431 元，增长了 95.41%。^① 2006 年，北京教育经费支出为 209.21 亿元，占 GDP 的比重为 2.58%，远低于 4% 的国际水平。2012 年，教育经费支出为 628.65 亿元，同比增长 21.0%，占 GDP 比重为 3.5%，不断接近 4% 的国际水平。

与北京相比，2012 年天津教育经费支出为 378.7 亿元，较上年增长 27.4%，占 GDP 的比重为 2.94%；而河北 2012 年教育经费支出为 888.3 亿元，同比增长 36.2%，占 GDP 的比重为 3.34%。可以看出，三个地区中河北的教育经费支出力度最大，增长幅度最快；天津排名靠后。三个地区教育经费支出情况如图 4-4 所示。

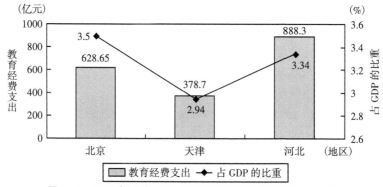

图 4-4　2012 年北京、天津和河北教育经费支出情况对比
资料来源：《北京统计年鉴》(2013)、《天津统计年鉴》(2013)、《河北经济年鉴》(2013)。

研发经费支出。研究与开发强度反映的是 R&D 的投入强度，是衡量一个国家或一个地区重视研究与开发程度的指标。2007 年，北京研发经费为 527 亿元，占 GDP 的比重（即研发强度）为 5.6%。到 2012 年，研发经费增加到 1031 亿元，研发强度上升为 5.95%（见图 4-5）。2013 年，研发经费支出为 1185 亿元，比上年增长 14.94%，相当于地区生产总值的 6.16%。

与北京相比，天津市 2012 年全社会研发经费支出占生产总值的比重提高到 2.7%，2013 年为 2.8%，自主创新能力继续提升；而河北省 2012 年用于研究与发展的经费支出为 230 亿元，比上年增长 14.3%，占全省生产总值的 0.87%，同比提高 0.05 个百分点。可以看出，三个地区中，北京在研发经费支出力度上是最大的。

---

① 线联平. 改革开放三十年首都高等教育发展的回顾与思考 [J]. 北京教育（高教版），2008 (11).

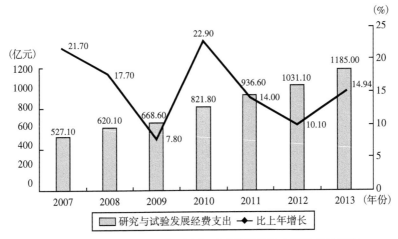

图 4-5 北京 2007~2013 年研究与试验发展经费支出及增长速度

资料来源：《2013 年北京市国民经济和社会发展统计公报》。

3. 知识经济的主要产出

知识经济的产出即知识产业的增加值，反映的是知识经济的增长规模，是衡量知识经济的最重要指标。具体指标可以用知识产业的增加值、技术市场成交额、专利申请与授权数量、获奖科技成果量、发表论文数、专著出版量等指标来反映。当然，在具体分析比较时，还会涉及主营业务收入等指标。

（1）知识产业的增加值。在国民经济三次产业中，某些传统行业，由于知识含量的增加，将逐步转化为知识行业。三次产业中的知识行业增加值占 GDP 的比重是知识经济增长的质量指标，用来衡量各次产业中知识经济含量的演变情况及知识行业对各产业的贡献作用，反映知识经济在整个国民经济中所占的份额。从概念上讲，以知识为基础的产业就是知识产业，这个概念可以作为划分知识产业的理论标准。按照这个标准，现阶段的知识产业可划分为五大类[①]：高新技术产业、信息服务业、教育、文化创意产业、科学研究及技术服务业（见表 4-3）。

---

① 1962 年，马克卢普提出知识产业的概念时，就明确将知识经济划分为五大类，即教育、研究与发展、通信媒介、信息设备和信息服务，在每一类下又有许多小类行业。但是，随着科学技术进步日新月异和行业门类划分越来越细，原有的某些知识产业的内容已被淘汰出知识产业，如马克卢普提出的信息设备制造业，还有些新兴的、技术知识含量更高的行业需要划入知识产业，如高新技术产业、智能化的信息服务业和文化产业等。

表 4-3　知识经济的范畴界定

基本范畴	内容界定
高新技术产业	包括生命科学、新材料、新能源与可再生能源、信息技术、海洋科学、环保高科技、空间科学等主要领域
信息服务业	包括信息传输服务：电信、广播电视传输服务、卫星传输服务；信息技术服务：计算机服务、软件业；信息内容服务：电信增值服务、互联网信息服务、其他信息内容服务
教育	主要是指高等教育，尤其是研究生教育
文化创意产业	包括文化艺术；新闻出版；广播、电视、电影；软件、网络及计算机服务；广告会展；艺术品交易；设计服务；旅游、休闲娱乐；其他辅助服务等九大类
科学研究及技术服务业	包括科学研究和综合技术服务业

资料来源：根据上述内容整理而成。

高新技术产业增加值。知识经济在三次产业中的分布，以第二产业中的高新技术产业为典型代表，集中反映了第二产业知识含量的变化，主要包括生命科学、新材料、新能源与可再生能源、信息技术、海洋科学、环保高科技、空间科学等主要领域。高新技术产业是北京发展较早也是规模较大的知识产业。2004~2012 年，北京高新技术产业增加值从 370.6 亿元增加到 1240.3 亿元，增加了近 2.35 倍，占 GDP 的比重由 6.14%上升到 6.94%。2013 年，北京高新技术产业实现增加值 1327 亿元，增长 7%，占地区生产总值的比重为 6.8%。

与北京相比，2012 年河北全省规模以上高新技术产业完成工业增加值 1301.0 亿元，同比增长 15.6%，高新技术产业工业增加值占全部规模以上工业的 11.8%，比上年同期提高 1.3 个百分点。实现主营业务收入 5229.7 亿元，增长 11.0%。在具体行业结构上，五大行业——高端装备制造、新材料、电子信息、生物和新能源引领高新技术产业平稳发展。五大行业共完成增加值 1274.2 亿元，占高新技术产业的 97.9%。其中高端装备制造业实现增加值 556.0 亿元，占高新技术产业的 42.7%。从增速来看，新材料、生物和新能源两个行业增长较快。其中，新材料行业实现增加值 214.4 亿元，增长 20.7%；生物和新能源行业实现增加值 199.2 亿元，增长 20.6%。

与北京相比，天津 2012 年高新技术产业产值为 6951.65 亿元，增长 14.3%，占规模以上工业的 29.9%。主要行业如航空航天、石油化工、装备制造、电子信息、生物医药、新能源新材料、轻纺和国防八大优势产业工业总产值 21085.08 亿元，增长 14.8%，占全市规模以上工业的比重为 90.7%。可见，京津冀三地相比，天津的高新技术产业增加值最大，河北和北京紧随其后。

信息服务业增加值。信息服务业是指以信息资源为基础，利用现代信息技术，对信息进行生产、收集、处理、输送、存储、传播、使用并提供信息产品和服务的产业。北京依托丰富的人才、科技、信息以及市场等战略资源，软件信息服务业发展始终处于全国领先水平，已经成为首都重大战略性支柱产业；北京已初步成为有世界影响力的软件和信息服务业城市，未来将成为世界级城市的标志性产业。

2000~2012年，北京信息服务产业增加值由164.4亿元增加到1621.8亿元，增加了近8.86倍，而且每年都保持较高的增长速度；占GDP的比重由5.19%上升到9.07%，占服务业的比重达到11.86%，在支撑北京市第三产业发展、优化产业结构等方面起到了重要作用。在北京信息服务业中，以软件产业为代表。2010年北京软件产业实现业务收入2425亿元，2006~2010年均增长21.6%[1]。分项目具体来看，2012年，北京市软件企业实现信息技术咨询服务收入318.4亿元，同比增长18.1%；数据处理和运营服务收入达950.58亿元，同比增长30.1%；嵌入式系统软件收入为80.44亿元，同比增长6.2%；IC设计收入为23.53亿元，同比增长12.3%。其中，软件业务收入为3612.09亿元，与上年同期相比增长20%；软件产品收入为1326.4亿元，同比增长17.3%；信息系统集成服务收入为912.6亿元，同比增长16.9%。北京软件和信息服务业形成了涵盖信息传输、基础软件、应用软件、信息技术（IT）服务、信息服务、嵌入式软件、集成电路（IC）设计等完整的产业链。随着信息技术和商业模式的创新，信息服务产业链不断延伸，与国民经济的结合日趋紧密，信息服务业对整个首都国民经济的带动作用将持续增强。

与北京相比，2012年天津市软件企业实现信息技术咨询服务收入62.37亿元，同比增长39.8%；数据处理和运营服务收入达31.15亿元，同比增长39.4%；嵌入式系统软件收入为164.15亿元，同比增长31%；IC设计收入为88.53亿元，同比增长29.6%。其中，软件业务收入为513.58亿元，与上年同期相比增长34.9%；软件产品收入为116.35亿元，同比增长39.3%；信息系统集成服务收入为51.02亿元，同比增长39.5%。

---

[1]《北京市软件和信息服务业"十二五"发展规划》。

而河北省软件和信息服务业各个行业发展参差不齐。2012 年软件企业实现信息技术咨询服务收入 2.2 亿元，同比下降 56.1%；数据处理和运营服务收入达 7584 万元，同比下降 27.6%；嵌入式系统软件收入为 44815 万元，同比增长 374.5%；IC 设计收入为 2220 万元，同比增长 2640.7%。其中，软件业务收入为 124.94 亿元，与上年同期相比增长 6.1%；软件产品收入为 28.86 亿元，同比下降 7.2%；信息系统集成服务收入为 88.4 亿元，同比增长 11%（见表 4-4）。另外，还形成了秦皇岛数谷、石家庄动漫、廊坊信息服务等特色软件与信息服务基地。

表 4-4 2012 年北京、天津和河北软件业比较

具体数值 具体收入项目	北京（2752 家企业）		天津（535 家企业）		河北（252 家企业）	
	数值 （亿元）	增长率 （%）	数值 （亿元）	增长率 （%）	数值 （亿元）	增长率 （%）
软件业务收入	3612.09	20	513.58	34.9	124.94	6.1
软件产品收入	1326.4	17.3	116.35	39.3	28.86	-7.2
信息系统集成服务收入	912.6	16.9	51.02	39.5	88.4	11
信息技术咨询服务收入	318.4	18.1	62.37	39.8	2.2	-56.1
数据处理和运营服务收入	950.58	30.1	31.15	39.4	0.76	-27.6
嵌入式系统软件收入	80.44	6.2	164.15	31	4.48	374.5
IC 设计收入	23.53	12.3	88.53	29.6	0.22	2640.7

资料来源：中商情报网. 2013~2017 年中国通信行业软件行业分析及发展预测报告［EB/OL］.［2013-01-30］. http://www.askci.com.

高等教育增加值。教育尤其是高等教育是知识经济产生的重要源泉和基础。2003 年，北京高等教育毛入学率达到 52%，标志着北京在全国率先进入高等教育普及化阶段。2005 年，按照内涵发展的方针，北京开始严格控制高校招生增长速度，稳定高等教育招生规模。2000~2012 年，北京教育产业增加值由 102.3 亿元增加到 681.8 亿元，增加了近 5.66 倍；占 GDP 的比重由 3.24% 上升到 3.81%，增加幅度基本保持平稳状态。而同期，天津和河北的教育增加值远落后于北京。

文化创意产业增加值。文化创意产业是北京经济增长的重要支柱产业。2006~2011 年，北京文化创意产业增加值由 823.2 亿元增加到 1989.9 亿元，增加了近 1.42 倍；占 GDP 的比重由 10.14% 上升到 12.24%。文化创意产业占 GDP 的比重上升幅度较大，同时增加值绝对额也在不断地增加。2012 年，北京全市文化创意产业总收入突破万亿元大关，产业增加值达到 2205.2 亿元，占地区生产总值的 12.3%，是第三产业中仅次于金融业、批发和零售业的第三大支柱产业（见表 4-5）；全市文化产业占地区生产总值比重在全国各省区市中居于首位。

表 4-5 2006~2012 年北京市文化创意产业增加值

年份	2006	2007	2008	2009	2010	2011	2012
增加值（亿元）	823.2	1008.3	1346.4	1489.9	1697.7	1989.9	2205.2
年增长率（%）	22.12	22.49	33.53	10.66	13.95	17.21	10.82
占地区生产总值比重（%）	10.14	10.24	12.11	12.26	12.03	12.24	12.33

资料来源：北京市统计局。

2011 年，北京文化创意产业增加值 1989.9 亿元，占北京地区生产总值的 12.2%，同比增长 14.7%。规模以上文化创意企业 7300 家，从业人员 140.1 万人，大约占北京就业人口的 12%，接近伦敦、巴黎、纽约、东京的水平。仅北京市朝阳区注册的文化创意企业就有 41574 家。与北京相比，天津市文化创意产业规模显著扩大。"十一五"期间，全市文化创意产业增加值年均增速达到 22%。2011 年达到 600 亿元，占全市 GDP 的比重超过 5%。全市创意企业近 19000 家，从业人员增加到约 30 万人，年均增速分别达到约 13% 和 7%。从产业结构看，设计服务、咨询策划、电信软件类增加值占创意产业比重分别达到约 31%、21% 和 20%，成为支撑产业发展的主导力量。而同时期，河北文化创意产业发展水平明显低于北京和天津[①]。中国人民大学文化创意产业研究中心根据文化产业发展的综合指数、生产力指数、影响力指数、驱动力指数等对各省市的得分排名如表 4-6 所示。

表 4-6 各省市文化产业发展指数（2011 年）前十

排名	综合指数		生产力指数		影响力指数		驱动力指数	
1	北京	79.0	北京	83.3	上海	83.3	天津	78.1
2	广东	76.7	广东	79.8	北京	83.2	山西	76.3
3	上海	76.5	上海	77.4	浙江	82.4	江西	76.2
4	浙江	76.1	浙江	76.8	江苏	81.3	吉林	75.5
5	江苏	76.1	辽宁	76.6	广东	80.8	福建	74.4
6	山东	75.7	山东	76.2	湖南	77.6	山东	74.0
7	天津	75.5	江苏	76.1	山东	76.9	广西	73.9

① 天津之所以能排到前十名之内，主要是驱动力指数高，即投入方面较多。这说明天津主要是以增加投入来推动产业发展。这也是产业效益不高和影响力指数较低的主要成因。

排名	综合指数		生产力指数		影响力指数		驱动力指数	
8	四川	73.8	天津	74.8	陕西	76.3	重庆	73.8
9	辽宁	73.4	内蒙古	73.7	安徽	75.9	内蒙古	73.6
10	福建	73.3	四川	73.1	四川	75.4	四川	72.9

资料来源：中国人民大学文化创意产业研究中心。

科学研究及技术服务业增加值。科学研究及技术服务是知识经济产生、传播、扩散和增值的重要源泉和途径。北京拥有全国首屈一指的高等院校、科研院所、高新技术企业以及发达的技术交易市场，这就从根本上决定了北京科学研究及技术服务业的快速发展基础。2000~2012 年，北京科学研究及技术服务业增加值由 123.0 亿元增加到 1268.4 亿元，增加了近 9.31 倍；占 GDP 的比重由 3.89%上升为 7.09%，上升幅度大幅增加。

综合上述对北京市知识经济产业增加值的分析，从 2004~2012 年可以看出各个知识产业规模的变化趋势以及在国民经济中的比重（见图 4-6）。

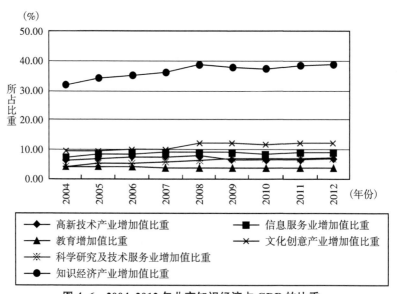

图 4-6 2004~2012 年北京知识经济占 GDP 的比重
资料来源：《北京市国民经济和社会发展统计公报》（2004~2012）、《北京统计年鉴》（2005~2013）。

（2）技术市场成交额。技术市场成交额反映了技术转化成果的变化，主要用于衡量一个国家或地区知识的转化效率及其发展趋势。1996~2012 年，北京技术合同成交总额由 45.8 亿元增加到 2458.5 亿元，增加了近 52.68 倍。而 2013 年，北京全年共签订各类技术合同 62743 项，增长 4.6%；技术合同成交总额 2851.2 亿元，增长 16%。与北京相比，天津全年签订技术合同 15817 项，合同成交额 300.68 亿元，增长 19.7%；河北 2013 年技术合同总成交额 128.05 亿元，较上年下降 15.06%（见表 4-7）。可以看出，北京技术市场成交额远远大于天津和河北，说明首都技术转化成果较快以及转化率较高。

表 4-7　2013 年北京、天津和河北技术市场比较

具体内容	北京	天津	河北
各类技术合同（项）	62743	15817	—
各类技术合同增长率（%）	4.6	—	—
技术合同成交总额（亿元）	2851.2	300.68	128.05
技术合同成交总额增长率（%）	16	—	−15.06

资料来源：《北京、天津和河北 2013 年国民经济和社会发展统计公报》。

（3）专利申请与授权情况。专利授权数在我国包括发明专利、实用新型专利和外观设计专利的授权总数，用于衡量一个地区的知识创新能力和知识产权保护意识的高低及其发展趋势。2013 年，北京专利申请量与授权量分别为 123336 件和 62671 件，分别增长 33.6% 和 24.1%，其中发明专利申请量与授权量分别为 67554 件和 20695 件，增长 28.1% 和 2.8%。与北京相比，天津 2013 年底全市专利拥有量达到 6.85 万件，每万人发明专利拥有量达到 9 件，比上年增加 1.5 件；河北 2013 年，专利申请量 27619 件，授权量 18186 件，分别比上年增长 18.8% 和 18.7%，截至 2013 年底，有效专利 7404 件。

（4）获奖科技成果量。2001~2012 年，北京科技成果各类获奖① 由 326 项增加到 1040 项。2012 年，国家技术发明奖 22 项，国家科学技术进步奖 53 项。2013 年，天津科学技术成果丰硕，全市 15 项科技成果获得国家科学技术奖，涉及装备制造、水利水电、电气工程、生物医药等多个领域。2013 年，河北省获得国家科学技术奖 5 项，明显落后于天津和北京。

---

① 根据《北京统计年鉴》，主要是指科技成果登记数。

（5）发表论文数及被引用情况。SCI 数据库统计显示，2012 年收录的中国论文中，国际合作产生的论文共 46746 篇，比 2011 年增长了 6449 篇，增长了 16%。其中，中国作者为第一作者的论文共 27284 篇，占我国全部国际合作论文的 58.4%。从这些中国国际合作论文作者的国内分布看，北京最多，达 6297 篇，占本地区论文比例的 20.38%（见表 4-8）；而天津和河北都在前六名之外。

表 4-8　中国为第一作者的国际合著论文数较多六个地区

地区	论文数（篇）	占本地区论文比例（%）
北京	6297	20.38
上海	3217	18.97
江苏	2576	16.39
广东	1885	19.52
浙江	1638	17.34
湖北	1387	17.00

资料来源：中国科学技术信息研究所.中国科技论文统计结构，2013.

再看《社会科学引文索引》（SSCI）收录中国论文的情况。2012 年，SSCI 数据库共收录世界论文 25.88 万篇，其中收录中国论文 8012 篇，占世界论文综述的 3.1%，比 2011 年增加 1632 篇，增长 25.6%，；世界排名第 8[①]。在 2012 年 SSCI 收录的中国论文中，中国机构为第一署名机构的论文共 4210 篇，占总数的 55.4%；从区域分布来看，论文总数居前六位的分别是北京、上海、江苏、广东、浙江、湖北（见表 4-9）。而天津和河北都在前六名之外。

表 4-9　2012 年发表社会科学国际论文较多的地区

地区	论文数（篇）	比例（%）
北京	1443	48.8
上海	507	17.2
江苏	334	11.3
广东	262	8.9
浙江	256	8.7
湖北	219	7.4

资料来源：中国科学技术信息研究所.中国科技论文统计结构，2013.

---

① 前七名分别是美国、英国、加拿大、澳大利亚、德国、荷兰和西班牙。

（6）报纸、期刊和图书出版情况。报纸、期刊和图书出版是知识经济传播的主要载体。1978 年，北京报纸出版仅有 11 种，期刊出版 468 种，图书出版 5253种；而到了 2012 年，报纸出版增加到 257 种，期刊出版增加到 3064 种，图书出版增加到 179634 种。北京报纸、期刊和图书出版排名在全国名列前茅。

（二）首都知识经济的结构特征

从总量上可以看出首都知识经济和知识产业发展的总体变化趋势和部分结构特征，但还不能够反映首都知识经济发展的整体结构特征。下面主要结合首都知识经济发展的实际，从具体产业构成、主导产业、先导产业以及产业价值链等方面对首都知识产业的结构特征进行深入分析。

1. 首都知识经济的主体是第三产业

从首都知识经济产业各个部门的增加值及其所占比重，可以看出，知识经济主要分布在第三产业，其部门主体是第三产业。在高新技术产业、信息服务业、教育、文化产业、科学研究及技术服务业中，高新技术产业是典型的第二产业，而其余都是第三产业的部门分布。尽管第一产业中也有知识经济分布，但由于不便于衡量，也不易找到典型的代表行业和部门，因此对第一产业中的知识经济部门不再具体分析。2012 年，首都知识经济产业中属于第二产业的高新技术产业的比重为 6.94%，剩余部分属于第三产业的增加值占到了 28.06%（见图 4-7）。这充分说明，知识经济的生产、分配、使用和增值等环节主要分布在国民经济的第三产业，尤其是服务业上。

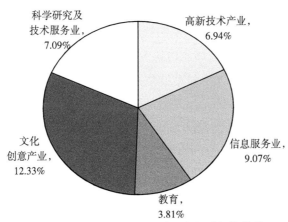

图 4-7 2012 年北京知识产业部门增加值构成

2. 高新技术产业是知识经济的主导产业

创新是知识经济发展的动力。高新技术产业是知识密集、技术密集的产业，是由处于时代前沿的先导性技术发展起来的产业。它通过前向联系和后向联系以及旁侧效应对其他产业的发展产生带动作用，同时对传统产业进行技术渗透，促进产业结构的优化升级，它的发展成为各国获取竞争优势的重要途径。因此，高新技术产业企业必然有非常强的研究开发和创新能力，不断开发新的产品和新的技术，才能提高企业的竞争力。高新技术产业已经成为经济发展的第一生产力，正在成为主导产业，它极大地改变了世界经济，导致了知识经济的发展壮大。近10年来，高新技术产品在"OECD"成员国的制造业中的份额已增长了一倍，在出口商品中的比例翻了一番。早在1993年，美国经济增长中有27%来自高新技术产业。1999年，美国互联网的销售收入达5070亿美元，第一次超过了汽车制造业的收入。

2004~2012年，在不到10年的时间里，北京高新技术产业增加值从370.6亿元增加到1240.3亿元，增加了近2.35倍；占GDP的比重由6.14%上升到6.94%。而其先导产业科学研究及技术服务业增加值在2000~2012年，由123.0亿元增加到1268.4亿元，增加了近9.31倍；占GDP的比重由3.89%上升为7.09%，上升幅度大幅增加。

从北京高新技术产业具体构成看，主要包括核燃料加工、信息化学品制造、医药制造业、航空航天器制造、电子及通信设备制造业、电子计算机及办公设备制造业、医疗设备及仪器仪表制造业以及公共软件服务等八个主要领域。其中，公共软件服务、电子及通信设备制造业、医药制造业和医疗设备及仪器仪表制造业等占据了首都高新技术产业的主要内容。

2012年，公共软件服务增加值达到541.1亿元，占高新技术产业增加值的比重为43.63%；电子及通信设备制造业增加值达到257.5亿元，占比为20.76%；医药制造业增加值为221.3亿元，占比为17.84%；医疗设备及仪器仪表制造业增加值为9.35%。但从整体变化趋势看，公共软件服务自2004年以来，一直处于快速增长中；医药制造业在2007年之后，增长最为迅速，增幅也最大；而电子及通信设备制造业、电子计算机及办公设备制造业等作为首都高新技术产业发展较早也较为成熟的行业，一直处于平稳变化中（见图4-8）。

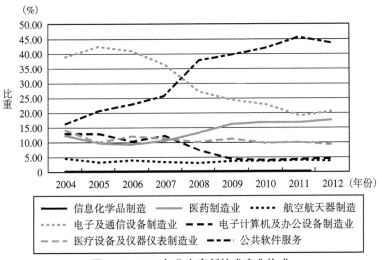

图 4-8　2012 年北京高新技术产业构成

3. 信息产业是知识经济的先导产业

目前，信息产业已成为当代世界经济发展的先导产业。1990 年美国对信息产业的投资首次超过对其他产业的投资，从而标志着美国进入了知识经济时代。目前，信息产业已成为美国最大的产业，成为美国经济增长的主要动力。据初步统计，以信息产业为主导的高技术产业对美国经济增长的贡献率已达到 27%，而建筑业仅为 14%，汽车业仅为 4%。美国的经济结构因此发生了深刻变化，呈现低失业率、低通胀率和高增长率并存的态势，并进入较长的稳定增长期[①]。在知识经济的发展过程中，信息和通信技术处于中心地位。在全球的 GDP 中，有约 70% 的产业与信息有关。1982 年，全球信息产业销售额仅为 2370 亿美元，到 1995 年增长到 6400 亿美元。

具有高附加值的高科技产业是知识经济的核心，而信息产业尤其信息服务业是知识经济发展的关键。信息服务业作为北京的支柱产业之一，对北京地区生产总值的贡献逐步提高。2005 年，中国社会科学院发布的《中国城市竞争力报告 NO.3》指出，13 大服务部门中，北京在 47 个城市中排名前 10 位的占了 6 个。其中，排名第一位的是租赁和商业服务业、信息传输计算机服务和软件业。2006

---

① 20 世纪 90 年代以来，美国经济出现了"二战"后罕见的持续性的高速度增长，即"新经济"，其主要动力是信息技术革命和经济全球化浪潮。

年，北京信息服务业增加值达 680.7 亿元，占 GDP 比重达 8.8%，2010 年，北京软件和信息服务业实现营业收入 2930 亿元，比上年增长 22%，2006~2010 年均增长 21.6%；其中软件产业实现营业收入 2425 亿元，增长 25%；从海关软件服务外包数据看，软件服务外包收入实现 14.6 亿美元，从业人员超过 40 万人。北京软件著作权登记量为 24905 件，连续五年位居全国第一，显示出了较强的软件创新能力。目前，北京软件和信息服务业形成了涵盖信息传输、基础软件、应用软件、信息技术（IT）服务、信息服务、嵌入式软件、集成电路（IC）设计等完整的产业链。

从北京信息服务业具体构成看，主要包括信息技术服务、信息传输服务和信息内容服务等内容，而信息技术服务一直都处于中心地位。2012 年，信息技术服务增加值占信息服务业增加值的比重接近 50%（见图 4-9），占信息产业增加值比重接近 37.52%。

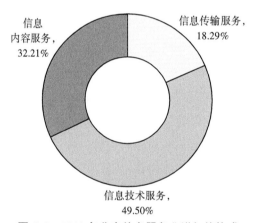

图 4-9　2012 年北京信息服务业增加值构成

在行业应用软件方面，以政府、金融、电信、制造业、能源、教育等领域的行业解决方案为代表，收入规模占全市的 36%，约占全国市场的 1/3。在信息服务方面，以互联网信息服务、IT 外包、数字内容为代表，收入规模占全市的 27%，成为全国互联网信息服务中心和极具竞争力的全球新兴接包地之一。以移动互联网、云计算、物联网和电子商务等为代表的新兴领域收入增速超过 50%，正在形成新的产业增长点①。北京信息服务业不仅绝对规模增加较快，而且还形成了一批具有较强竞争力的骨干企业和以中关村软件园、中关村创意产业先导基地、上地信息产业基地、石景山数码娱乐产业基地等一批各具特色的信息服务业专业化园区，行业呈现出明显的集群化发展态势。可见，信息产业已经成为北京高技术产业的重要组成部分和首都经济的重要支撑，在对区域自主创新能力提升、产业结构优化等方面的带动效应日益显现。

4. 教育、文化和研发是知识经济的基础产业

知识是知识经济产生、发展和扩散的基础，而教育、文化和研发是知识产生和传播的基础，因此当知识经济一旦形成产业，可以说教育、文化和研发就成了知识经济的基础产业。在知识经济迅猛发展的时代，教育和研究开发是知识产业最主要的部门，知识和高素质的人力资本是最为重要的资源。

2013 年，北京全市共有 56 所普通高校和 80 个科研机构培养研究生，全年研究生教育招生 9.1 万人，在学研究生 26.6 万人，毕业生 7.3 万人。全年研究与试验发展（R&D）经费支出 1200.7 亿元，比上年增长 12.9%，相当于地区生产总值的 6.16%；全市研究与试验发展活动人员 35.1 万人，比上年增长 8.7%。全市共有公共图书馆 25 个，总藏书量 5424 万册；档案馆 18 个，馆藏案卷 636 万卷件；博物馆 167 个，其中免费开放 52 个；群众艺术馆、文化馆 20 个。可以看出，北京以得天独厚的教育资源、丰富多彩的文化资源和强大雄厚的科研资源为首都知识经济、知识产业提供了坚实的基础及先导作用。

5. 空间布局由核心向周边转移

随着首都经济发展战略的转变和产业布局空间结构的调整，知识经济发展的重点和产业在空间分布上逐渐由一个或几个核心地区向周边多个地区发生转移。知识经济产业在首都不同城区先后不同程度地兴起和适度发展，有利于知识和信息资源的区域优化配置以及不同城区的均衡发展。下文以首都高新技术产业和高等教育资源的空间分布为例。

（1）高新技术产业的空间布局变动。20 世纪 80 年代初期，北京高科技产业布局相对分散，高科技企业分散于城市不同行业部门的不同区域。自 1988 年北京成立高新技术产业开发试验区后，北京的高新技术产业布局开始由分散转向集

①《北京市软件和信息服务业"十二五"发展规划》。

中。1999 年成立的中关村科技园区，不仅使北京高新技术产业进入了前所未有的高速发展阶段，还实现了其布局上的空间整合，其空间集聚特征已十分明显。

后来随着科教兴国战略和创新型国家战略的相继提出，中关村国家自主创新示范区空间规模和布局发生了巨大变化，由原来的一区十园增加为一区十六园，包括东城园、西城园、朝阳园、海淀园、丰台园、石景山园、门头沟园、房山园、通州园、顺义园、大兴—亦庄园、昌平园、平谷园、怀柔园、密云园、延庆园等园区，示范区面积由原来的 233 平方千米增加到 488 平方千米（见图 4-10）。目前，北京已经初步形成两个较大的高新技术产业集群，即中关村科技园和亦庄科技园。

中关村电子一条街	北京新技术产业开发试验区	中关村科技园区时期	中关村国家自主创新示范区
（1980~1988 年）	（1988~1999 年）	（1999~2009 年）	（2009 年至今）

图 4-10　中关村空间分布变迁轨迹

资料来源：李翔. 从中关村"一区十六园"看产业园区规划与实施［J］. 北京规划建设，2014（1）.

与此同时，北京的各类开发区也相继成立，并成为高新技术产业不同产业链发展的重要载体。截至 2012 年底，北京共有各类开发区 19 个，分布在首都各个区县（见表 4-10）。

表 4-10　2012 年北京各类开发区基本情况

名称	年份	位置	级别	定位
中关村国家自主创新示范区	2009	"一区十六园"	国家级	高新技术产业园区
北京经济技术开发区（亦庄开发区）	1991	大兴区	国家级	经济技术开发区；高新技术产业园区
北京天竺综合保税区	2008	顺义区	国家级	出口加工区
北京石龙经济开发区	1992	门头沟区	省级	开发区
北京良乡经济开发区	1992	房山区	省级	开发区
北京大兴经济开发区	1992	大兴区	省级	开发区
北京通州经济开发区	1992	通州区	省级	开发区

续表

名称	年份	位置	级别	定位
北京雁栖经济开发区	1992	怀柔区	省级	开发区
北京兴谷经济开发区	1992	平谷区	省级	开发区
北京密云经济开发区	1992	密云县	省级	开发区
北京林河经济开发区	1993	顺义区	省级	开发区
北京天竺空港经济开发区	1994	昌平区	省级	开发区
北京八达岭经济开发区	1992	延庆县	省级	开发区
北京永乐经济开发区	1992	通州区	省级	开发区
北京延庆经济开发区	1992	延庆县	省级	开发区
北京昌平小汤山工业园区	1998	昌平区	省级	经济特区与开发区
北京采育经济开发区	2006	大兴区	省级	开发区
北京房山工业园区	2002	房山区	省级	开发区
北京马坊工业园区	2006	平谷区	省级	开发区

注：北京密云经济开发区，是教育部认定的"中国高校科技产业基地"、科技部批准的"国家火炬计划北京绿水高新技术产业基地"、北京市科委建立的"北京高新技术成果孵化产业基地"。1999年国务院将其列入中关村科技园辐射区。

（2）文化创意产业空间的空间布局变动。作为文化创意产业发展的空间组织形式，北京文化创意产业集聚区获得了长足的发展。继2006年北京市确认了第一批10个文化创意产业集聚区以后，北京市文化创意产业领导小组于2008年认定了第二批11个文化创意产业集聚区。至此，北京市文化创意产业集聚区已经累计达到21个（见表4-11）。通过政府的规划引导和政策扶持，北京市文化创意产业集聚区建设取得了明显成效，形成了一批产业特色鲜明的文化创意产业集聚区，产业聚集效应初步显现，在推动北京文化创意产业发展和整体竞争力提升中的作用也逐步提升。

表4-11　北京文化创意产业集聚区分布、功能和行业

批次	名称	分布地	核心功能	主要影响行业
第一批	中关村创意产业先导基地	海淀区	多方位	全面
	北京数字娱乐产业示范基地	石景山	文化娱乐	娱乐、动漫
	国家新媒体产业基地	大兴区	媒体	动漫、影视
	中关村科技园区雍和园	东城区	数字娱乐	软件、出版
	中国（怀柔）影视基地	怀柔区	影视创意	影视
	北京798艺术区	朝阳区	艺术	艺术及日常生活
	北京DRC工业设计创意产业基地	西城区	工业设计	设计及相关产业
	北京潘家园古玩艺术品交易园区	朝阳区	艺术品交易	艺术品交易与修复

续表

批次	名称	分布地	核心功能	主要影响行业
第一批	宋庄原创艺术与卡通产业集聚区	通州区	艺术与卡通	艺术
	中关村软件园	海淀区	软件	软件及相关产业
第二批	清华科技园	海淀区	软件设计	相关产业
	会展创意产业将集聚区	顺义区	会展	会展及相关产业
	CBD 国际传媒文化创意产业集聚区	朝阳区	传媒	传媒产业
	北京时尚设计广场	朝阳区	时装设计	设计及时装
	琉璃厂文化创意产业集聚区	宣武区	艺术品	艺术品及相关行业
	惠通时代广场	朝阳区	服装设计	设计及服装行业
	前门传统文化产业集聚区	崇文区	商业服务	商业服务
	北京出版发行物流中心	通州区	物流	出版行业
	北京欢乐谷生态文化园	朝阳区	旅游	旅游
	大红门服装服饰文化创意产业集聚区	丰台区	服装	设计及服装
	北京（房山）历史文化旅游集聚区	房山区	旅游	旅游及相关

资料来源：根据北京文化创意网的资料整理。

从第一批次到第二批次文化创意产业集聚区的确立，可以看出北京文化创意产业分布在不同区县空间上的变动和集聚区产业功能配置上的优化。2006 年确认的文化创意产业集聚区主要集中在北京几个主城区及通州、大兴、怀柔等三个郊区，存在数量有限、地域分布结构不尽合理等问题。而 2008 年确认的第二批分布区域基本上覆盖了北京市的主城区及所有远郊区县，崇文、宣武、顺义、丰台、房山等城区也都有了适合自己的文化创意产业集聚。另外，在集聚区产业功能配置上，逐步得到完善和优化。2006 年所确认的 10 个文化创意产业区仅覆盖了九个大类中的七个大类[①]，不能完整地反映出北京文化创意产业发展的整体情况；而 2008 年确认的 11 个文化创意产业集聚区增加了专门的广告、会展、旅游及休闲娱乐产业集聚区，解决了北京市文化创意产业集聚区建设中的产业功能配置不尽科学的问题。至此，北京确认的 21 个文化产业集聚区比较全面地涵盖了文化创意产业的所有门类，而且更加重视对北京文化创意产业发展的科学引导。

按照北京历史和现代文化资源结构，北京市文化创意产业的布局与规划是中轴线文化和两翼文化：中轴线是北京历史文化区，以历史文化旅游为特色；北端以奥运体育、演展文化为重点；南端为国家新媒体产业基地，以影视、动漫游

---

① 《北京市文化创意产业分类标准》。

戏、网络出版原创为基础；左翼是中关村科技教育创新中心和石景山数学娱乐体验中心；右翼是以大山子为中心的现代艺术区和国际传媒贸易中心。围绕这些布局规划，文化创意产业园区和基地发展起来。

三、首都知识经济产业结构的突出问题

随着首都改革开放和现代化建设的不断深入，北京的经济发展和第三产业发展都取得了巨大成就，奠定了知识经济产业快速发展的强大基础。以高新技术产业、信息服务业、教育、文化创意产业、科学研究以及技术服务业等为代表的首都知识产业无论是在各项投入还是产出上都取得了突出成绩，但是受市场化水平、区域合体制机制等因素的制约，首都知识经济产业结构在发展中也暴露出一些突出问题。由于首都知识经济产业各个行业的发展规模、增长速度以及空间布局等存在显著差异，因此对知识经济各个行业问题的认识，具体问题具体分析更能抓住问题的本质和关键所在。

（一）高新技术产业

1. 区域间发展的不均衡

尽管目前，中关村科技产业园区在北京各个区县都有分布，这在空间和地域分布上有利于高新技术产业发展的同步和均衡。但是，区域之间在产业层次、企业数量和规模、企业总收入、地均产出等方面存在发展不均衡的问题。这一现象在北京城市中心与外围地区之间、各园区之间，甚至同一园区不同区块之间普遍存在。

由于高新技术产业分布的空间维度差异较大，受地理区位、资源要素、城市格局、对外交通等因素的影响，园区发展情况随城市圈层变化的特征也比较明显。第一圈层主要分布在中心城地区，产业集聚效应高、辐射力强，但园区严重缺乏增量发展空间，同时面临着低端业态升级和向外疏解的压力；第二圈层分布在城市各边缘集团，老工业基地改造和现有园区扩建活动在此并存，但普遍面临空间升级需求、土地权属复杂、开发成本高等问题；第三圈层位于新城及其周边范围，部分园区还有可开发用地，但土地利用效率有待提升，处在新城集中建设范围外的园区普遍缺乏服务配套设施。

2. 园区产业定位的同质化

北京高新技术产业在空间布局和区域分布上已经初步形成两个较大的高新技术产业集群，即中关村科技园和亦庄科技园。各个园区和开发区功能各异，承担着首都高新技术产业研发、科研成果转化和生产的各项职能，北京高新技术产业在基于各个园区空间和区域上的布局，上、中、下游各个产业价值链分工和协作关系正在形成。

但是这一关系还很不牢固和紧密，尤其是中关村科技园区"一区十六园"（见表 4-12），园区建设的存在可能仅仅是为填补各个区县高新技术发展短板，显得各个园区之间孤零零地存在；每个园区还未形成特色鲜明的主导产业和主打品牌，还存在产业雷同和重复建设现象；各个园区之间合理分工与协作的产业链关系还很不明确，同一产业内的上、中、下游企业供求关系、供应链结构还需深入发展，相关产业的资源还需要进一步优化配置。部分园区产业定位不清晰，园区之间缺乏系统的产业指导。一方面，部分园区实际招商项目偏离原有产业定位，使园区的主导产业不明确；另一方面，部分园区脱离自身发展条件和发展阶段盲目调整定位和转型发展，导致园区丧失产业特色，甚至面临同质化竞争的局面。

表 4-12 中关村科技园区"一区十六园"重点产业选择

园区名称	开园年份	功能定位与产业选择
中关村国家自主创新示范区	2009	六大优势产业集群：下一代互联网、移动互联网和新一代移动通信、卫星应用、生物和健康、节能环保以及轨道交通；四大潜力产业集群：集成电路、新材料、高端装备与通用航空、新能源和新能源汽车
东城园	2006	文化创意产业集聚区：知识产权、数字内容、文化旅游休闲、中医药科技与文化等四大产业群集
西城园	2002	高端创新型产业集聚区：研发设计、金融后台服务、文化创意和高端交易
朝阳园	1999	朝阳区高新技术产业重要基地：电子信息产业、生物医药产业、高技术服务业
海淀园	1988	高科技产业"创新源"：电子信息产业、新材料、新能源和环境科学、光机电一体化产业、生物工程和新医药产业
丰台园	1991	重要的高新技术产业基地：电子信息、生物医药、先进制造、新材料、新能源；工程服务、轨道交通和航天军工；总部经济
石景山园	2006	文化创意产业特色园和数字娱乐示范园：数字媒体技术产业、网络游戏动漫产业、电子竞技运动、动画产业
门头沟园	2012	北京城西总部新基地：数控装备、生物医药、仪器仪表、机械

园区名称	开园年份	功能定位与产业选择
房山园	2012	综合园：精细化工和石化新材料、汽车和重工等高端制造业、海外人才聚集基地、高教和物流
通州园	2006	通州新城规划产业聚集区：光机电一体化、环保和新能源、高端装备制造产业
大兴园	2006	生物技术产业化基地：疫苗和蛋白药物、中药企业、医疗器械、创新药物和高端仿制药
亦庄园	1999	国家级经济技术开发区和国家高新技术产业园区：电子信息、生物医药、汽车制造、装备制造四大主导产业
昌平园	1991	国家级工程技术研发中心和国家级企业研发中心：关键材料、新型能源、重大装备及信息服务等国家支柱行业
平谷园	2012	"三园区五基地"：食品加工、高端装备制造、通用航空、现代物流、音乐文创、生物医药、绿色能源、电子商务、轨道交通、节能环保，着力打造生态园区、文化园区、科技园区
怀柔园	2006	北京雁栖经济开发区：科技服务产业、纳米科技产业、数字信息产业
密云园	2010	密云经济开发区：汽车及零部件、新型建材、食品饮料、电子信息、生物医药产业
延庆园	2012	北京市新能源产业基地：新能源和环保产业

注：房山园涵括北京石化新材料基地、北京高端制造业基地、北京良乡经济开发区、北京海聚基地、北京高教园区。平谷园"三园区"即兴谷经济开发区、马坊工业园区、马坊物流园区，"五基地"即食品产业基地、通用航空产业基地、轨道交通产业基地、音乐文创产业基地、绿色能源产业基地。延庆园区以八达岭经济开发区、延庆经济开发区和康庄工业园为依托，初步形成了以北京市新能源产业基地为核心的"一园多基地"空间布局。

资料来源：根据中关村国家自主创新示范区网站相关资料介绍整理而成。

3. 京津冀高科技产业价值链尚未形成

从高科技产业不同增值环节对要素和区位的偏好看，北京周边地区具有承接北京高科技产业生产加工环节的较为良好的要素条件。但事实上，天津和河北都没有能够成为北京高科技企业主要的生产加工基地，究其原因，三省市高技术产业结构特征成为主要的阻碍因素。

下面通过计算京津冀三省市高技术产业各行业的区位商，来对其在全国的竞争地位进行分析。区位商是指一个地区特定部门的产值在地区工业总产值中所占比重与全国该部门产值在全国工业总产值中所占比重之间的比值。区位商越大，专业化水平越高。如果区位商大于1，可以认为该产业是地区的专业化部门；如果区位商小于或等于1，则认为该产业是自给性部门。区位商的计算公式如下：

$$LQ_{ij} = \cfrac{L_{ij} \Big/ \sum\limits_{j=1}^{m} L_{ij}}{\sum\limits_{i=1}^{n} L_{ij} \Big/ \sum\limits_{i=1}^{n} \sum\limits_{j=1}^{m} L_{ij}} \qquad (4-1)$$

其中，i 代表第 i 个地区（i = 1，2，3，…，n），j 代表第 j 个行业（j = 1，2，3，…，m），L_{ij} 代表第 i 个地区、第 j 个行业的产出，LQ_{ij} 代表 i 地区 j 行业的区位商。也可以用不同部门的从业人员数来计算产业区位商。运用 2013 年《中国高技术产业统计年鉴》中的相应数据进行计算，具体计算结果如表 4-13 所示。

表 4-13   2012 年京津冀高新技术行业在全国的专业化程度对比

高新技术行业	区位商		
	北京	天津	河北
医药制造业	0.87	0.77	3.65
航空航天器制造	1.67	3.21	0.47
电子及通信设备制造业	0.97	1.42	0.57
电子计算机及办公设备制造业	1.00	0.18	0.04
医疗设备及仪器仪表制造业	1.34	0.34	0.93

从上述计算结果可以看出，北京、天津和河北三省市在高技术产业的优势行业上各不相同。北京在电子计算机及办公设备制造业和医疗设备及仪器仪表制造业上明显比天津、河北具有竞争力。北京和天津高技术产业在全国都具有较强竞争地位的行业是航空航天器制造，该行业专业化程度较高，同时天津该行业的竞争力又优于北京，河北明显落后很多。而河北省高技术产业的优势行业主要是医药制造业，医药制造业在全国同行业中具有十分重要的地位；但河北省电子及通信设备制造业、电子计算机及办公设备制造业、航空航天器制造的竞争力非常弱，产业集群化程度很低，这造成了河北省高技术产业总体结构不合理，并与京津形成了一定的产业错位，无法充分利用京津的资源优势。

另外，上述分析结果也暗含着，河北与北京的高新技术产业结构相似系数很低，京冀产业结构的差异导致北京高技术企业更多的是把生产制造部门设在具有 IT 业集聚优势的珠三角和长三角地区，而不是选择地理位置邻近但聚集效应差、区域技术同化能力弱的河北。京津高新技术产业结构的相似系数高于京冀，说明两个直辖市的产业结构具有一定的相似性，都以航空航天器制造、电子及通信设备制造业为主。但长期以来两个城市之间的竞争远远大于合作，争资源、重复建设的现象较为严重。并且由于两地过度的产业同构，使得地区间贸易的可能性减小。随着天津电子与信息产业的发展，其在全国的地位已逐渐超越北京，这在一定程度上削弱了北京高新技术产业对天津的辐射作用。

4. 产业集群对津冀经济辐射力较弱

受经济发展水平、市场化程度、国家政策倾斜和区域合作机制等因素的制约，目前北京高新技术产业的"极化"和"虹吸"效应仍很强大，产业集群对津冀经济辐射力较弱。这主要体现在北京高新技术产业快速发展导致的资本转移、技术溢出和人力资本流动等对天津及河北的影响上。

（1）资本转移。随着经济发展方式转变进程的不断加快，首都发展面临的资源、环境和要素成本不断上升，北京高新技术产业逐渐开始进行价值链的空间转移和区域分工。大部分高科技企业通常将总部、研发机构和销售总部设于中关村科技园区，而将部分生产加工部门转移至国内其他地区甚至海外。虽然，河北拥有丰富而廉价的劳动力资源和自然资源，天津具有产业基础良好及拥有外向型港口的优势，但是北京高科技企业的生产基地更多分布在上海、深圳、东莞等东南沿海城市，只有部分高科技企业将生产制造部门设在了津冀地区[①]。北京市 331 家高新技术企业只有 24 家企业在天津或河北建立了生产基地，占被调查企业总数的 7.25%。可见北京高技术企业对津冀的资本转移非常有限[②]。

（2）技术溢出。近年来，随着国家对自主创新和创新型国家战略的大力支持，北京高新技术产业技术交易量呈现快速增长的势头。2013 年，北京全市认定登记技术合同成交额 2851.2 亿元，比上年增长 16.0%，总量占全国的 38.2%；其中，中关村示范区高新技术企业技术合同成交额 2268.3 亿元，占全市的 80%[③]。然而数据显示，从技术成果流向看，技术扩散在京津冀区域内不具有优势。2013

---

① 摩托罗拉将三大研发中心建于望京科技园区，而将生产基地建于天津技术开发区内；河北廊坊依据其地域优势，成为京津高技术成果转化基地、项目投入基地，京东方平板显示器产业园、汉王制造等 500 亿元以上电子信息项目均落户廊坊。

② 崔玮，王平. 北京高新技术产业集群对津冀经济辐射的实证研究 [J]. 学术论丛，2008（12）.

③ 北京市科学技术委员会. 2013 年北京技术市场运行情况及北京地区实现技术交易增加值占地区生产总值比重 [N]. 2013 年北京技术市场统计年报，2014-03-24.

年，北京流向外省市技术合同成交额占总额的比重从 2009 年的 40.3%发展到 2013 年的 56.7%，但流向"环渤海经济圈"（不包括北京）的技术合同成交额仅为 301.3 亿元，占 18.6%。这说明北京对河北的技术溢出效应相对较小。

（3）人力资本流动。北京拥有较多的就业机会、较高的工资待遇、完善的公共服务，导致周边津冀地区的人才大批流向北京。资料显示，河北省在 2000~2004 年流失人才 10819 人，出省就业的高校毕业生 25447 人，约有 90%流向京津民营企业，造成了河北人才的缺乏，特别是高层次创新型人才的短缺及其专业技术人员数量的不断下降。随着京津冀一体化协同发展步伐的逐渐展开，京津冀三地互认高端人才户籍自由流动制度改革不久将付诸实施，虽然这一举措有利于减小河北未来高端人才到北京、天津发展的障碍，但户籍限制放松将会更加刺激河北高端人才流向北京、天津，河北公司和地方政府在挽留高端人才方面，需要推出更多创新政策，同时完善高端人才创业和发展的环境。

5. 产业集群创新能力相对不足

北京高新技术产业仍主要集中在加工领域，在全球高新技术产业分工中占据技术附加、价值附加较低的组装加工环节，其发展的依托条件主要是着眼于国内低廉的要素价格、广阔市场和优惠政策等。这使得高新产业集群在很大程度上表现为要素投入推动型而非创新驱动型。大多数企业缺乏自主创新能力和核心技术，关键技术仍主要来自国外的技术投资或技术引进。主要原因是多方面的：企业自身方面，如研发投入不足，集群技术能力要素发展不协调，集群内企业技术能力发展水平参差不齐；外界方面，基础设施薄弱，高等教育与工程技术创新脱节，知识产权制度、信用制度不健全等。

（二）信息服务业

从上述首都知识经济发展的基础条件看，北京和天津的信息化基础环境明显好于河北，存在比较优势。北京和天津总体经济水平较为接近，而河北与北京、天津的差距较大。信息服务业作为第三产业中高科技含量、高渗透性行业，对地区经济发展水平的依赖性极高。随着京津冀区域协同发展的步伐不断加快，三地信息服务业的趋同性大于互补性，同构现象日趋严重，这将严重影响京津冀区域信息服务业的差异化融合的协调发展，进而影响京津冀区域信息服务业的整体发展水平。

1. 产业结构不合理，同构现象严重

从信息服务业内部结构看，存在传统优势领域增速趋缓、新兴领域产业化发展较慢以及软、硬件平台化协同发展的能力不足等问题。随着信息技术更新换代步伐的不断加快，北京具有优势的一些传统软件和信息服务市场已基本成熟，难以继续保持快速增长的态势，而新兴产业领域市场尚处培育之中，企业的商业模式尚需探索，短期内难以成为拉动产业发展的新引擎。另外，随着国际主流厂商发展软件、硬件、运营、服务一体化的整合平台不断建立，北京软件和信息服务企业多数采取"平台跟随"战略，企业的市场空间和利润空间受到挤压；加快软件和硬件的融合发展，形成一批"软件拉动硬件发展，硬件带动服务消费"的自主平台产品已成当务之急。

从整个信息服务业的产业结构看，2010 年北京信息服务业增加值占第三产业的 11.45%，天津的为 3.64%，河北的为 5.58%，表明三地信息服务业的发展阶段各不相同，在地区服务业发展中的地位差距较大。虽然近几年京津冀三地充分发挥各自的比较优势，信息服务业逐渐朝着差异化互补趋势发展，但是就目前而言，三地的信息服务业产业结构还存在不合理、同质化和严重同构现象。这样，既浪费了各种信息资源，也导致了区域内的激烈竞争，不利于京津冀区域协调发展。可以从三地信息服务业的区域分工指数来考察产业结构的差异情况。这可以通过计算京津冀三地的区位分工指数进行比较，公示表达如下：

$$K_{ij}(t) = \sum_{k=1}^{n} \left| \frac{E_{ik}(t)}{E_i(t)} - \frac{E_{jk}(t)}{E_j(t)} \right| \tag{4-2}$$

其中，$E_{ik}(t)$ 表示 t 时期 i 地区 k 行业的就业人数；$E_i(t)$ 表示 t 时期 i 地区总的就业人数，$E_{jk}(t)$ 和 $E_j(t)$ 同理。如果 $K_{ij}(t)$ 等于 0，则被考察的两个地区 i 和 j 是完全非专业化的，二者产业结构完全相同。如果 $K_{ij}(t)$ 等于 2，则两地是完全专业化的，并且产业结构完全不同。依据京津冀 2007~2010 年的相关统计数据计算相应区域分工指数，得到的结果如表 4-14 所示。

从上述计算结果可以看出，北京、天津、河北三地的信息服务业结构较为雷同，但就三地两两比较结果来说，产业结构差异由大到小依次为：北京与河北、北京与天津、天津与河北。北京与河北、北京与天津的区域分工指数比较接近，且超过天津与河北的区域分工指数较多，说明北京分别与天津、河北的信息服务业结构存在部分差异，天津与河北的信息服务业结构基本雷同。这种同构现象将

表 4-14 2007~2012 年北京、天津、河北区域分工指数

年份	地区		
2007	北京	天津	河北
北京	0	0.0416	0.0424
天津	0.0416	0	0.0008
2008	北京	天津	河北
北京	0	0.0461	0.0474
天津	0.0461	0	0.0013
2009	北京	天津	河北
北京	0	0.0461	0.0465
天津	0.0461	0	0.0005
2010	北京	天津	河北
北京	0	0.0538	0.0524
天津	0.0538	0	0.0014

资料来源：《中国统计年鉴》（2008~2011）；《北京统计年鉴》（2008~2011）；《天津统计年鉴》（2008~2011）；《河北经济年鉴》（2008~2011）。

导致三地在信息服务业发展中的互补性大为削弱，在一定程度上阻碍了区域经济发展的良性循环。综观 2007~2010 年北京、天津、河北三地信息服务业两两比较的数据发现，区域分工指数均呈现上升趋势，但增长速度较缓慢，表明市场机制对资源的合理配置作用在逐渐增强，各地区按照自身优势发展信息服务业的趋势也在逐渐转好，各地区信息服务业的专业化分工也在缓慢增强。

2. 集聚效应不明显，区域辐射效应较弱

北京的信息服务业发展基础较好，发展水平较高，天津的信息服务业发展速度也较快，但三地信息服务业的集聚效应并不明显，对河北的辐射带动作用还比较弱，区域内的联动效应还未充分显现出来。京津冀三地信息服务业的发展程度，远远低于珠三角和长三角电子信息产业集群。可以从三地信息服务业的专业化程度来考察集聚和区域辐射程度。

为方便比较和数据的可得性，我们使用三地 2006~2010 年信息传输、计算机服务和软件业的就业人数来计算，即用三地信息服务业的就业人数与该地区总就业人数之比，除以全国信息服务业就业人数与全国总就业人数之比，得到相应的区位商（见表 4-15）。

表 4-15　2006~2010 年北京、天津和河北信息服务业区位商比较

年份	北京	天津	河北
2006	3.530	1.000	0.896
2007	4.294	0.960	0.899
2008	4.477	0.953	0.854
2009	4.229	0.897	0.863
2010	4.530	0.751	0.852

资料来源:《中国统计年鉴》(2007~2011);《北京统计年鉴》(2007~2011);《天津统计年鉴》(2007~2011);《河北经济年鉴》(2007~2011)。

从上述计算结果可以看出,2006~2010 年北京信息服务业的区位指数始终远大于 1,且除了 2009 年外均呈现上升趋势,说明北京市信息服务业的专业化程度很高,规模优势非常明显,且专业化程度不断提高,产业规模持续扩大。而天津这五年间的信息服务业区位指数较小,除了在 2006 年刚刚达到全国平均水平外,其他年份均小于 1,出人意料的是信息服务业区位指数呈现逐年下降的趋势。河北信息服务业的区位指数始终小于 1 且处于波动状态,但就总体趋势来说,区位指数不断下降。尽管河北的信息服务业规模稍高于天津,但是两地的信息服务业专业化程度均低于全国平均水平,且在不断下降,产业规模在逐渐缩小,在全国处于相对劣势。由此可见,北京作为京津冀都市圈的双核之一,对天津、河北的信息服务业发展并没有起到很好的辐射带动作用,而天津作为京津冀都市圈的另一个核心,其自身信息服务业发展并不理想。

3. 信息服务业发展不均衡,大而不强

北京的信息服务业虽然在全国处于领先地位,但是在空间布局和发展质量上存在着发展不均衡、大而不强的问题。从空间布局看,北京信息服务业在拓展区的集聚度始终最高,而且近几年信息服务业在全市的占比日趋提高。

2010 年,北京 68.96%的信息服务业集聚在拓展区[①],只有 18.21%在核心区,较 2005 年的 33.47%减少了 15.26 个百分点;而发展新区和生态涵养区所占份额基本没有大的变化。从发展质量看,北京信息服务业企业数量众多,但是竞争力

---

① 北京划分四大功能区:首都功能核心区:东城、西城、崇文、宣武 (2010 年 7 月,东城与崇文合并为东城区,西城与宣武合并为西城区,目前为东城和西城两个区);城市功能拓展区:朝阳、海淀、丰台;城市发展新区:通州、大兴、顺义、昌平;生态涵养区:门头沟、房山、平谷、怀柔、密云、延庆。

不强，缺乏一批有国际竞争力的旗舰企业；企业缺乏行业内部分工协作，信息资源开发、利用不充分，内部产业链有待进一步整合；信息市场发育不成熟，运行机制尚不完善，市场秩序有待进一步规范；信息服务业的法律、法规、标准建设相对滞后，知识产权管理体系不完善。

（三）高等教育业

众所周知，北京教育资源尤其是高等教育资源非常丰富，在全国一直都是首屈一指的。然而，首都的高等教育资源在布局上非常不均衡，并且随着招生规模逐渐增加，对教育资源的需求也在不断增大。

1. 高等教育资源分布不均衡

高等教育是知识经济生产、传播的主要载体，与一个地区经济社会的发展有着十分密切的联系，能够有效地促进其经济发展与社会进步。而其空间布局结构是否合理直接影响着高等教育作用的有效发挥，一个合理的布局结构不仅有利于高等教育的快速发展，还能够对该地区经济结构和社会结构的调整产生积极影响。受历史、政治、经济和地理等因素的制约，北京高等教育的空间布局并不令人满意，各区县高等教育资源分布不均衡，有些区县分布过于集中，有些区县几乎没有分布。首都普通高校多集中在城市中心区的西北和东北地区，南城特别是远郊区县缺乏为之服务的高等学校。这种教育资源分布严重失衡的格局不利于教育的共享，不利于首都人口的疏解和城市功能的疏散，更不利于首都北京的长远发展。

近年来，受招生规模增加、城市用地紧张、学校扩张发展战略等因素的影响，首都高等教育资源也开始在空间布局上发生转移，逐步改变了过去首都高等教育资源过于集中分布的区域空间特征。大部分高校①通过建设新校区、增设分校、设立独立学院以及合作办学等方式，将本校区的教育资源实现在不同区县的空间转移，这将在一定程度上缓解中心城区人口拥挤、教育资源过度集中分布、交通拥堵等问题，有利于实现首都高等教育资源的空间均衡发展和共享。但是多

---

① 这些高校包括中央民族大学、北京建工学院、北京邮电大学、外交学院、首都经济贸易大学、中央戏剧学院、北京信息科技大学、北京城市学院、中国人民大学等。一些新的高教园区如沙河高教园区、良乡高教园区等快速发展起来。

校区办学又导致教育资源分散，管理成本增加，因此需要在走内涵发展道路、调整内部布局的同时，适度向外扩张，寻求新的发展空间①。

但是，和高等教育资源密集分布的核心城区相比，北京周边区县高等教育资源的分布非常稀疏，核心城区丰富的高等教育资源向外围区县的扩散还严重不够。另外，北京现有高等教育资源的空间分布和首都产业布局、城市规划以及区域发展都存在着严重脱节。在《北京市中长期教育改革和发展规划纲要》（2010~2020 年）和《北京市"十二五"时期教育改革和发展规划》中，都明确提出要不断优化首都高等教育空间结构，形成与首都空间布局相协调、产业结构相适应、区县功能相结合的首都高等教育资源空间布局②。这为北京高等教育资源朝着均衡、合理布局转变提供了政策保障。

2. 教育资源供需矛盾日益加大

随着北京城市化进程的不断加快，市区外来人口大量增加以及城乡接合部人口规模膨胀，给首都基本公共服务供给水平带来了巨大压力。学龄儿童、学前教育、义务教育和中学教育等将面临新的需求高峰。中心城区人口疏散、城市功能拓展区和城市发展新区建设也对加快教育资源空间布局调整提出新的更高的要求。另外，人才竞争对构筑首都教育新优势的需求进一步增强。当前，科技、教育、人才已经成为增强城市竞争力和影响力的核心要素，因此要求北京更加积极、有力、有创造性地落实教育优先发展的战略地位，突出首都教育特色，构筑首都教育发展新优势。

（四）文化创意产业

文化创意产业已成为北京第三产业中仅次于金融业、批发和零售业的第三大支柱产业，对首都经济增长的带动作用越来越大。但是从目前北京文化创意产业的内部结构、综合竞争力、文化产业的科技含量等方面看，还存在一些十分突出的问题需要认真面对。

1. 产业内部结构不尽合理

文化创意产业是北京的重要支柱产业和优势产业，主要包括文化艺术，新闻

---

① 商亚坤.北京高等教育资源共享问题研究 [D].北京：中国地质大学，2008.
② 《北京教育规划纲要》首次提出"一心三区"，包括中关村及周边高校组成的大学聚集中心和北部、南部、东部三个高校聚集区。

出版，广播、电视和电影，软件、网络及计算机服务，广告会展，艺术品交易，设计服务，旅游、休闲娱乐，其他辅助服务等九大类行业（见表4-16）。

表4-16 2004~2012年九大行业产值比重变化情况

单位：%

年份 行业	2004	2005	2006	2007	2008	2009	2010	2011	2012
文化艺术	3.9	4.8	4.3	3.8	3.2	3.3	3.2	3.4	3.4
新闻出版	18.9	15.8	16.4	14.1	11.4	10.7	10.1	9.6	9.4
广播、电视和电影	9.6	11.6	8.9	10.2	8.9	8.4	8.2	7.7	8.1
软件、网络及计算机服务	40.0	39.5	45.6	47.9	52.2	47.7	49.9	52.4	54.0
广告会展	8.3	7.6	6.3	6.4	8.3	6.6	7.5	8.0	7.6
艺术品交易	2.0	1.1	1.2	1.4	1.5	2.1	2.5	2.8	2.7
设计服务	5.2	4.7	4.9	4.9	3.9	5.1	5.0	4.6	4.4
旅游、休闲娱乐	4.7	5.6	5.9	5.0	4.3	4.1	4.1	3.9	3.8
其他辅助服务	7.3	9.4	6.4	6.3	6.2	12.1	9.6	7.5	6.5

资料来源：根据《北京统计年鉴》（2013）相关数据测算。

从各个行业增加值情况看，软件、网络及计算机服务业继续引领全市文化创意产业。2012年，其增加值达到1190.3亿元，占文化创意产业增加值的54%（见图4-11），吸纳就业人数69.8万人，占文化创意产业就业人数的45.7%。软件业是北京文化创意产业的一个重要领域，其产业规模超过印度软件名城班加罗尔、欧洲软件之都爱尔兰的都柏林，从业人员总数超过美国的硅谷地区，已经成为全球有影响力的重要的软件城市。

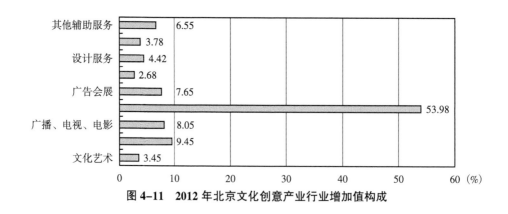

图4-11 2012年北京文化创意产业行业增加值构成

同时在新兴产业领域和空间布局上，北京形成了以云计算、北斗导航、移动以互联网为代表的战略性新兴产业领域，以及以亦庄云产业园、中关村云基地为核心的南部云后台、北部云服务的云计算产业格局①。而传统行业如新闻出版，广播、电视、电影等所占份额远远低于软件、网络及计算机服务，另外一些新兴行业如广告会展、艺术品交易、设计服务等所占份额还远不如传统行业，更是和发展最快的软件、网络及计算机服务无法媲美。文化创意产业中新兴行业发展水平严重失衡以及传统行业增长速度严重滞后，充分说明首都文化创意产业内部结构严重不合理，首都丰富的历史文化资源未能被充分利用起来，现代新兴行业对传统行业的带动作用还很不明显。

2. 完整高效顺畅的产业链尚未形成

文化创意产业链是以创意为龙头，以内容为核心，驱动产品的制造、创新产品的营销，并通过后续衍生产品的开发，形成上下联动、左右衔接、一次投入、多次产出的链条，如迪士尼的创意产品就是产业链成功开发与整合的典范。在这个链条中，创意是核心价值，产业链通过创意的"价值扩散"来实现——原创企业通过合作开发、专利技术或者版权转让形式，把创意的核心价值扩散到周边关联产业中，形成长线生产能力，扩大产业链的规模。这就是说，按照文化创意产业发展规律来讲，该产业价值链应该分为六块，包括资源、创作、生产、包装集成、流通、展示，并呈现两个明显特点，即纵向不断延伸链条，产业链不断拉长、细分和开放，加入一些新的市场主体和价值创造者；横向不断深化分工和扩展协作伙伴，稳固和提升每一个环节的价值形成能力，逐渐催生出更加相互依赖、紧密协作的价值网络。

而北京目前的文化创意产业尚未形成完善的产业链条，一方面表现为对现存文化创意资源没有能够进行深度挖掘和开发；另一方面表现为文化创意各子产业单一发展，并未形成相互利用、相互促进的动态发展模式。

3. 文化产业科技含量低、竞争力弱

用高新技术推动传统文化以及实现文化和科技的融合，是国际文化产业发展的新趋势。国内外有影响的文化产业都在不断通过其文化产品及文化服务的科技含量来开发，转变和引导市场消费热点，增强自身的市场竞争力。

---

① 张京成，王国华. 北京文化创意产业发展报告（2013）[M]. 北京：社会科学文献出版社，2013.

然而，北京的文化产业科技投入不足，尤其是传统的文化产业，运用现代科技的能力较差，以高新技术装备起来的文化产业设施和新产品开发能力比较薄弱，文化产业的技术创新能力和新产品开发能力比较弱，这些都成为制约文化产业在国民经济中发挥作用的"瓶颈"。例如，动漫网游产业原创部分的电脑绘画环节所使用的设备——数字绘画板的关键技术长期被国外厂商垄断，导致数字绘画板等专业设备在国内的价格居高不下；自主知识产权的 TD-SCDMA 标准虽然打破了长久以来移动通信终端标准被国外标准所垄断的局面，但由于该标准的系统设备、专用芯片及底层软件等技术局限，还难以支撑移动电视、移动音乐、移动游戏等移动增值服务业发展。

文化产业和现代科技融合不足、创意不够，导致北京丰富的历史文化资源优势远未转化为产业优势。以动漫产业为例，虽然我国动漫产业迅速发展壮大，但我国仍然是一个动漫消费大国而不是生产大国，美、日、韩等国家的动漫产品占据市场主导地位。国外动画片占国内 90%以上的市场份额，国产动画片只占10%左右，北京也是如此。国产动漫产业竞争力不强，其深层次原因在于动画原创不足，许多动漫公司选择为国外动漫片"加工"，靠承包国外动漫片某些环节的制作，来获得微薄的收益。而且国产动漫对本土文化挖掘不足，缺乏鲜明的个性风格和民族特点。但美、日等国却屡屡重新演绎中国传统文化名著、故事，《花木兰》、《功夫熊猫》等动画片均获得较高利润。

另外，北京文化创意产业缺乏品牌和龙头企业带动，也是导致其发展缓慢和竞争力较弱的重要原因。以影视传媒业为例，美国有以时代华纳为代表的 25 家跨国影视传媒企业，其中 6 家企业年销售额在 15 亿美元以上，业务范围涉及报纸、杂志、地面电视、广播、有线电视网络、多频道节目供应、视频分配等多个领域。而北京影视行业规模较小，目前仅有歌华等少数具有影响力的传媒集团，还没有形成跨媒体、跨地区、跨行业的大型传媒集团。

（五）科学研究及技术服务业

北京拥有在全国范围内首屈一指的高等教育资源、科技资源和技术交易市场，其科学研究和技术服务业的发展水平也是遥遥领先。然而，站在京津冀区域协同发展的大环境下，北京的科学研究及技术服务业发展也存在一些突出问题。总体而言，北京的科技创新能力和知识转化率较高，比较优势十分明显；而天津和河北的科技创新能力较弱，河北的创新能力最弱。下面分别从三地的研发经费投入（见表4-17）、行业专业化程度和知识转化率情况加以说明（见表4-18）。

表4-17　2013年京津冀三地R&D经费比重

单位：%

年份	北京	天津	河北	全国
2008	5.8	2.3	0.7	1.5
2009	5.9	2.4	0.8	1.6
2010	5.5	2.5	0.8	1.8
2011	5.8	2.6	0.8	1.8
2012	5.8	2.7	0.9	1.8
2013	6.2	2.8	1.0	2.1

资料来源：《2008~2103年全国国民经济和社会发展统计公报》（2011）、《2008~2103年北京国民经济和社会发展统计公报》（2011）、《2008~2103年天津国民经济和社会发展统计公报》（2011）、《2008~2103年河北国民经济和社会发展统计公报》（2011）。

表4-18　2012年京津冀三地知识转化率和创新能力比较

项目		北京	天津	河北	全国
专利情况	申请量（件）	92305	41500	23241	2051000
	授权量（件）	50511	20003	15315	1255000
技术合同	数量（项）	59969	13409	4513	282000
	成交额（亿元）	2458.5	251.22	37.85	6437.1
行业区位商		3.03	2.11	0.39	1.00

注：行业区位商的计算以科学研究、技术服务业及地质勘探的增加值为原始数据。

资料来源：《北京统计年鉴》（2011）、《天津统计年鉴》（2011）、《河北经济年鉴》（2011）、《中国统计年鉴》（2011）。

可以看出，2008~2013年北京和天津两地的科技研发强度明显大于河北及全国水平，而北京又比天津高出很多，河北远远低于全国水平。这说明在科技研发投入上，北京和天津的投入力度较大，高于全国平均水平，北京则更为明显，而河北基本为国家平均水平的1/2，京津冀三地差距较大。

可以看出，在京津冀三地中，北京和天津的知识转化率和创新能力较强，科学研究及技术服务的专业化程度也较高，比较优势非常明显；而河北远远低于京津发展水平，天津和北京的差异也较为明显，创新能力低于北京。

总而言之，科研投入是高新技术产业和信息服务业快速发展的保证，地区研发经费投入在一定程度上决定着一个地区科学技术的发展潜力和产品服务的竞争力。北京的高校及科研机构众多，对科学研究和技术服务的投入支持力度较大，知识转化比较充分，产学研合作处于领先地位；而天津、河北则低于全国平均水平，二者科研活动的活跃程度、技术转移的密度和使用知识的比例较小，创新能力和综合竞争力较弱。另外，由于京津冀三地处于不同的行政区划范围，使得三地的科学研究和综合技术服务业融合创新能力较弱，严重阻碍了区域技术服务向更高、更深层次和领域的发展。

四、首都知识经济结构调整路线图

随着我国综合国力的不断提升和首都城市影响力的不断增强，北京在全国发展中的功能定位与发展战略[①] 逐渐明确和确认，目前正努力朝着建设中国特色世界城市的长远目标迈进。然而，随着经济发展方式转变进入攻坚期，首都经济发展中的不平衡、不协调、不可持续问题日益显现，人口过度膨胀、资源严重短缺和环境污染等矛盾约束更加突出；特大型城市建设和运行管理的压力更加凸显，交通拥堵以及公共服务共享失衡等问题日益突出。世界范围内来自经济增长、结构升级和科技创新制高点以及区域间对高端要素、产业资源的竞争日益加剧。这些因素迫使当前首都经济结构必须尽早做出战略性调整，为破解经济发展中的各种难题和约束必须寻找新的思路和突破口。

在北京"十二五"规划中明确了知识经济的发展定位[②]，为首都经济结构调整指明了重要方向。然而，首都经济发展方式转变目标的实现和经济结构调整的实施，已远远超出了北京单纯作为一个城市或地区如何发展的问题，不可能仅仅依赖北京单打独斗，而是要跳出北京看北京，来寻找首都经济结构调整的有效途径。京津冀地区是我国北方最具发展潜力的地区之一，科技发达、区位优越、资源丰富、交通便捷，是环渤海经济圈的引擎。通过构建区域共同市场、实现资源

---

① 北京基本功能定位是全国政治中心、文化中心、国际交往中心和正在形成的国家创新中心；发展战略是人文北京、科技北京、绿色北京。

② 北京"十二五"规划中明确指出，要坚持服务经济、总部经济、知识经济和"绿色经济"的发展定位，巩固和强化首都经济特征。

要素的无障碍流动与深层次整合是京津冀区域发展的战略举措。以首都经济圈为基础，切实推进京津冀一体化协同发展、抱团发展，是实现首都发展方式转变和经济结构调整的必然选择。首都知识经济结构的调整、产业的转型升级也要基于京津冀区域协同发展的整体背景下，选择和制定切实可行的经济结构调整路线图。

（一）首都知识经济结构调整的总体路线图

1. 首都知识经济结构调整的客观要求

首都知识经济结构调整离不开北京经济社会发展的客观大环境，更离不开京津冀区域一体化协同发展的大趋势。

一是首都知识经济结构调整目的是为彻底破解首都发展面临的人口、资源和环境约束出谋划策，寻找突破口。人口、资源和环境约束是首都经济发展面临的最大障碍，而知识经济和知识产业是首都的优势与支柱产业，理应为彻底破解这些约束创新思路和方法。

二是首都知识经济结构调整要通过推动京津冀区域一体化协同发展和抱团发展积极贡献力量，不能单打独斗，闭门发展。京津冀区域一体化协同发展已经上升为国家战略，目前正在积极推进和迈出实质性步伐。北京不能因为经济发展领先于天津和河北而消极被动，反而要主动抓住这一难得的历史机遇积极调整经济结构，实现产业有序转移和进退。

三是首都知识经济结构调整还要在平衡好政府与市场关系的同时，因地制宜，具体问题具体分析。要充分考虑京津冀三地经济发展水平、市场化程度、资源禀赋等因素，有针对地淘汰、保留、选择和培育相应产业以及不同行业，实现首都经济高质量和可持续发展。

2. 首都知识经济结构调整的总体方向

知识经济是首都资源禀赋优势的集中体现，知识（密集型）产业是首都经济的重要支柱和主导产业。基于京津冀三地经济发展水平、市场化程度、资源禀赋等因素，首都知识经济结构调整要坚持以下产业发展方向。

一是产业价值链的整合与创新。首都知识经济结构调整不能采用"增长极"的发展模式，而应构筑和延伸京津冀三地的区域产业链，将价值增值活动由制造环节逐步转向价值链的其他环节。高等教育、科学研究、技术研发与合作、高新技术产业、信息服务业和文化创意产业等知识经济的主要部门无疑是实现这种价值链整合、价值转移和提升区域竞争力以及实现协同发展的有效途径。

二是产业的均衡布局与协同发展。首都知识经济结构调整，首先，要立足于北京不同区县经济发展水平和城区功能定位，选择适合每个区县发展的知识产业并合理进行空间布局；其次，要立足于京津冀三地经济发展条件和产业发展基础，将首都发展饱和的知识产业适度向天津与河北转移，并在空间位置和地理区位上合理匹配，这样有利于不同产业链之间的形成与壮大。

三是产业进退要淘汰低端、保留高端和培育新兴产业。首都经济发展的历史和现实表明，高污染和高能耗的低端制造业已经不适合在北京发展，也没有继续存在的必要，必须忍痛割爱坚决淘汰掉；而那些高端的知识产业和制造业是稳定首都经济的支柱产业，应继续保留并大力支持其发展；对于新兴产业，要结合首都经济发展水平、市场化程度和资源禀赋等因素，有选择地培育其发展壮大，不能一味地盲目发展。

3. 首都知识经济结构调整的配套条件

要实现首都知识经济结构调整的发展目标，既要立足于北京经济发展的客观实际，又要有相应的政策措施支持和法治保障支撑，还要不断改革僵化落后的体制机制，明确知识经济结构调整的关键环节和知识产业发展的关键点。

一是第三产业尤其是现代服务业充分发展是知识经济快速发展的基础。由于知识经济的主体是第三产业尤其是服务业，所以知识经济结构调整更离不开服务业的充分发展。现代服务业尤其是生产性服务业[①]对知识经济产生的影响更大。因此，京津冀三地尤其是河北要大力支持现代服务业发展，提高生产性服务业发展水平，为加快承接首都知识经济结构和产业转移奠定物质基础。

二是首都知识经济结构调整要有完善的政策措施支持和法治保障要求。知识经济结构调整是一场涉及产业、行业、教育、科技、文化等领域的综合变革，牵涉到方方面面的切身利益，不是朝夕的工夫就能够完成的。因此，要有完善的政策措施支持和高效的法治保障做支撑。

三是体制改革和机制创新是首都知识经济结构调整的关键环节。京津冀三地

[①] 生产性服务业是指为保持工业生产过程的连续性、促进工业技术进步、产业升级和提高生产效率提供保障服务的服务行业。它依附于制造业企业而存在，贯穿于企业生产的上游、中游和下游诸环节中，以人力资本和知识资本作为主要投入品，把日益专业化的人力资本和知识资本引进制造业，是第二、第三产业加速融合的关键环节。

实现市场一体化尤其是要素市场一体化是首都知识经济结构调整的体制关键。同时，对于如何实现三地高等教育资源共享、产学研科技创新、人才自由流动等都需要具体机制的大力创新，其中加快三地户籍制度改革是很关键的内容。

首都知识经济结构调整的路线图要求如图4-12所示。

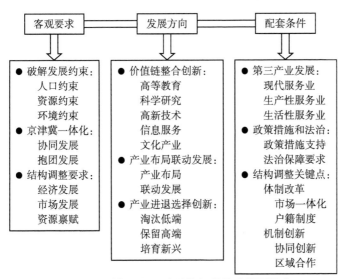

图4-12 首都知识经济结构调整的路线图要求

4. 首都知识经济结构调整的总体路线图

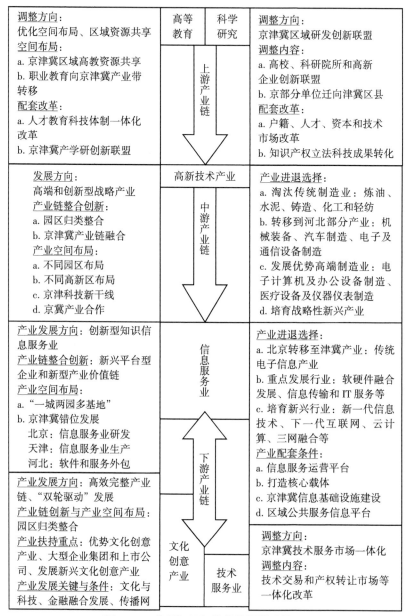

调整方向： 优化空间布局、区域资源共享 空间布局： a. 京津冀区域高教资源共享 b. 职业教育向京津冀产业带转移 配套改革： a. 人才教育科技体制一体化改革 b. 京津冀产学研创新联盟	高等教育	科学研究 上游产业链	调整方向： 京津冀区域研发创新联盟 调整内容： a. 高校、科研院所和高新企业创新联盟 b. 京部分单位迁向津冀区县 配套改革： a. 户籍、人才、资本和技术市场改革 b. 知识产权立法科技成果转化
发展方向： 高端和创新型战略产业 产业链整合创新： a. 园区归类整合 b. 京津冀产业链融合 产业空间布局： a. 不同园区布局 b. 不同高新区布局 c. 京津科技新干线 d. 京冀产业合作	高新技术产业 中游产业链		产业进退选择： a. 淘汰传统制造业：炼油、水泥、铸造、化工和轻纺 b. 转移到河北部分产业：机械装备、汽车制造、电子及通信设备制造 c. 发展优势高端制造业：电子计算机及办公设备制造、医疗设备及仪器仪表制造 d. 培育战略性新兴产业

产业发展方向：创新型知识信息服务业
产业链整合创新：新兴平台型企业和新型产业价值链
产业空间布局：
a. "一城两园多基地"
b. 京津冀错位发展
  北京：信息服务业研发
  天津：信息服务业生产
  河北：软件和服务外包
	信息服务业
	
	下游产业链
			产业进退选择：
			a. 北京转移至津冀产业：传统电子信息产业
			b. 重点发展行业：软硬件融合发展、信息传输和IT服务等
			c. 培育新兴行业：新一代信息技术、下一代互联网、云计算、三网融合等
			产业配套条件：
			a. 信息服务运营平台
			b. 打造核心载体
			c. 京津冀信息基础设施建设
			d. 区域公共服务信息平台

产业发展方向：高效完整产业链、"双轮驱动"发展 产业链创新与产业空间布局：园区归类整合 产业扶持重点：优势文化创意产业、大型企业集团和上市公司、发展新兴文化创意产业 产业发展关键与条件：文化与科技、金融融合发展、传播网	文化创意产业	技术服务业	调整方向： 京津冀技术服务市场一体化 调整内容： 技术交易和产权转让市场等一体化改革

图 4-13 首都知识经济结构调整路线图

（二）分行业首都知识经济结构调整路线图

由于首都知识经济各个行业发展中存在的问题各异，京津冀三地知识产业发展水平参差不齐，因此首都知识经济结构调整要针对每一行业的具体问题提出转型升级的路线图。

1. 教育资源空间布局调整和内涵提升路线图

首都高等教育资源的最大问题是空间布局不均衡，分布过度集中和过于分散同时并存，带来不同程度的区域人口、资源和环境问题。职业教育最大的问题是职业学校布局与产业布局不协调，职业学校与行业、产业和企业的合作不紧密，职业教育实训基地建设严重滞后。而天津的高等教育资源空间布局相对合理，河北的高等教育相对落后。

因而，首都高等教育调整在优化整合现有高校资源的基础上，空间布局调整要基于京津冀三地协同发展的要求，实现高等教育资源三地共享，推动三地现代产业结构转型升级。同时，还要认真做好京津冀三地高等教育资源空间转移和实现共享的体制机制改革，在人才流动、科技体制等上大胆创新，发挥三地高等教育资源优势，建立产学研创新联盟，探索建立京津冀三地区域教育厅局长联席会议制度等（见图4-14）。

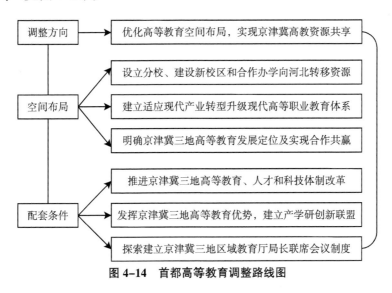

图4-14　首都高等教育调整路线图

（1）通过设立分校、新校区建设和合作办学等多种形式向北京周边的河北部分县市转移首都部分高等教育资源，以实现首都高等教育资源的区域共享、首都人口和功能疏解，减轻北京城市承载力。

（2）适应产业结构转型升级的要求，实施职业教育空间布局规划，建立一定数量的高等职业教育学校，推动职业院校向产业集中区聚集[①]，以满足首都各科技园区和高新技术产业基地科研成果转化、制造业生产等对现代高级技术工人的需求。河北可以重点发展现代职业教育。

（3）推进首都高等教育内涵发展。推进首都高等教育内涵发展的首要前提是要明确发展定位，即北京高等教育要重点朝着综合研究型大学发展，天津高等教育要重点朝着应用教学型大学发展，河北高等教育要重点发展现代职业教育，三地在高等教育资源空间转移和配置上要适度开展合作。

2. 科学研究及技术服务业结构调整路线图

在京津冀区域一体化协同发展的背景下，要不断扩大首都高水平的科学研究及技术服务业的辐射力、提升天津和河北的科学研究及技术服务业的综合创新能力，切实可行的途径是建立京津冀三地科学研究及技术服务创新联盟，同时政府要营造良好的环境，加快户籍改革创新，促进人才、资金等生产要素的合理流动和市场一体化（见图 4-15）。

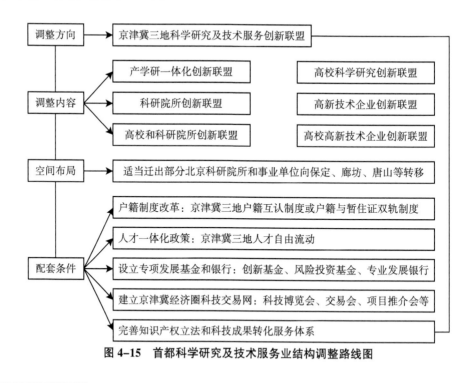

图 4-15　首都科学研究及技术服务业结构调整路线图

---

① 目前主要有亦庄职教园区和石景山区国家高等职业教育综合改革试验区。

（1）创新区域合作机制，加快建立京津冀三地科学研究及技术服务创新联盟。建立京津冀三地科学研究及技术服务创新联盟是不断扩大首都高水平的科学研究及技术服务业的辐射力以及提升天津和河北的科学研究及技术服务业的综合创新能力的重要途径。北京拥有天津和河北无法相媲美的科研、教育、交易市场等优势，津冀利用北京的科研优势，通过与这些高校、科研院所建立合作机制，共同进行技术开发与创新，在一定程度上促进了本地区科技进步。例如，廊坊90%以上的高新技术企业与京津科研院所建立了长期稳固的协作关系，每年引进超过500项的科技项目和成果，科技进步对经济增长贡献率达到了56%[①]。目前，京津冀三地科学研究及技术服务创新联盟还处于探索和尝试之中，需要进一步扩大合作领域，加大合作深度。例如，在京津冀三地建立高校创新联盟、科研院所创新联盟、高新技术企业创新联盟、高校和科研院所创新联盟、高校和高新技术企业创新联盟以及高校和科研院所创新联盟等，建立京津冀三地统一的技术转让和服务交易市场等，都是可以尝试的做法。

（2）适当迁出部分北京科研院所和事业单位向津冀转移，促进首都功能疏解和升级。当前，京津冀协同发展已上升为国家战略，在三地范围内对现有产业格局进行调整和布局是必然事实。在科学研究及技术服务业发展上，京津冀三地发展的梯度和层次非常明显，这也决定了其合作的难度和巨大潜力。因此，在对首都经济圈中三地各个城市产业发展基础、资源环境禀赋和市场化水平等因素综合考虑的基础上，将部分北京科研院所和事业单位加快向津冀部分县市转移，有利于促进首都功能疏解和升级。

在首都经济圈的核心城市中，保定、廊坊、唐山等都是发展水平相近的城市，具备承接首都产业转移的条件，可以作为首都功能疏解的集中承载地和京津产业转移的重要承载地，与京津形成京津冀城市群的核心区。而与首都毗邻的周边津冀县市要加快发展，建设成为规模适度、特色鲜明、设施完善、生态宜居的卫星城市，构筑层次分明、梯度有序、分工明确、布局合理的区域城镇布局结构。这样，在京津、京冀、津冀之间形成产业错位发展、梯度有序以及合理布局的新型城镇体系，有利于增强区域中心城市及新兴中心城市多点支撑作用，有利于京津冀三地产业转移和良性发展。

---

① 侯兴蜀.北京亦庄职教园区的建设历程及"双一体化"模式［J］.北京教育（高教版），2014（11）.

（3）加快户籍制度改革创新，努力促进人才、资金和技术等生产要素的合理流动和京津冀三地市场一体化。通过适当迁出部分北京科研院所和事业单位向津冀转移，促进首都功能疏解和升级。其中，最大的障碍是现有户籍制度限制，也面临着人才、资金和技术市场的不完全、不统一等因素制约。因此，对迁出北京的部分科研院所和事业单位的从业人员要进行户籍制度改革创新，例如，实行京津冀三地户籍互认制度，或者在保留在京户籍的同时，在津或冀所在地实行暂住证制度，加大对他们的福利待遇支持，从发展环境和福利待遇上留住人才。

在人力资本流动上，加快京津冀三地人才一体化步伐，加强三地在人才交流服务、高层次人才智力共享、紧缺人才培训方面的合作。例如，实现京津冀三地人才网站相互连接，加大津冀周边地区优惠政策和降低投资成本，以吸引北京高新技术企业到当地落户创业。

在资金和技术市场一体化建设上，通过设立京津冀科学研究及技术服务创新联盟专门银行、高新技术产业发展基金、风险投资基金、股权投资基金和产权交易市场等措施，确保资金支持；通过建立京津冀经济圈科技交易网，举办科技博览会、项目推介会等方式，形成区域内高新技术市场，加速科技成果交易；同时，进一步完善知识产权立法和科技成果转化服务体系，保障三地技术服务交易有序高效进行。

3.高新技术产业结构调整路线图

高新技术产业是北京最具代表性、优势最明显和竞争力最强的知识密集型产业，其经济结构调整是重中之重。鉴于在发展中存在着区域间不均衡、产业同质化、产业价值链尚未形成和区域辐射能力弱等问题，其经济结构调整要选择下面的路线图（见图4-16）。

（1）对不同高新技术产业园区现有行业整合、归类，减少同质化产业种类和规模，找准园区产业发展定位，突出园区产业特色，形成特色鲜明的主导产业和主打品牌，做大做强一批高新技术企业；形成分工合理与团结协作的价值链、企业链、供需链和空间链等产业链关系。为此，要进一步结合园区所在区县的功能定位和资源禀赋，明确园区在产业链不同环节中的合理位置，如研发、制造和流通等，打造不同园区产业链之间的对接机制。在"两城两带、六高四新"的基础上，不断提升高端产业功能区辐射力，积极培育高端产业功能新区，打造高端产业和战略性新兴产业发展的重要载体（见表4-19）。

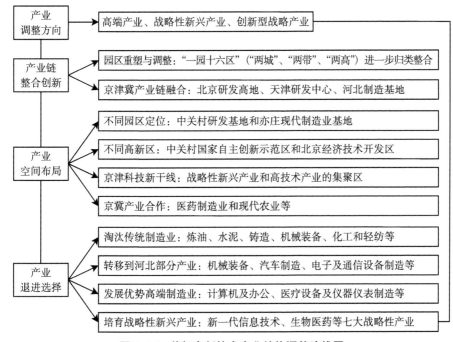

图 4-16 首都高新技术产业结构调整路线图

表 4-19 北京"两城两带、六高四新"

名称		战略定位和产业选择
两城	中关村科学城	中关村大街:中关村生命科学与新材料高端要素聚集发展区; 知春路:中关村航空航天技术国际港; 学院路:中关村信息网络世纪大道
	未来科技城	昌平区境内以温榆河和定泗路为界,分为北区和南区:一流科研人才的聚集高地,引领科技创新的研发平台,全新运行机制的人才特区。突出生态环保、科技示范作用
	北部研发服务和高技术产业带	海淀区平原地区和昌平区南部地区:研发服务、信息服务等高端产业集聚,建设世界领先的研发服务和高技术产业集聚区
两带	南部高技术制造业和战略性新兴产业发展带	有效整合亦庄、大兴为主体的城市南部产业空间资源,拓展北京经济技术开发区范围,带动房山高端制造业基地联动发展:电子信息、生物医药、装备制造、新能源、新材料等高技术制造业和战略性新兴产业集群,建设成为高技术制造业发展和对外辐射合作的重要承载区
六高 (高端产业功能)	中关村国家自主创新示范区	战略定位:深化改革先行区、开放创新引领区、高端要素聚合区、创新创业集聚地、战略产业策源地。着力推进中关村核心区建设,初步建成具有全球影响力的科技创新中心
	北京经济技术开发区	发挥与大兴区行政资源整合的优势,充分发挥高端产业引领和带动作用,提升高端制造业和战略性新兴产业的集聚和承载能力,促进现代制造业与生产性服务业有机融合、互动发展,建设成为工业化、城市化、信息化高度协调的国际化高端产业功能区

名称		战略定位和产业选择
六高 (高端产业功能)	商务中心区	基本建成核心区,全面启动东扩战略工程。显著提高区域国际化水平,大力发展总部经济、生产性服务业和文化创意产业,增强对国际金融、国际传媒、国际组织和专业要素市场等集聚功能,建设成为具有国际影响力的现代商务中心
	金融街	注重功能完善与服务提升,加强南北连片和核心区的适度拓展,进一步提升商务配套功能和环境品质,增强吸引核心金融要素功能,强化金融总部资源配置能力,成为国家金融管理和金融总部功能主要承载区
	奥林匹克中心区	充分利用好现有奥运场馆设施,推进国家级文化设施建设,大力发展博物馆经济,有效集聚国内外重大体育、文化、会展活动,注重系列化和品牌化,完善旅游服务环境,打造成为国际文化体育商务中心和大型国际旅游会展中心
	临空经济区	以枢纽空港和天竺综合保税区为依托,积极开展保税服务和离岸金融业务,完善首都国际机场配套设施,增强临空服务功能,努力建成辐射东北亚、面向全球的临空经济区
四新 (高端产业新区)	通州高端商务服务区	依托新城开发,重点发展总部经济、高端商务、康体医疗、文化传媒、会展培训等产业,积极吸引侨资总部落户,建设成为彰显国际新城形象的特色高端商务服务区
	首钢高端产业综合服务区	统筹规划首钢主厂区及周边石景山、门城地区资源,重点发展文化创意产业、高技术产业、生产性服务业等产业,吸引制造业企业总部和研发中心落户,努力成为产业转型升级的示范区
	丽泽金融商务区	引导金融信息咨询、文化金融、新兴金融机构及商务总部等要素集聚,强化要素交易功能,形成比较优良的新兴金融业发展的商务环境,打造具有全国辐射力的新兴金融功能区
	怀柔文化科技高端产业新区	以雁栖湖生态示范区、中科院研究生院、中影基地等为重点,大力发展会议休闲会展业、科技研发业、高技术产业和文化创意产业,构建具有国际高端水平、特色鲜明、综合竞争力强的文化科技高端产业功能区

资料来源:《北京市"十二五"规划》。

(2)彻底淘汰低端和高污染制造业,加快发展高端、高效和高辐射现代制造业,减少、改造并提升传统制造业,积极培育战略性新兴产业。对于传统制造业如炼油、水泥、炼焦、铸造、陶瓷、混凝土搅拌、非金属矿采选、燃煤设施、建筑渣土烧结砖、沥青防水卷材、木质家具制造等高污染、高能耗工业项目要彻底淘汰[①]。对于传统制造业如机械装备、汽车制造、化工和轻纺等行业,要广泛采用先进制造技术,特别是用信息技术进行改造,更新生产工艺,提高科技含量,

---

① 2012年主要关停的企业集中在房山区、海淀区、丰台区、大兴区等,其中房山区约占60%;主要集中在水泥建材、化工、铸造、电镀等行业,其中建材行业约占75%、化工行业约占15%。

减少甚至杜绝污染；延伸传统制造业产业链，提高附加值，促进工业化与信息化融合发展，实现产业转型升级①。依托首都科技资源优势和产业基础，积极发展新一代信息技术、生物医药、新能源、节能环保、新能源汽车、新材料、高端装备制造和航空航天等战略性新兴产业（见表4-20）。

表4-20　北京发展战略性新兴产业的行业选择

战略性新兴产业	行业选择
新一代信息技术	新一代移动通信、下一代互联网、下一代广播电视网；物联网、云计算；核心元器件高端通用芯片及基础软件
生物医药	新型疫苗、蛋白质药物、诊断试剂；先进医疗设备；生物农业优良新品种；酶工程、代谢工程；生物技术研发外包和健康管理服务
新能源	太阳能热利用和风电技术服务；新型核能技术与装备研发；核电高端技术服务；地热能、生物质能研发
节能环保	工业、交通、建筑等重点领域的节能产业；污水处理、大气污染防治和垃圾处理等环保产业；资源循环利用产业；节能环保服务业
新能源汽车	新能源汽车研发，整车控制系统、车载能源系统、驱动系统等三大关键系统研发和产业化，纯电动汽车和混合动力汽车的研制，纯电动汽车的示范应用
新材料	半导体材料、金属磁性材料、生物医药材料、化工新材料、太阳能电池材料、新型绿色建材、非晶材料以及高温超导材料等特色产业集群
高端装备制造	轨道交通运行控制系统、数控机床、工业自动化控制系统等一批重大关键技术上实现突破
航空航天	打造以发动机、系统控制和航空技术为核心的航空产业；北斗卫星导航系统及卫星遥感产业

资料来源：《北京市"十二五"规划》和《北京市高新技术产业发展规划》。

（3）积极向津冀转移可承接的传统制造业和高新技术产业，加快建设"京津科技新干线"，开展与河北在传统制造业及部分高新技术产业转移承接上的合作。北京与天津的经济发展水平和高科技产业基础比较接近，高新技术产业的合作是重点；北京与河北的经济发展水平和高科技产业基础相差较大，产业梯度分布较为明显，传统制造业和部分高新技术产业的合作是重点。

北京与天津。加快建设"京津科技新干线"和创新共同体，承接北京高新技术企业转移和最新研究成果转化，实现双城高新技术联动发展。在两城高新技术产业的空间布局上，从北京中关村示范区到天津滨海新区，可以作为战略性新兴产业和高技术产业的聚集区，具体包括滨海新区、武清区以及宁河县在建的未来

---

① 包括重点推进京东方八代线、长安汽车、北京现代三工厂、福田中重卡合资项目、中航工业园、北京数字信息产业基地等重大项目建设，提升电子信息、汽车、装备制造、医药等产业发展水平。

科技城。在两城具体产业转移与承接上，武清、北辰、宝坻、东丽作为京津产业新城，主要承接北京高新技术企业转移和最新研究成果转化；天津滨海（未来科技城）—中关村科技园，主要在集成电路设计、高端信息技术、生物技术和创新药物、纳米科技与新材料、航空航天器制造等方面加强合作。

北京与河北。开展与河北在传统制造业及部分高新技术产业转移承接上的合作。在传统制造业转移上，将北京的传统制造业如机械装备、汽车制造、化工和轻纺等行业，向河北部分县市转移，但同时要加大对这些传统制造业的信息化改造，延伸产业链，提高附加值。在高新技术产业转移上，将电子及通信设备制造业、电子计算机及办公设备制造业、医疗设备及仪器仪表制造业的部分行业适度向河北部分县市转移，减少在长三角和珠三角的生产制造部门，这样可以充分利用河北丰富的劳动力资源优势。在高新技术产业的合作上，两地可以在医药制造业和现代农业等方面加强合作。

4. 信息服务业调整路线图

信息服务业是北京的重要支柱产业，其发展水平远高于天津和河北，天津和河北则差距不大。北京信息产业在实现转型升级的同时，要充分利用京津冀三地各自的优势，通过整合区域信息资源，实现三地信息服务业的差异化融合和错位发展，形成有序的区域信息服务体系，提高区域整体信息服务业的综合发展水平和竞争实力。

（1）利用地区优势，促进京津冀三地信息服务业的错位融合发展，提升区域信息服务业竞争力。目前，北京拥有传输、软件、IT服务等各领域的龙头骨干企业，已形成完整的信息产业链，并形成了石景山网络游戏软件、朝阳信息服务、密云数据中心、中关村软件园的软件出口等一批有特色的产业聚集区，产业发展水平全国领先。结合地区现有优势和信息服务业的发展实际，北京应以发展创新型知识信息服务业为主，并大力发展同国际接轨的高科技新兴信息服务业，形成自己的信息服务品牌。加快软件和硬件的融合发展，形成一批"软件拉动硬件发展，硬件带动服务消费"的自主平台产品。优化和提升通信业，积极发展互联网及计算机服务业，做大做强软件产业，发展移动通信增值服务、数字电视增值服务，推进数字电视运营服务。依托总部资源和媒体资源，进一步提升首都的信息集聚和发布功能，成为在亚太地区有重要影响力的信息服务枢纽城市。

天津应以发展信息化与工业化融合的生产型信息服务业为主。电子信息产业是天津第一大支柱产业，产业总体水平处于国内前列。作为国家首批电子信息产业基地，天津电子信息产业基地和产业园建设成效显著，移动通信、片式元件、集成电路、化学与物理电源四大产业被信息产业部授予首批国家级信息产业园。经过多年发展，天津基本形成电子信息产业"五区十园"的结构布局。因此，依托滨海新区电子信息产业的集聚优势，建立国际信息服务外包基地，承接动漫产品、电信网络服务等外包业务，发展国家级数据库。

河北应重点在加快推进石家庄卫星导航产业基地、秦皇岛数据产业基地、唐山工业软件园和保定、廊坊、秦皇岛服务外包示范区建设等行业，充分发挥移动、联通、电信等基础运营商的作用，推动信息服务业快速发展。

（2）调整和优化信息服务业产业结构以及空间布局，形成以平台型企业为龙头的新型产业价值链。在主导产业选择和产业创新上，要以智能手机、网络社交、平板电脑、网络电视、电子书、企业应用、位置服务、视频聚合、个人应用软件、电子商务等十大国际上最为前沿的新兴产业链平台为主要方向。新兴产业链平台的建设，需要建立以云计算为支撑，包括新兴终端、软件、内容、运营服务于一体的信息服务运营平台，同时围绕移动互联网、下一代互联网、融合性网络电视业务等三大平台着力打造并带动整合千家软件和信息服务企业，形成以平台型企业为龙头的新型产业价值链；同时还需以三网融合为机遇，开发电视作为宽带网络终端的应用潜能，推动电视转变为家庭视听、娱乐、信息服务、电子商务的核心载体。加速推动交互高清平台、网络电视平台、视频云服务平台规模化发展。

在信息服务业的空间布局上，以中关村科学城为主轴，定位于战略性新兴产业培育区、研发创新区；以中关村软件园和软件新园为集聚区，定位于企业总部区和产业化聚集区，重点发展行业软件、互联网、IT外包和信息安全软件，成为大型软件企业聚集区；以主题楼宇、小型园区为载体，重点建设数字动漫、信息安全、工业软件、云计算、物联网、导航和数字高清等多个专业基地。最终形成"一城两园多基地"的产业空间布局，但还要从服务体系、产业政策、项目工程、企业成长、金融体系、人才队伍等方面为产业发展提供保障措施。

（3）加强信息基础设施建设，构建高效的京津冀区域一体化公共服务信息平台。在信息基础设施建设方面，京津冀三地应加大资金投入力度，加强信息网络基础设施建设，尤其是河北，要引导运营商通过多种渠道、采用多种方式投资建设区域内各省市的无线宽带网络，继续完善光纤传输网络，实现有线接入网络的宽带化改造，提高网络普及率，为区域信息服务业的发展提供基础支持和技术保障。促进各信息网络间的技术和业务融合，加快电信网络、计算机网络和有线电视网络的"三网融合"，构建规模、容量大，区域网络高速互联体系，最大限度地整合、利用信息资源，实现区域信息资源共享。

在完善信息基础设施建设的同时，要努力构建高效的区域公共服务信息平台。第一，要积极推进政务公开，加快电子政务系统建设，建立基础数据库、社会信用信息系统和应急指挥信息系统等信息服务项目，整合区域行政网络资源，提高信息利用效率。第二，要加速改造并提升商贸、餐饮、家政等传统服务业，提高其信息化水平，使其利用现代经营方式和技术手段来推进区域服务经济信息化。第三，要以创新模式引导企业进入专业性信息资源经营领域，促进信息资源的商业化经营，发展电子商务、信息咨询等潜力行业。

首都信息服务业产业结构调整路线图如图4-17所示。

5. 文化创意产业结构调整路线图

文化是决定创造、塑造未来的重要力量，是城市软实力的核心要素。文化创意产业已经成为首都经济的重要支柱和新增长点。北京作为一个有着3000年历史的文化古都，同时又是一座特大型的国际化大都市，要把塑造高品位、有特色的城市文化作为重要的发展战略。首都文化创意产业结构调整，要以文化创意产业集聚区为基本载体，打造完整高效的产业链、供应链和服务链；在巩固提升北京优势文化创意产业的基础上，大力发展新兴文化创意产业；同时加大文化产业与科技、金融等跨行业融合创新的速度，提升文化创意产业的科技含量和价值；构建高效的文化传播网络，扩大文化产品和服务输出。

（1）进一步完善文化创意产业功能区规划布局，打造完整高效的产业链、供应链和服务链。针对目前北京30个市级文化创意产业集聚区发展过程中，存在的同质化竞争、创意淡化、集聚效应和网络联系不明显等区域发展不平衡问题，要进一步推动文化创意产业向功能集聚型转变，根据北京市土地集约利用、区县功能定位、发展基础和资源禀赋等原则，以文化产业集聚区为重要载体，以重点企业和重大项目为引领，以政策体系和服务平台为保障，整合打造特色鲜明的文化产业功能区（见表4-21）。

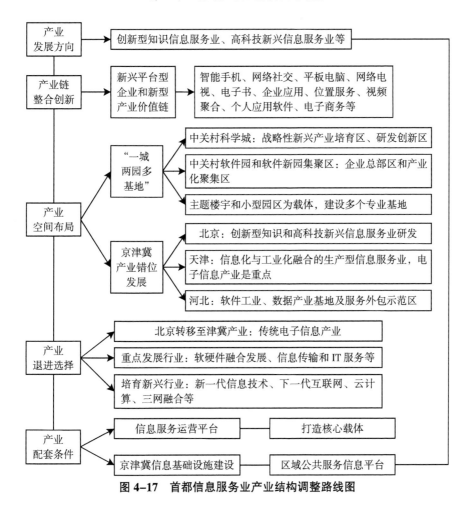

图 4-17 首都信息服务业产业结构调整路线图

表 4-21 北京市重点打造的 20 个文化产业功能区

天坛—天桥核心演绎功能区	动漫网游功能区
雍和园—德胜园文化科技融合功能区	房山历史文化旅游功能区
文化金融综合功能区	国家创意设计与艺术品交易功能区
北京老字号品牌文化推广功能区	天竺文化保税功能区
CBD—定福庄国际传媒产业走廊功能区	会展服务功能区
奥林匹克公园文化体育融合功能区	国家新媒体产业功能区
潘家园古玩艺术品交易功能区	中国（怀柔）影视产业功能区
大山子时尚创意产业功能区	昌平未来文化城功能区
中关村文化科技融合示范功能区	平谷音乐产业功能区
中国戏曲文化艺术功能区	文化和生态旅游休闲功能区

资料来源：张京成，王国华.北京文化创意产业发展报告（2013）[M].北京：社会科学文艺出版社，2013.

（2）巩固提升北京优势文化创意产业，大力发展新兴文化创意产业。巩固提升优势文化创意产业。文艺演出、新闻出版、旅游业、广播影视和艺术品交易等行业是北京文化创意产业中的优势行业，要以积极培育大型企业集团和上市公司为重点，巩固和壮大这些优势行业。充分利用首都演出资源和市场中心地位，统筹规划场馆设施，深化国有经营性文艺事业单位转企改制，打造一批经典演艺品牌，提升文艺演出业水平。实施出版精品战略，加快版权交易、版权贸易等平台建设，壮大新闻出版业。旅游业是北京的优势产业，未来北京需要分析入境旅游重点海外市场格局变动的规律，适当调整海外市场促销重点，制定北京入境旅游市场的中长期规划，有效引导国际游客。大力支持北京电影学院等建设，实施影视剧精品创作工程，全面推进高清交互数字电视应用，加快电影院线建设和影院数字化，做强广播影视业。鼓励艺术品交易经营企业专业化、特色化和精品化，繁荣艺术品交易产业。

大力发展新兴文化创意产业。设计创意、动漫游戏、数字出版和新媒体等行业是文化创意产业未来发展的新兴方向。要通过加大技术开发、培育产业链条、建立产业联盟等方式支持新兴产业发展。实施设计产业提升计划，大力发展工业设计、建筑设计、时尚设计，发展设计产业集聚区，努力打造设计之都。加快研发具有自主知识产权的网络游戏引擎、3D动漫电影等新兴实用技术，鼓励本土动漫游戏企业开发自主原创、具有民族底蕴的优秀产品，做大动漫游戏产业。争取国家数字出版基地落户北京，推进宽带无线多媒体专网示范工程，加快发展下一代广播电视网，培育新媒体产业。在挖掘传统文化内涵基础上，促进文化与科技、旅游、体育、信息、金融、会展等产业的融合发展。

（3）加大文化产业与科技、金融等跨行业融合创新的速度，提升文化创意产业的科技含量和价值。文化创意产业是一个关联性很强的产业，无论是传统制造业还是高科技产业，都有文化创意的元素，因此，文化创意产业已成为一个跨界产业。融合创新是文化创意产业发展的必然结果和必经路径。

推动文化和科技融合发展，实现科技创新和文化创新"双轮驱动"是首都发展的重大战略，也是加快转变经济发展方式的关键。文化与科技融合发展，为文化创意产业发展注入了新的活力，催生了一批新兴文化创意企业，有力地带动了文化创意产业的发展。以互联网等现代信息科技为代表的文化创意产业，特别是移动支付、云计算、社交网络和搜索引擎等，越来越多地渗透到人们的生活中。

2012 年，北京中关村国家级文化和科技融合基地被认定为首批国家级文化科技融合示范基地。下一步，中关村文化科技融合示范功能区将组织实施文化科技产业引领工程、文化产业提升工程、文化科技攻关工程、示范园区建设工程、企业集聚培育工程等，做大做强中关村软件园、清华科技园和东升科技园等，加快建设 768 创意产业园、中关村数字设计中心，积极培育优秀文化创意企业。

文化和金融全面对接，有力推动文化创意产业发展。文化创意产业的发展离不开金融和资本的有力支持，要率先建设文化金融服务体系，包括文化信贷、股权投资、企业上市和保险保障等；设立文化创新发展专项资金；成立首都文化投融资平台，有针对性地解决中小文化创意产业融资约束问题；吸引民营资本和国际资本参与文化创意产业发展。同时，文化创意产业与金融业融合速度不断加快，尤其是以互联网与金融业融合为首，互联网大大推进了金融创新的步伐。如电子商务供应链金融服务等。

（4）构建高效的文化传播网络，扩大文化产品和服务输出。加强文化传播基础设施建设，积极利用数字传媒、网络技术等现代科技手段，大力发展新兴传播，拓宽文化传播覆盖面和影响力。打造全国领先、具有国际影响力的传媒集团。大力发展文化经纪人市场，发挥其文化营销和文化传播的"渠道"作用。有针对性地开展对外宣传，注重与海外媒体合作，打造"魅力北京"文化品牌。实施北京国际艺术节海外推广计划，系统策划文艺演出季，创办北京国际电影季、北京国际儿童艺术节、北京国际图书嘉年华，重点办好北京新年音乐会、北京国际音乐节、北京国际戏剧舞蹈演出季、相约北京联欢活动等品牌文化活动，更好地发挥文化的传播作用。多种方式开展国际文化交流，吸引国际一流文化项目落户北京。

研究制定支持文化产品和服务出口的政策措施，积极引导文化创意企业根据国外文化消费市场的特点和需求，定制相关文化产品和服务，打造一批具有一定国际影响力的文化出口品牌和企业。鼓励在境外兴办文化实体、设立分支机构，推动文化企业落地经营。积极利用国际文化创意产业博览会等贸易平台，组织文化企业参加国际性文化会展和活动，支持文化企业参与国际市场竞争。依托友城、驻外机构、海外华人等资源，积极协助文化企业开拓海外市场，建立国际化的营销渠道。

首都文化创意产业结构调整路线图如图 4-18 所示。

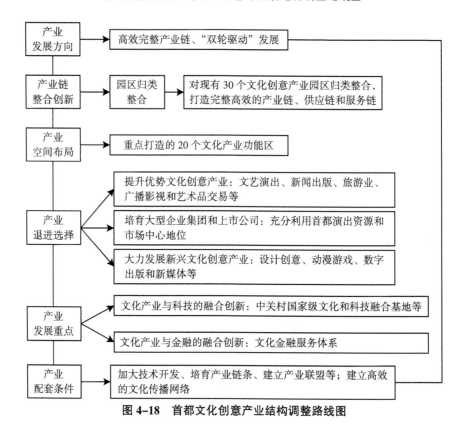

图 4-18　首都文化创意产业结构调整路线图

参 考 文 献

[1] 北京市教育委员会，北京市发展和改革委员会. 北京市"十二五"时期教育改革和发展规划 [R]. 2012-2.

[2] 北京市统计局国家统计局北京调查总队. 北京率先进入知识经济时代研究 [R]. 三亿文库，2010.

[3] 北京市统计局国家统计局北京调查总队. 新中国六十年北京社会经济发展概况 [R]. 中国统计出版社，2009.

[4] 北京市文化局. 北京市促进软件和信息服务业发展的指导意见 [R]. 软文所，2010-3-10.

［5］陈万钦. 关于首都功能疏解的若干设想［J］. 经济与管理，2014（3）.

［6］崔玮，王平. 北京高新技术产业集群对津冀经济辐射的实证研究［J］. 学术论丛，2008（48）.

［7］耿元波，董云社. 我国发展知识经济存在的问题及应采取的对策［J］. 经济地理，2001（12）.

［8］黄斌. 北京文化创意产业空间演化研究［D］. 北京：北京大学，2013.

［9］李睿. 京津冀一体化教育当有为职业教育与就业布局相协调［N］. 现代教育报，2014-5-21.

［10］李翔. 从中关村一区十六园看产业园区规划与实施［J］. 北京规划建设，2014（1）.

［11］李彦军. 首都经济圈建设中北京的经济转型与产业效率提升［J］. 区域经济评论，2014（2）.

［12］刘厉兵，汪洋. 资源约束下优化北京产业布局的探索［J］. 中国经贸导刊，2014（4）.

［13］路光前. 科技创新与科技园区文化创意产业发展［J］. 西北大学学报（自然科学版），2009（5）.

［14］孟景伟. 海淀：区域经济从"科技园区"到"创新城区"深刻转型［J］. 投资北京，2013（1）.

［15］明星. 北京市软件和信息服务业创新转型路径图［J］. 中关村，2012-02-06.

［16］任奕奕. 北京软件和信息服务业收入突破千亿元［R］. 中国工业新闻网，2012-7-30.

［17］商亚坤. 北京高等教育资源共享问题研究［D］. 北京：中国地质大学，2008.

［18］宋萌萌. 北京文化创意产业集聚发展研究［D］. 东营：中国石油大学，2010（5）.

［19］汪安佑，高沫丽，郭琳. 北京市高新技术产业集群创新研究［J］. 科技管理研究，2008（11）.

［20］汪江龙. 基于首都城市功能的产业选择与发展［J］. 基于首都城市功能的产业选择与发展，2012（5）.

［21］王信东. 文化创意产业促进中心城市产业结构优化升级路径分析——以北京为例［J］. 工业技术经济，2011（1）.

［22］魏和清. 知识经济测度方法研究［D］. 大连：东北财经大学，2007.

［23］吴玫. 构建京津冀高等教育资源共享机制初探［J］. 天津经济，2010（11）.

［24］现代教育报. 京津冀一体化教育当有为职业教育与就业布局相协调［N］. 2014-5-21.

［25］线联平. 改革开放三十年首都高等教育的回顾与思考［J］. 北京教育（高教版），2008（11）.

［26］新京报. 北京中长期教改纲要首提首都高等教育空间布局［N］. 2011-03-25.

［27］袁素绢. 京津冀区域人才一体化对策研究［J］. 科技视界，2013（16）.

［28］张珺. 京津冀信息服务业发展水平评价研究［D］. 石家庄：河北经贸大学，2013.

［29］张祖群. 基于文化与科技融合的北京文化产业路径研究［J］. 北京理工大学学报（社会科学版），2013（4）.

［30］赵弘，汪江龙. 比较视角下的北京信息服务业竞争力分析［J］. 中国科技论坛，2009（7）.

［31］中关村多媒体创意产业园. 北京软件与信息服务业独有三大优势［N］. 科技日报，2009-11-02.

［32］庄士英，张路平，赵冬云，周俊琴. 京津冀高等教育一体化战略构想［J］. 产业与科技论坛，2009（8）.

［33］宗刚，徐珊珊. 北京市文化创意产业结构分析［J］. 特区经济，2013（3）.

第五章

首都"绿色经济"发展路线图

"绿色经济"是一种以经济和环境和谐发展为目标的低消耗、低排放、高效率的经济发展模式，是建设绿色城市的基本保障。在"十一五"期间，北京市以筹办"绿色奥运"为契机，把"绿色北京"理念上升为城市发展战略，启动了建设"绿色城市"的进程。进入"十二五"时期，北京市以"绿色经济"促进"绿色城市"建设，围绕发展"绿色经济"，在能源结构转型、产业结构优化、基础设施和生态环境建设方面，取得了一定进展。但由于种种原因，北京市"绿色经济"的发展也遇到诸多问题。本书结合北京实际，在京津冀一体化的背景下勾画了北京进一步发展"绿色经济"的总体思路、目标和路线图，并提出相应的保障措施。

一、北京"绿色经济"发展现状

（一）节能和能源结构优化并举

1. 能源效率稳步提升

自 2001 年以来，北京市万元地区生产总值能耗稳步下降（见图 5-1 和图 5-2），由 2001 年的 1.2 吨标准煤下降至 2012 年的 0.44 吨标准煤，下降幅度高达 63.3%；尤其进入"十一五"以来，万元地区生产总值能耗下降率每年均高于 4%，年平均降幅为 5.95%。2008 年为打造"绿色奥运"，当年能耗下降率高达 7.74%。能源消费弹性系数和电力消费弹性系数波动较大，整体上看，所有弹性系数均小于 1，表明能源使用效率呈不断提高的趋势（见图 5-3）。

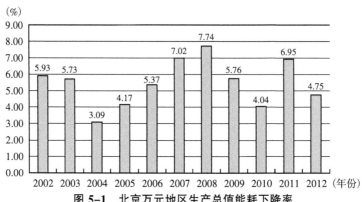

图 5-1　北京万元地区生产总值能耗下降率

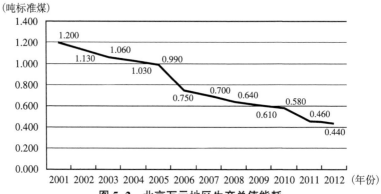

图 5-2　北京万元地区生产总值能耗

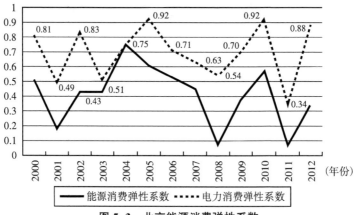

图 5-3　北京能源消费弹性系数

资料来源：《北京统计年鉴》（2013）。

与国内主要省份和重点城市相比，北京的能源消耗效率位居全国首位（见表 5-1）。北京万元地区生产总值能耗远低于全国平均水平，2008 年北京是全国平均水平的 62.2%，2012 年仅占全国平均水平的 57.6%。北京万元生产总值能耗也低于天津、上海、广东、浙江等省市，2012 年比广东低 18.5%，比天津低 34.9%。

表 5-1 全国主要省份万元生产总值能耗

单位：吨标准煤

年份	全国平均	北京	天津	上海	广东	浙江
2008	0.876	0.545	0.947	0.775	0.715	0.782
2009	0.844	0.514	0.836	0.727	0.684	0.741
2010	0.809	0.493	0.826	0.712	0.664	0.717
2011	0.793	0.459	0.708	0.618	0.563	0.590
2012	0.764	0.440	0.676	0.600	0.540	0.555

资料来源：刘骏等. 2014 北京市经济形势分析与预测 [M]. 北京：中国财政经济出版社，2014.

但是也要看到，北京的能效水平与发达国家主要城市或地区相比仍有较大差距（见表 5-2）。北京市 2012 年万元生产总值能耗为 0.44 吨标准煤，而新加坡和中国香港 2011 年的万元 GDP 能耗则分别为 0.21 吨和 0.15 吨标准煤，东京和伦敦则更低得多，伦敦 2008 年仅为 0.08 吨标准煤，东京 2009 年仅为 0.04 吨标准煤，为北京同期的 7.8%；在人均能耗方面，2012 年北京人均能耗 3.54 吨标准煤，高于东京、伦敦和中国香港。因此，北京在追赶世界先进水平、综合提高能效方面还有很长的路要走。

表 5-2 北京与部分世界城市能耗情况

城市 年份	北京 2012	纽约 2009	东京 2009	伦敦 2008	中国香港 2011	新加坡 2011	上海 2012
消耗总量（万吨标准煤）	7178	7000	2832	2007	2143	2635	11700
面积（平方公里）	16808	1214	2188	1579	1104	714	6340
人口（万人）	2056	839	1301	756	710	530	2371
人均能耗（吨标准煤）	3.54	8.34	2.22	2.65	3.06	4.96	4.93
GDP（美元）	2807	15268	14790	5650	2437	2400	3190
人均 GDP（美元）	13857	138800	113680	74735	34456	45200	13500
万元 GDP 能耗（吨标准煤）	0.44	0.11	0.04	0.08	0.15	0.21	0.6

资料来源：刘骏等. 2014 北京市经济形势分析与预测 [M]. 北京：中国财政经济出版社，2014.

2. 能源结构有所改善

"十一五"期间,北京清洁优质能源供应能力全面提升,重点实施了陕京三线、官厅风电厂、金色阳光等一批工程,实现 2010 年优质能源占能源消费总量的比重达 70%左右,比 2005 年提高了近 13%;2012 年电力、天然气等优质能源比重占能源消费总量比重进一步提高并超过 75%,而煤炭消费占总能耗比重已降到不足 25%(见表 5-3),比 2010 年消费量累计下降 365 万吨(见图 5-4)。

表 5-3　北京能源消费结构

单位:%

年份	煤炭	原油	电力	天然气	其他
2006	38.54	19.26	20.35	8.38	13.46
2007	35.25	21.61	21	9.05	13.08
2008	32.26	25.22	21.94	11.64	8.94
2009	30.25	25.32	23.3	12.62	8.51
2010	28.39	22.95	23.78	14.35	10.53
2011	24.54	22.56	25.29	14.06	13.54
2012	22.98	21.41	25.65	16.69	13.26

资料来源:《北京统计年鉴》,其中 2006 年、2007 年根据标准煤折算系数计算。

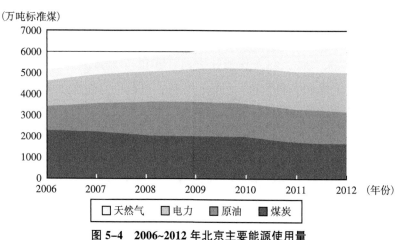

图 5-4　2006~2012 年北京主要能源使用量

资料来源:《北京统计年鉴》,其中 2006 年、2007 年根据标准煤折算系数计算。

与河北、天津相比,北京的能源结构优化程度较高。河北的能源结构中煤炭占比过高,2012 年河北全省能源消费中,煤炭消费占全部能源消费的 88.80%,虽比 2005 年的 91.82%下降了 3.02 个百分点,但比例仍然偏高(见表 5-4)。

表 5-4 河北能源消费结构比例

年份	煤炭	石油	天然气	一次电力
2005	91.82	7.45	0.61	0.12
2006	91.59	7.64	0.67	0.1
2007	92.36	6.87	0.68	0.09
2008	92.31	6.67	0.94	0.08
2009	92.51	6.21	1.21	0.07
2010	90.45	7.37	1.44	0.74
2011	89.61	7.73	1.58	1.08
2012	88.80	7.70	1.94	1.56

资料来源:《河北统计年鉴》(2013)。

天津的能源结构也不尽合理,自 2005 年起,天津原煤、油使用量占比呈不断下降的趋势,其中原煤使用量占比由 2005 年的 60.70% 下降到 2012 年的 43.75%,下降明显,但原煤原油在日常能源消耗中所占比例依然很大,依然有改进的空间。天然气和电力消耗在这段时期内占比虽有增加,但依然较小(见表 5-5)。

表 5-5 天津能源结构

年份	原煤	原油	天然气	电力	其他
2005	60.70	31.86	3.11	0.63	3.70
2006	53.97	30.10	3.48	2.27	10.17
2007	51.44	28.8	4.05	2.80	12.91
2008	48.23	21.87	4.32	3.16	22.44
2009	45.93	21.36	4.27	3.41	25.04
2010	47.38	34.04	4.64	2.04	11.89
2011	51.16	34.11	4.63	1.72	8.38
2012	43.75	27.84	5.42	2.33	20.66

资料来源:根据《天津统计年鉴》各能源消费量计算而来。

3. 新能源加快发展

"十一五"期间,2010 年可再生能源占能源消耗总量的比重达到 3.2%,比 2005 年提高 2.4%;至 2012 年,可再生能源占能源消耗总量的比重进一步提升至 4.3%。新能源和节能环保产业销售收入持续提升,2012 年达到 1800 亿元左右。

(二) 产业结构优化升级

1. 结构调整成效显著，第三产业比重高

根据产业政策和区域政策调整的需要，大批工业企业外迁或远郊转移，市内重点发展第三产业。21 世纪以来，第一产业、第二产业占地区生产总值的比重持续下降，第三产业的比重持续上升。截至 2012 年，第一产业的比重仅占0.8%，第二产业的比重降至 22.7%，第三产业的比重升至 76.5% (见图 5-5)。而三次产业的能效存在很大差别，2012 年北京第一、第二、第三产业万元生产总值能耗分别为 0.778 吨标准煤、 0.624 吨标准煤和 0.262 吨标准煤。因此产业结构的调整极大地促进了整体能效的提高，"十一五"时期产业结构调整对节能的贡献率达到了 80%左右。

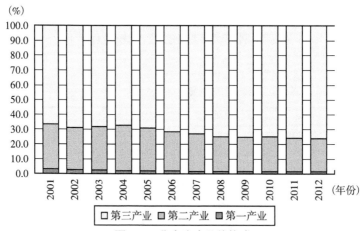

图 5-5　北京生产总值构成

资料来源:《北京统计年鉴》(2013)。

从三大产业万元生产总值能耗变化看，"十一五"以来，三大产业能效均得到提高，第二产业的能效提高最快，尤其自 2008 年开始，其万元 GDP 能耗低于第一产业;自 2010 年开始，工业万元 GDP 能耗低于第一产业;第三产业和农业能效提高较慢 (见图 5-6)。

天津、河北的产业结构与北京的有所不同，天津和河北的第二产业占比均超过 50%。由表 5-6 可见，2005~2012 年，天津的产业结构变动不大，其中第一产业由 2.9%下降至 2012 年的 1.3%。第二产业占比由 2005 年的 54.6%下降至 2012

年的 51.7%，下降了 2.9 个百分点，第三产业占比由 2005 年的 42.5%上升至 2012 年的 47.0%，上升了 4.5 个百分点。

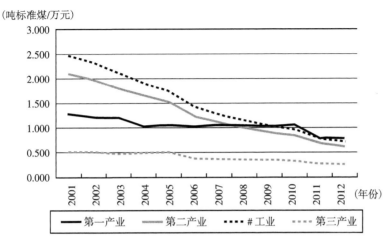

（吨标准煤/万元）

图 5-6　三次产业万元生产总值能耗

资料来源：《北京统计年鉴》（2013）。

表 5-6　天津产业结构

年份	第一产业	第二产业	第三产业
2005	2.9	54.6	42.5
2006	2.3	55.1	42.6
2007	2.1	55.1	42.8
2008	1.8	55.2	43.0
2009	1.7	53.0	45.3
2010	1.6	52.4	46.0
2011	1.4	52.4	46.2
2012	1.3	51.7	47.0

资料来源：《天津统计年鉴》（2013）。

河北 2012 年第一、第二、第三产业占地区生产总值比重分别为 11.99%、52.69%、35.32%。近八年来产业结构变化不明显。第二产业仍占据主导地位（见表 5-7）。从天津、河北的能源结构上可以看出，第二产业的占比比较稳定，节能降耗依靠结构降耗的空间很小。

表 5-7   河北产业结构

年份	第一产业	第二产业	第三产业
2005	13.98	52.66	33.36
2006	12.75	53.28	33.97
2007	13.26	52.93	33.81
2008	12.71	54.34	32.95
2009	12.81	51.98	35.21
2010	12.57	52.5	34.93
2011	11.85	53.54	34.61
2012	11.99	52.69	35.32

资料来源:《河北统计年鉴》(2013)。

2. 第二产业总体能耗下降,第三产业和居民能耗增加

随着北京产业结构的调整,第二产业的总体能耗呈小幅下降趋势,从 2005 年的 2702.5 万吨标准煤下降至 2012 年的 2426.1 万吨标准煤(见表 5-8),其占总能耗的比重也呈下降趋势,2012 年仅占总能耗的 34%。与此同时,第一、第三产业和整体能耗则呈现上升趋势,尤其第三产业 2005~2012 年能耗年平均增长率达 7.8%,是整体能耗增长率的 2 倍,其占整体能耗的比重也高达 45%(见图 5-7)。

表 5-8   北京按行业分类的能源消耗总量

单位:万吨标准煤

项目 年份	能源消费总量	第一产业	第二产业	第三产业	生活消费
2005	5521.9	86.3	2702.5	1918.7	814.4
2006	5904.1	92.3	2773.1	2129.3	909.4
2007	6285.0	96.4	2793.8	2389.5	1005.3
2008	6327.1	96.9	2550.5	2610.5	1069.2
2009	6570.3	99.0	2544.2	2760.3	1166.8
2010	6954.1	100.3	2726.7	2897.4	1229.7
2011	6995.4	100.3	2488.7	3100.5	1305.8
2012	7177.7	100.8	2426.1	3252.1	1398.7

资料来源:《北京统计年鉴》(2006~2013)。

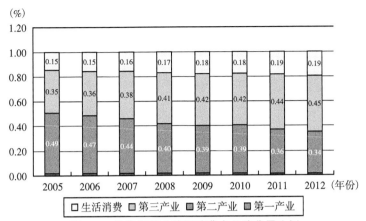

图 5-7　北京各行业能源消费占总消费量比例

资料来源：《北京统计年鉴》（2006~2013）。

2012 年天津能源消费总量为 7927.48 万吨标准煤，其中第一、第二、第三产业分别消费 107.44 万吨、5747.33 万吨、1220.31 万吨，生活消费 852.40 万吨（见表 5-9）。分别占总消费比重的 1.35%、72.49%、15.39% 和 1.07%。其中第二产业耗能是北京第二产业耗能的 2.36 倍，第二产业比重、能耗均偏高。

表 5-9　天津分行业能耗

年份	能源终端消费量	第一产业	第二产业	第三产业	生活消费
2005	3870.67	73.28	2623.16	700.28	473.95
2006	4269.94	76.41	2955.97	743.81	493.76
2007	4713.41	78.55	3312.87	788.00	533.98
2008	5162.07	77.60	3606.53	874.79	603.15
2009	5652.62	81.75	3904.75	957.40	708.72
2010	6574.87	89.53	4702.63	1058.00	724.71
2011	7346.13	100.16	5367.60	1122.15	756.22
2012	7927.48	107.44	5747.33	1220.31	852.40

资料来源：《天津统计年鉴》（2013）。

3. 循环经济、清洁生产努力开展

北京积极开展再生资源回收体系建设、国家城市矿产基地建设和园区循环化改造，并积极推进企业清洁生产工作，使得废水、废石、废渣等的回收再利用量有效提高。

（三）基础设施建设取得一定进展

1. 以公共交通为主体的"绿色交通"快速发展

"十一五"、"十二五"时期，北京轨道交通建设快速发展，同时加快淘汰老旧高能耗车辆，通过"摇号"等方式严格控制机动车保有量，新增车辆严格实施国V标准，推广使用新能源和清洁能源汽车。

在公共交通方面，地铁蓬勃发展。2006~2014年初，北京新建并投入运营12条地铁线路，使总里程扩展到465公里，贯通东西南北，连接郊区，构成一幅密实的交通网，极大地缓解了市内交通压力。2010年，中心城公交出行比例达到40.1%。2012年进一步提高到44%，完成"十二五"进度目标的39.4%。

2011年、2012年，全市累计淘汰15.6万辆黄标车，淘汰74.7万辆国Ⅰ、国Ⅱ排放标准的老旧机动车，并执行机动车新车排放国V排放标准，组建3万辆左右规模的城市货运"绿色车队"。进入2013年，北京市实施第五阶段汽油车排放标准和第四阶段柴油车排放标准，更新高排放老旧机动车36.6万辆。

2. 以节能为特色的"绿色建筑"得到推广

"十二五"以来，北京积极开展了非节能居住建筑节能改造和老旧小区综合改造，推动市级政府机关进行节能改造，使节能建筑比重显著增加。截至2012年底，全市累计新建节能民用建筑4.3亿平方米，新建节能民用建筑占现有全部既有民用建筑总量的61%，累计完成"十二五"目标进度的35%。

3. 以环境治理为目标的"绿色环保设施"得到加强

在供水和污水处理方面，2011年以来，北京开展了很多建设和改造工程，通过更换居民家庭节水器具，加快节水技术改造，开展节水型试点、"清水零消耗"试点建设，增建雨洪集蓄利用工程，以及建设和改造水厂、污水处理厂等措施，使用水结构进一步优化，用水效率持续提高，2012年全市污水处理率达到83%，再生水利用率达到61%。

在固废处理方面，通过增建分拣中心、社区回收站和垃圾焚烧厂，截至2013年，全市垃圾处理设施设计处理能力达到17530吨/日，焚烧生化等资源化处理比例达到50.5%，显著降低了垃圾填埋比例。

（四）生态建设有所推进

1. 主要污染物排放量下降

进入 21 世纪以来，北京空气中二氧化硫、氮氧化物和 PM10 年平均浓度总体呈现下降趋势（见图 5-8）。"十一五"期间，二氧化硫排放量累计下降 39.73%，超出国家下达任务指标 19.33 个百分点，减幅居全国首位。化学需氧量排放量累计削减 20.67%，超出国家下达任务指标 5.97 个百分点，减幅居全国第二位。可吸入颗粒物年均浓度降至 0.121 毫克/立方米，比 2005 年降低 14.8%。"十二五"的前三年，主要污染物的排放量进一步大幅削减。相比于 2010 年，二氧化硫、氮氧化物、化学需氧量和氨氮排放量分别累计下降 16.6%、15.9%、10.9%、10.3%（见表 5-10），尤其 2013 年的降幅相对较大，提前两年完成了"十二五"污染减排任务。

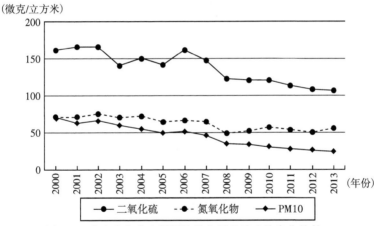

图 5-8 北京空气中主要污染物年平均浓度值变化趋势

资料来源：《北京市环境状况公报》（2013）。

表 5-10 主要污染物排放量

单位：万吨

年份 ＼ 污染物	二氧化硫	氮氧化物	化学需氧量	氨氮
2010	10.44	19.77	20.03	2.2
2011	9.79	18.83	19.32	2.13
2012	9.38	17.75	18.65	2.05
2013	8.7	2.05	17.85	1.97

资料来源：《北京市环境状况公报》（2010~2013）。

尽管主要污染物排放量呈减少的态势，但北京的大气污染物排放总量仍然超过环境容量，空气质量与国家新标准和公众期盼依然存在较大差距。大气污染复合型特征突出，城市正常运转和市民日常生活产生的污染物所占比重越来越大，大气污染防治形势十分严峻。

由 2012 年主要污染物排放情况可知，北京的环境污染情况得到重视，主要污染物二氧化硫、氮氧化物、粉尘排放量分别为 9.38 万吨、17.75 万吨、6.68 万吨。天津各类污染物排放均高于北京，三项指标分别为 22.45 万吨、33.42 万吨、8.41 万吨。而河北省的环境情况继续恶化。三项主要污染物二氧化硫、氮氧化物、粉尘排放量分别为 134.12 万吨、176.11 万吨、123.59 万吨（见表 5-11）。分别是北京的 14.2 倍、9.9 倍和 18.5 倍。

表 5-11　2012 年京津冀主要污染物排放情况

地区	二氧化硫（万吨）	氮氧化物（万吨）	烟（粉）尘（万吨）
全国	2117.63	2337.76	1235.77
北京	9.38	17.75	6.68
天津	22.45	33.42	8.41
河北	134.12	176.11	123.59

资料来源：《能源统计年鉴》（2013）。

2. 城市绿化率提高

"十一五"期间，城市、平原、山区三道生态屏障基本形成，2010 年，北京林木绿化率由 2005 年的 50.5% 增至 53%，人均公共绿地面积由 12 平方米增至 15 平方米，生态环境质量指数达到了良好级别。2011 年以来，北京全面打造山区、平原和城市绿色生态体系，进一步实施京津风沙源治理工程、"三北"防护林工程、太行山绿化工程等，在市区推进城市森林休闲和健康绿道建设，实施城区见缝插绿等工程实施，美化了生活环境。截至 2012 年底，全市林木绿化率达55.5%，比 2010 年提升了 2.5%，人均公共绿地面积达到 15.5 平方米。

二、北京"绿色经济"发展存在的问题

北京"绿色经济"发展在取得以上巨大成就的同时，也存在一些问题，主要表现在以下几个方面。

（一）节能降耗过度依赖结构降耗

"十一五"时期产业结构调整对节能的贡献率达到80%左右，但重点行业内涵促降的效果有待提高，尤其工业中的石油加工、电力行业单位能耗偏高（见表5-12）。2012年北京市能源消耗总量为7177.68万吨标准煤，其中，石油加工、炼焦和核燃料加工业消耗能量达564.68万吨，占比7.87%，电力、热力生产和供应业消耗量达400.38万吨，占比5.58%，均大幅高于它们的产值占比。此外，第三产业中交通运输、仓储和邮政业单位能耗有所增长，2005年以来年均增长率高达11.9%，2012年耗能1235.05万吨标准煤，占比17.2%，却仅实现生产总值816.3亿元，占总产值的4.57%。进入"十二五"以来，靠产业结构调整降低能耗的空间有限，全市节能工作进入"结构促降"和"内涵促降"并重的新阶段，难度进一步加大。

表5-12 2006~2012年北京重点行业耗能比重

单位：万吨标准煤

行业 ＼ 年份	2006	2007	2008	2009	2010	2011	2012
合计	5904.11	6285.04	6327.13	6570.31	6954.05	6995.4	7177.7
第二产业	2773.1	2793.8	2550.5	2544.2	2726.7	2488.7	2426.1
石油加工、炼焦和核燃料加工业	704.16	689.2	705.78	677.95	584.98	621.69	564.68
占总量的比重（%）	11.93	10.97	11.15	10.32	8.41	8.89	7.87
占第二产业的比重（%）	25.39	24.67	27.67	26.65	21.45	24.98	23.28
非金属矿物制品业	312.51	312.02	274.52	271.43	269.94	271.22	235.2
占总量的比重（%）	5.29	4.96	4.34	4.13	3.88	3.88	3.28
占第二产业的比重（%）	11.27	11.17	10.76	10.67	9.9	10.9	9.69
黑色金属冶炼及压延加工业	643.31	676.76	460.59	449.57	27.88	26.53	32.23

行业 \ 年份	2006	2007	2008	2009	2010	2011	2012
占总量的比重（%）	10.9	10.77	7.28	6.84	0.4	0.38	0.45
占第二产业的比重（%）	23.2	24.22	18.06	17.67	1.02	1.07	1.33
电力、热力生产和供应业	258.61	250	266.98	297.21	343.36	384.63	400.38
占总量的比重（%）	4.38	3.98	4.22	4.52	4.94	5.5	5.58
占第二产业的比重（%）	9.33	8.95	10.47	11.68	12.59	15.45	16.5
第三产业	2129.3	2389.5	2610.5	2760.3	2897.4	3100.5	3252.1
交通运输、仓储和邮政业	717.6	840.79	993.95	1025.24	1104.84	1185.89	1235.05
占总量的比重（%）	12.15	13.38	15.71	15.6	15.89	16.95	17.21
占第三产业的比重（%）	33.7	35.19	38.08	37.14	38.13	38.25	37.98
批发和零售业	162.64	202.92	195.18	206.86	192.72	211.46	221.68
占总量的比重（%）	2.75	3.23	3.08	3.15	2.77	3.02	3.09
占第三产业的比重（%）	7.64	8.49	7.48	7.49	6.65	6.82	6.82
住宿和餐饮业	202.52	249.76	218.01	220.83	239.41	253.08	262.34
占总量的比重（%）	3.43	3.97	3.45	3.36	3.44	3.62	3.65
占第三产业的比重（%）	9.51	10.45	8.35	8	8.26	8.16	8.07
房地产业	308.9	318.4	346.06	364.22	389.6	391.17	411.54
占总量的比重（%）	5.23	5.07	5.47	5.54	5.6	5.59	5.73
占第三产业的比重（%）	14.51	13.32	13.26	13.19	13.45	12.62	12.65
租赁和商务服务业	121.85	127.78	165.52	191.25	182.48	182.57	196.26
占总量的比重（%）	2.06	2.03	2.62	2.91	2.62	2.61	2.73
占第三产业的比重（%）	5.72	5.35	6.34	6.93	6.3	5.89	6.03
教育	153.67	157.91	165.09	182.96	199.54	205.79	222.87
占总量的比重（%）	2.6	2.51	2.61	2.78	2.87	2.94	3.11
占第三产业的比重（%）	7.22	6.61	6.32	6.63	6.89	6.64	6.85

资料来源：《北京统计年鉴》（2007~2012）。

（二）优质能源比重有待提高

虽然"十一五"以来，北京市大规模地开展"煤改电"和"煤改气"工程建设和新能源开发建设，煤炭能耗占总能耗的比重大幅度下降，但与世界城市零煤耗相比，北京市25%的煤炭使用率仍然较高，还需要进一步降低。此外，北京市2012年可再生能源比重仅达到4.3%，低于全国平均水平9%，离世界先进城市也有较大差距。实现燃煤总量逐年大幅压减，需要统筹处理好存量设施改造与增量燃煤设施严控、既有燃煤设施关停与新建燃气设施替代等复杂关系。

（三）基础设施建设进度不理想

轨道交通、绿色建筑、垃圾处理、污水处理、雨洪利用等基础设施领域，受选址落地、征地拆迁、资金投入等多种因素影响，基础设施建设进度往往低于预期。主要表现在：一是垃圾处理设施推进难度较大，全市垃圾处理设施超负荷运行较为普遍，垃圾处理设施缺口仍然较大，但设施建设选址得不到市民支持，容易引发公众事件，且企业进入垃圾处理设施的积极性低，影响垃圾处理设施建设进程，如不能按期完成"十二五"的垃圾工程处理项目，全市垃圾处理能力缺口将进一步增大。二是水资源处理与利用工程进度较慢，截至 2012 年底，"十二五"时期规划的 120 万亩改善节水灌溉面积目标仅完成 13%，10 个"清水零消耗"公园只建成 2 个，城六区新建 12 座污水处理厂仅有 4 座处在建设阶段，再生水利用率两年仅提高 1%，影响了水资源处理及综合利用工作的提高。

（四）技术和资金投入不够

"绿色北京"建设是一项浩大长远的工程，涉及经济社会发展的方方面面，需要加强技术创新和应用支撑，在建设和运营的过程中，需要大量的资金投入，2010~2012 年，北京市在节能环保和农林水事务上的投入比重由 5.4%增到 7%，但仍存在技术和资金投入不够的问题，主要表现在：一是绿色技术创新激励不够，技术应用存在障碍。目前，产学研用结合仍不够紧密，科研单位和企业对重点领域开展节能减排的技术需求掌握不足，研究成果的针对性有待加强，且通常技术研发周期较长，应用成本较高，绿色先进技术的应用仍然存在一定难度。二是基础设施建设运行仍然以政府投资为主，社会资金参与较少，财政资金压力较大。污水处理、垃圾处理、公共交通、园林绿化等基础设施建设的投入主要来自财政资金，尤其在交通和节能减排领域，轨道交通建设的大量投入和运营环节的低票价制度使财政补贴压力很大，工业、公共建筑、公共机构等领域的节能减碳工作缺乏自觉节能的动力，需靠政府财政持续投入推动运营，有赖于建立长效的市场化节能机制。

（五）绿色发展意识和制度建设滞后

北京的绿色发展起步较晚，全社会践行绿色发展的观念意识仍有所不足，在追求经济发展的大背景下，有利于绿色发展的制度环境仍然存在不足，在一定程度上阻碍了绿色北京建设的深入开展。主要表现在：一是评价和考核体系不科学，充分反映资源消耗、环境损害、生态效益等生态文明要求的经济社会发展目标体系、评价体系、奖惩机制还不健全，严格落实节能、环保"一票否决"等政绩考核机制仍然存在一定难度。二是绿色发展仍过多依靠政府力量，尚未形成绿色交易市场体系，财税、价格、金融政策尚不健全，缺乏行之有效的激励约束机制和市场服务体系。三是企业的违法成本低，企业节能减碳和污染防治的守法成本较高，监管也较为轻松，制裁程度较低，一些企业在片面追求存在经济利益的驱动下，存在一定的侥幸心理，忽视承担环境责任，节能减排、技术升级换代改造所需的财力物力投入不足，客观上延缓了节能环保新技术的应用推广。四是公众环保意识和自律不够，社会公众尽管已经具备一定的绿色发展意识，但仍然缺乏专业知识指导和激励政策引导，实施节约消费和环境保护的自觉行动仍然不足。

三、北京"绿色经济"发展路线图

在北京进一步向中国特色世界城市迈进的进程中，随着城市化和消费结构升级的加速，北京的水、建设用地、能源等资源需求也将持续刚性增长。同时，人们对生态环境的诉求也更加强烈。因此，高标准推进北京"绿色经济"发展已经到了关键时期。北京只有正确选择"绿色经济"的发展道路，才能应对日趋强化的资源环境约束，满足经济发展和人民生活水平提高的要求，实现发展与环境的良性循环。

北京"绿色经济"发展的总体思路是：以"绿色能源"和设施为基础，以低消耗、低排放、高效率为特征的"绿色产业"为依托，倡导"绿色消费"，创造"绿色环境"，实现经济、社会与环境协调可持续发展。

（一）向"绿色能源"转型的目标和路线图

1. 目标

"绿色能源"转型就是要通过因地制宜地开发本地新能源和可再生能源，积极引进外埠清洁优质能源，大力控制煤炭消耗，构建以电力和天然气为主、地热能和太阳能等为辅的能源体系，实现能源清洁化。

2. 路线图

（1）提高电力和天然气等清洁能源供应能力。加快外受电力通道、变电设施、高压环网建设，增强外调电供应保障能力。到2017年，外调电比例达到70%左右，电力占全市终端能源消费量的比重达到40%左右；加快输变电和并网工程建设，实现9个电网分区均有本地电源支撑，全网供电能力得到提升，农村电网得到全新再造，供电能力和电能质量显著提升。

加强燃气供应保障，2015年，建成陕京四线，大唐煤制气、唐山液化天然气工程全面竣工投产，10个远郊新城全部接通管道天然气；2016年，开工建设陕京五线，形成多气源、多通道、多方向的供应格局。积极争取国家天然气用气指标，满足北京2017年240亿立方米的用气需求。

（2）加快控制煤炭消耗。根据《北京市2013~2017年加快压减燃煤和清洁能源建设工作方案》，到2017年，全市燃煤总量比2012年削减1300万吨，控制在1000万吨以内，煤炭占能源消费比重下降到10%以下，优质能源消费比重提高到90%以上。具体需要采取以下控煤措施：

——实现电力生产燃气化，逐步关停燃煤机组。2013年，在东南、西南燃气热电中心投产运行的基础上，西北燃气热电中心建成投产运行两台机组，东北燃气热电中心主体结构封顶，关停科利源热电厂燃煤机组。2014年，西北、东北燃气热电中心建成投产运行，关停高井热电厂燃煤机组。2015年，华能北京热电厂新增燃气发电机组建成投产运行，关停国华、京能热电厂燃煤机组。2016年，关停华能北京热电厂燃煤机组。

——推进企业生产用能清洁化。通过污染企业关停退出和清洁能源改造等方式，减少煤炭使用量，基本实现企业生产用能清洁化。城六区及远郊新城建成区的商业、各类经营服务行业燃煤全部改用电力、天然气等清洁能源。

——逐步推进居民用能清洁化。城六区无煤化，在核心区近20万户居民实现采暖清洁化的基础上，通过人口疏解、煤改电清洁能源替代等综合措施，到2015年，城市核心区实现无煤化；推进城乡接合部和农村地区"减煤换煤"。通过拆除违建、提高城市管网辐射、优质煤替代劣质煤，分年度制定并实施行动方案。推动郊区县燃煤减量化，积极开展燃煤锅炉清洁能源改造或协调引入外埠热源，逐步整合、消除区域内的分散燃煤锅炉。

（3）发挥北京科技资源和示范高地优势，拓展可再生能源应用。在电力、交通、建筑等部门推广可再生能源使用，到 2017 年，北京市新能源和可再生能源占全市能源消费总量的比重力争达到 7%左右。

推进新能源高端应用。建成延庆国家绿色能源示范区，积极推进昌平国家新能源示范城市和海淀、顺义国家光伏集中应用示范区建设；建成延庆、密云大型光伏电站、官厅风电三期、鲁家山生物质电厂等新能源项目。发挥太阳能在优化农村用能结构、改善农民生活品质等方面的优势。实施阳光浴室工程，解决生态涵养区、浅山区村民冬季洗浴难题；结合新村搬迁和旅游资源集中地区有序推进"建筑节能＋太阳能"等节能型农村新民居建设，在平谷、大兴、延庆试点建设太阳能采暖工程。大力推广新能源汽车。

全面放开新能源、新技术市场，吸引社会资本参与本市光伏电站、风电、热泵等新能源项目建设，鼓励通过合同能源管理、融资租赁等方式参与分布式能源系统的建设、管理与运营，形成以社会资本推动新能源、新技术的规模发展、以新能源、新技术的效益优势吸引更多社会资本参与的良性发展模式。

（二）"绿色基础设施"发展目标和路线图

1. 目标

按照"存量改造"与"增量提升"并重、"设计优化"与"运营管理"并重的原则，全面推进公共和民用建筑的节能降耗。以提高交通资源利用效率为核心，构建"以轨道交通为骨干、地面公交为主体、换乘体系完善高效"的立体化公共交通网络，全面增强城市绿色交通承载能力。加强垃圾管理，实现垃圾减量化和无害化处理。

2. 路线图

（1）严把建筑节能设计标准准入制度，新建居住建筑实施 75%的节能设计标准。推行绿色建筑标准，政府投资的新建、改建建筑和新规划的重点功能园区原则上全部采用绿色建筑标准，推动绿色建筑由单体向园区集群扩展，最大限度地节能、节水、节地、节材。

（2）深入推进既有建筑节能改造。积极推动既有普通建筑包括墙体结构、供热系统、耗电设备等在内的一体化节能改造。全面推进供热计量改革，基本完成符合50%节能标准的既有居住建筑和公共建筑热计量改造，并实现热计量收费。加快供热锅炉和供热管网节能改造。建立和完善既有建筑节能改造市场融资和技术服务体系，大力推行合同能源管理的市场运行机制，并由政府提供适度的财政补贴。

（3）大力发展城市轨道交通。全面完成城市轨道交通近期规划线网建设，同步启动中心城轨道交通线网加密工程，实现轨道交通运营总里程达660公里，深入挖潜既有线路运输能力，进一步缩小运营间隔，提高地铁运输能力。

（4）加快完善道路交通网络和设施。结合轨道交通线网和站点，优化地面公交线网，提高公交整体运行效率。在主要干道新增公交专用道150公里以上，2015年实现中心城公共交通出行比例达50%（含地铁）。加快主要拥堵路段新改建，规划建设东、西二环等地下交通隧道，推进400公里次干路和支路等微循环道路建设，系统提高路网的通行能力。

（5）鼓励使用绿色交通工具出行。加大公交、环卫、出租等公共服务领域新能源汽车的推广力度，积极鼓励个人购买新能源汽车。不断完善配套设施，改扩建熊猫环岛充电站，建成小营、南三环、四惠等充电站。积极鼓励市民自行车出行，将自行车纳入全市交通规划，在安全性、优先性方面保障自行车的权利，完善部分道路和重点区域两侧非机动车专用道，增强自行车租赁服务，力争中心城区自行车出行比例保持在18%左右，小客车出行比例力争控制在25%以下。

（三）"绿色产业"发展目标和路线图

1. 目标

按照低消耗、低排放、高效率的标准深度优化产业结构，有选择地发展高端、高效、高辐射的产业，实现产业功能与城市功能、生态功能的有机融合，推动北京经济走创新驱动、绿色发展的道路。

2. 路线图

（1）优先发展高附加值型、生态友好型、节水节能型产业，构建高端低耗的绿色产业体系。

通过建立指标体系，对北京工业的各个行业进行筛选，根据单位产值能耗、劳动生产率和税收占比，三个方面衡量各个行业的消耗、效率以及税收的贡献，提出北京市绿色产业体系的调整方向。表5-13至表5-15是根据2008~2012年平均值降序排列的。

表 5-13　各行业单位产值能耗

单位：吨标准煤/万元

行业 ＼ 年份	2008	2009	2010	2011	2012
非金属矿及其他矿采选业	37.52	5.22	4.01	—	—
金属矿采选业	0.53	1.01	9.92	2.22	3.34
石油加工、炼焦及核燃料加工业	—	3.93	4.06	1.56	4.48
非金属矿物制品业	16.18	3.16	3.23	3.36	2.96
金属冶炼及压延加工业	4.27	5.82	1.47	1.91	1.77
水的生产和供应业	1.83	1.67	3.55	1.96	2.06
废品废料	2.22	2.49	1.97	2.22	0.80
造纸印刷及文教体育用品制造业	1.93	0.58	0.55	3.27	0.64
纺织业	4.15	0.90	0.75	0.82	1.96
木材加工及家具制造业	7.84	0.74	0.62	1.61	0.75
电力、热力的生产和供应业	0.74	0.91	0.84	0.86	0.75
化学工业	3.12	0.82	0.83	—	—
食品制造及烟草加工业	1.64	—	0.66	—	—
金属制品业	3.36	0.64	0.49	0.67	0.61
工艺品及其他制造业	0.52	0.41	0.30	0.37	0.52
纺织服装鞋帽皮革羽绒及其制品业	11.25	0.51	0.40	0.18	0.41
石油和天然气开采业	0.46	0.36	0.37	0.27	—
燃气生产和供应业	19.91	0.14	0.31	0.48	0.35
通信设备、计算机及其他电子设备制造业	1.90	0.26	0.23	0.34	0.34
通用、专用设备制造业	1.17	0.33	0.26	0.26	0.25
交通运输设备制造业	0.52	0.26	0.22	0.18	0.21
电气机械及器材制造业	1.29	0.14	0.17	0.21	0.23
仪器仪表及文化办公用机械制造业	0.68	0.12	0.11	0.13	0.15
煤炭开采和洗选业	0.12	0.11	0.07	0.08	0.10

资料来源：根据《北京统计年鉴》（2009~2013）中各行业增加值与能耗计算所得。

表 5-14　各行业劳动生产率

单位：万元/人

行业 ＼ 年份	2008	2009	2010	2011	2012
电力、热力的生产和供应业	68.93	68.10	78.74	69.87	83.64
石油加工、炼焦及核燃料加工业	-2.71	98.94	119.01	74.06	73.30
交通运输设备制造业	22.05	27.45	74.41	40.23	37.04
煤炭开采和洗选业	29.63	22.13	52.04	48.46	40.17
金属矿采选业	65.75	22.77	216.04	32.34	21.32
燃气生产和供应业	0.58	29.33	92.06	25.52	29.55
化学工业	15.28	17.80	58.95	—	—
通信设备、计算机及其他电子设备制造业	12.26	15.95	92.99	14.80	17.35

续表

年份 行业	2008	2009	2010	2011	2012
石油和天然气开采业	26.16	20.35	—	37.58	—
仪器仪表及文化办公用机械制造业	10.02	17.49	64.66	19.44	18.44
废品废料	34.25	13.85	41.72	10.60	21.51
金属制品业	11.98	9.02	72.00	12.59	13.84
造纸印刷及文教体育用品制造业	9.15	10.70	29.59	48.13	18.69
通用、专用设备制造业	10.23	14.00	45.49	20.98	20.02
工艺品及其他制造业	30.51	17.67	23.82	18.46	14.48
食品制造及烟草加工业	19.87	—	—	—	—
电气机械及器材制造业	13.21	21.33	130.95	22.01	19.69
木材加工及家具制造业	5.41	5.75	65.83	7.46	9.98
纺织服装鞋帽皮革羽绒及其制品业	2.78	4.50	62.96	7.67	9.89
非金属矿物制品业	7.37	12.53	37.46	14.01	13.09
金属冶炼及压延加工业	29.58	16.89	10.46	8.78	13.68
水的生产和供应业	16.50	18.66	12.15	13.87	14.13
纺织业	3.50	6.52	14.79	10.47	7.20
非金属矿及其他矿采选业	1.87	4.89	7.67	—	—

资料来源：根据《北京统计年鉴》（2009~2013）中各行业增加值与各行业从业人数计算所得。

表 5-15 各行业税收贡献率

单位：%

年份 行业	2008	2009	2010	2011	2012
交通运输设备制造业	11.37	14.28	16.24	17.79	18.60
电力、热力的生产和供应业	20.77	10.85	12.31	15.27	14.54
化学工业	12.41	11.60	12.09	12.44	—
通用、专用设备制造业	7.99	9.49	8.89	8.95	9.35
食品制造及烟草加工业	7.00	8.61	—	—	—
通信设备、计算机及其他电子设备制造业	6.68	5.43	7.69	5.21	6.40
石油加工、炼焦及核燃料加工业	1.23	7.73	8.19	6.55	3.35
电气机械及器材制造业	4.18	5.45	4.37	4.28	4.43
金属冶炼及压延加工业	6.86	5.31	0.98	0.70	0.92
造纸印刷及文教体育用品制造业	3.78	2.85	2.14	2.38	2.70
煤炭开采和洗选业	2.19	2.87	3.34	3.15	2.12
仪器仪表及文化办公用机械制造业	3.44	3.06	2.43	2.30	2.43
非金属矿物制品业	3.49	3.04	2.49	2.51	2.11
金属矿采选业	0.98	0.47	2.25	3.16	2.76
金属制品业	1.72	1.79	1.61	1.46	1.56
燃气生产和供应业	1.62	1.43	2.29	0.95	0.72
纺织服装鞋帽皮革羽绒及其制品业	1.18	1.16	1.14	1.20	1.78
石油和天然气开采业	0.39	2.02	—	1.10	—

续表

行业 \ 年份	2008	2009	2010	2011	2012
木材加工及家具制造业	0.70	0.64	0.62	0.65	0.65
纺织业	0.66	0.73	0.62	0.61	0.14
工艺品及其他制造业	0.88	0.62	0.45	0.41	0.33
水的生产和供应业	0.38	0.39	0.35	0.33	0.34
废品废料	0.05	0.13	0.12	0.08	0.09
非金属矿及其他矿采选业	0.05	0.05	—	—	—

资料来源：根据《北京统计年鉴》（2009~2013）中各行业增值税与工业总增值税计算所得。

通过各行业单位产值能耗、劳动生产率和税收贡献率对各行业进行比较，筛选出三类有代表性的行业：

第一类行业：高能耗、高效率、高税收。典型的行业包括石油加工、炼焦及核燃料加工业、电力、热力的生产和供应业、化学工业。这类行业在未来北京"绿色经济"的发展中可以根据实际情况有选择地保留，但不宜过分扩张，同时要重点加强节能技术改造，有效降低能耗和污染。

第二类行业：低能耗、高效率、高税收。典型行业如通信设备、计算机及其他电子设备制造业、交通运输设备制造业、仪器仪表及文化办公用机械制造业。这类行业总体上符合"绿色经济"的要求，可以继续集约发展，进一步提高品质。

第三类行业：高能耗、低效率、低税收。典型产业如非金属矿及其他矿采选业、木材加工及家具制造业、纺织业、非金属矿物制品业、水的生产和供应业。这类产业与"绿色经济"的要求相悖，要逐步淘汰和退出。

在对制造业各行业进行筛选的基础上，进一步明确高端制造业的发展战略，把北京市建设成高水平的国家综合性高技术产业基地。稳步推进制造业高端升级，积极培育新一代信息技术、生物医药、新能源、节能环保、新能源汽车、新材料、高端装备制造和航空航天等战略性新兴产业。促进第二、第三产业融合发展，推动传统制造业向研发、设计、营销和品牌建设等高端环节升级。

实施首都服务品牌战略，提高高品质的现代服务业占第三产业的比重。加快发展文化创意、旅游产业，逐步壮大科技、金融、商务信息、新闻出版、广播影视、动漫游戏等细分领域。针对第三产业中高能耗的交通运输业，要进一步改进能效，实现交通低碳化。

立足大型城市发展需求，发展都市型现代农业，着力打造休闲农业、循环农业、会展农业、设施农业,提升农业的科技、生态、经济、文化附加值等多重功能。

(2)合理配置首都城市功能,使产业发展与城市功能、环境容量相匹配。采取"疏"、"堵"结合的办法,分批、有重点地建设城市副中心,疏导部分人口和产业的转移,严格控制城市核心区新建住宅开发项目和大型公建项目,严格限制医疗、行政办公、商业等大型服务设施的新建和扩建。

进一步发挥首都功能拓展区对首都"四个服务"的支撑作用,增强金融商务、决策管理、专业服务、文化创造等城市功能。重点打造中关村国家自主创新示范区、商务中心区(CBD)、奥林匹克中心区、新首钢高端产业综合服务区、丽泽金融商务区等高端产业功能区。

增强新城对中心城区人口和功能有序疏解的承接能力。着力引导电子信息、生物医药、节能环保等高端产业在重点新城的集约、集聚、规模化发展,打造形成以亦庄、大兴为主体的南部高技术制造业和战略性新兴产业发展带、以海淀—昌平为核心的北部研发服务和高技术产业带、顺义—通州装备制造业与现代商务产业集聚区、燕房石化新材料产业基地等产业集聚区,配套建设便利的基础设施,形成新的人口、就业承载功能区和区域发展增长极。依托生态资源优势,大力发展资源节约型、环境友好型产业,提高生态涵养区的生态屏障功能。

(3)遵循循环经济理念,推广清洁生产。鼓励企业加强对从项目建设到产品开发设计、生产经营、销售服务、回收处理等各环节的绿色化考虑,建立全流程的绿色管理体系。根据各环节资源利用品质要求的不同,围绕企业内、企业间两个层次,积极推进资源的多级循环利用,提高资源利用效率。大力培育循环生产型企业,鼓励企业设计改造工业链条,倡导企业内部集成能源流、物质流,积极开展废弃物循环利用。积极推动企业间构建物质和能量代谢的梯级利用链条,实现相互间资源的优化配置。积极扩展清洁生产广度和深度,着力推动产品(服务)生产过程的清洁化,降低单位产值能耗、水耗及污染排放强度。

(四)"绿色消费"的发展目标和路线图

1. 目标

"绿色消费"是从资源的合理利用、保护环境和可持续发展出发,在商品和服务的购买、资源和能源的节约以及废弃物的减少和回收再利用等方面,依据资源减量、重复使用和循环利用的原则进行消费活动，增加"绿色消费"，实现节能减排。

2. 路线图

（1）坚持培育绿色生活方式和消费模式。"绿色消费"的主体主要分为个人消费者和政府。对个人消费者而言，"绿色消费"模式是个人及家庭对生活方式的选择，具体表现为购买、使用"绿色产品"和"绿色服务"，降低生活中的能源消耗和污染排放，减少生活垃圾；对政府而言，主要是指"绿色采购"和"绿色办公"，减少政务活动和事务活动中的能源耗费。

对个人消费者提倡节俭理性的绿色生活方式，使节能、节水、资源回收利用逐步成为市民的自觉行动。鼓励市民养成随手关灯、垃圾分类、节约用水等良好的生活习惯；切实推动落实公共场所禁烟规定；加强垃圾源头分类及减量化管理。积极引导个人消费者合理选购、适度消费、简单生活等绿色消费理念成为社会时尚。引导市民选购、使用绿色日常用品、环保建材、绿色家具、绿色照明以及有节能产品认证标志的家用产品；鼓励市民选购小排量、低排放汽车、新能源汽车。从衣食住行各个方面培养居民绿色生活方式。

（2）进一步完善绿色消费体系。2006 年以来，北京陆续出台了《北京市市容环境卫生条例》《北京市"十一五"时期固体废弃物处理规划》《北京市"十一五"时期环卫专业规划》《绿色北京行动计划（2010~2012 年）》等制度和规划，力推生活垃圾的"减量"。为实现城市垃圾的"减量"，北京陆续采取了垃圾前端分类、处理结构调整等技术手段。使北京形成低碳绿色的生活方式和消费模式，进一步完善绿色市场服务体系，进一步提升绿色产品的消费比重；推广绿色建筑，使单位建筑面积能耗和资源消耗水平进一步降低；完善现代交通运输体系，进一步提高公共交通出行效率；继续完善居民生活垃圾分类管理体系，提高生活垃圾分类达标和资源化率。

（3）提高垃圾处理能力，完善垃圾处理机制。加快推动垃圾收运处置一体化、建设运营市场化、选址布局园区化，统筹强化环境卫生精细化管理，努力创造更加整洁、有序的市容环境。加强全市统筹布局，强化属地责任，重点推进生活垃圾焚烧、生化处理设施和餐厨垃圾、建筑垃圾资源化处置设施建设，减少填埋比例。加强收运处理体系监管，利用物联网技术，建立排放、收集、运输、处置一体化的全过程监管体系。加强联合执法，严厉打击非法排放、收运和处置行为。

（五）"绿色环境"的发展目标和路线图

1. 目标

通过全面的环境管理和整治，提升生态承载能力，改善人居环境，建设生态宜居新家园。

2. 路线图

（1）全面加强环境法规管理，强化环境标准。严格执行国家和北京市资源节约和环境保护等法律、法规、政策。制定生活垃圾管理条例、城市河湖保护管理条例，推进制定湿地保护条例，修订大气污染防治条例等地方性法规。积极贯彻实施节能减排、污染物排放限值相关国家标准、行业标准和地方标准。严把地方产业准入门槛，制订相应的单位能耗、水耗、碳排放、主要污染物排放及土地占用等约束性指标。加快完善战略性新兴产业细分行业、产品、技术标准体系，健全循环经济评价指标体系。把能源消费总量和污染物排放总量指标作为项目审批的重要前置条件。将"大气主要污染物浓度下降率"、"主要污染物总量减排指标完成率"、"跨区县界水体断面达标率"和"声环境质量达标率"四项指标纳入区县政府绩效考核体系，推动各区县政府加强污染减排、改善环境质量。

（2）提高环境容量，继续提高城市绿化水平。通过山区、平原区、城市建设区三个层次重点绿化区域建设，形成城郊一体、山区与平原均衡搭配的生态化城市绿地格局。深入推进平原地区百万亩造林工程、城区绿地建设、废弃矿山生态修复等，到2015年，使全市林木绿化率达到57%，城市绿化覆盖率达到48%。进一步提升自然保护区管护水平，完成自然保护区边界与功能区划核定，开展专项执法检查和遥感监测地面核查。制定发布《北京市生物多样性保护行动计划》，建立跨部门协调机制。

（3）加强环境保护的区域合作，推进区域联防联控。与河北、天津等周边省市协调联动，着力打造首都经济圈，加快区域一体化进程，力求在生态环境建设、区域产业发展、基础设施建设方面取得新突破，提高综合承载能力和内涵发展水平。

北京"绿色经济"路线图如图5-9所示。

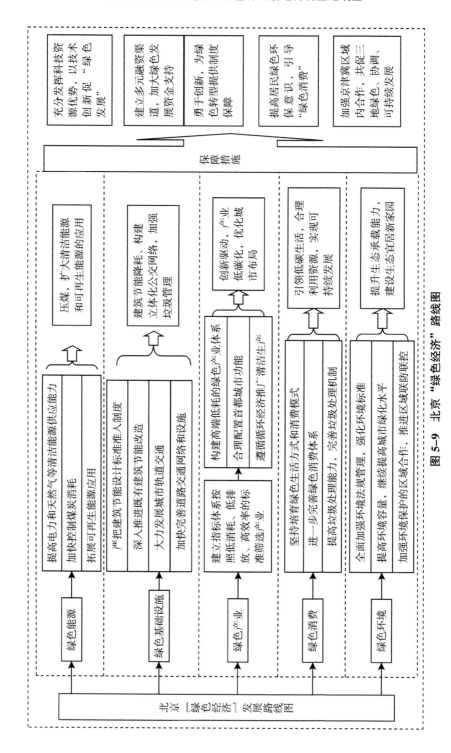

图 5-9 北京"绿色经济"路线图

四、北京"绿色经济"发展的保障措施

(一)充分发挥科技资源优势,以技术创新促绿色发展

发挥北京拥有最多的全国顶级高校和科研院所的优势,有效整合科技资源,进行绿色低碳技术的攻关,并加速绿色技术的产业化。一是高度重视绿色低碳产业的共性技术、关键技术开发的协作和联合攻关,建立合作研究制度,提高研发能力。二是要加强对绿色低碳技术研发的前期投入,市政府科研资金可直接参与节能、碳减排、水资源利用、垃圾处理以及清洁能源、可再生能源、新能源汽车等具有战略意义的绿色低碳前沿技术的研发投入,分担和降低企业引入新技术的风险和成本。三是通过科技孵化器、科技产业园、高新技术园区、中小企业创新基金等科技政策,引导和鼓励企业成为绿色低碳技术的研发和创新主体,培育一批绿色创新的龙头企业,打造一批示范工程,促进低碳技术的产业化和市场化。

(二)建立多元化的融资渠道,加大"绿色发展"的资金支持

"绿色经济"的发展需要合理多元的融资渠道的支持。除了政府资金以外,必须积极引导民间资本合理地进入。

在财政资金方面,要落实国家对节能环保产业发展的税收优惠政策,支持节能汽车等高效节能产品的推广应用。并通过财政补贴等激励政策,重点支持交通拥堵治理、垃圾减量、绿色建筑推广、新能源利用、食品安全保障等方面。完善合同能源管理的财政补贴、贴息贷款等制度,促进节能服务业发展。

在金融方面,逐步建立绿色金融体系。一是鼓励商业银行开展绿色金融活动,实施绿色信贷、绿色保险、绿色证券政策,支持商业银行提供环保专项优惠贷款,加强对新能源、生态建设等领域的投融资服务。积极开发绿色金融产品,大力推广绿色保险产品,积极推行环境污染责任保险,探索气候灾害保险。二是积极发展碳金融。支持北京环境交易所逐步完善交易规则,建设全国性碳交易平台。率先开展碳金融试点,启动跨区域碳交易,并探索以碳基金、碳指标交易、

碳期货期权为基础的金融衍生产品。

鼓励民间资本投资"绿色产业"。向民间资本开放环保基础设施领域，积极吸引民间资本建设运营污水处理、垃圾处理等基础设施。创新"绿化市场"运行机制，通过拍卖绿地冠名权等方式，吸引全社会投资绿化项目，认建绿地和认养古树名木。

（三）勇于革新，为绿色转型提供制度保障

北京"绿色经济"发展需要良好的制度环境，合理引导和制约政府、企业、居民行为，使其符合绿色经济发展的要求。一是建立科学规范的"绿色发展"目标评价考核制度。把环境指标纳入干部绩效考核体系，并提高其权重。淡化对各区经济总量和增速指标的考核，重点考核各区的单位 GDP 税收、能耗、水耗，以及创新能力、生态效益等指标，完善"绿色指标"体系，建立对领导干部任期内资源消耗、环境损害、生态效益的责任制和问责制。二是建立反映市场供求、资源稀缺程度和环境损害成本的资源价格体系。推进能源价格改革，全面开展热计量收费，积极推行差别电价、峰谷分时电价、随机变动天然气定价等制度，落实国家新能源发电价格补贴机制。三是对重点路段或区域征收交通拥堵费，鼓励居民公交出行。四是健全排污收费机制，理顺城市污水、生活垃圾、危险废弃物处理等收费制度，研究推行与总量控制相适应的排污权有偿分配及排污交易政策。五是加强城市运行管理，提高节能环保标准，加大环境执法力度。

（四）提高公民绿色环保意识，引导"绿色消费"

对居民日常消费品实行"绿色补贴"，对节约能源的单位和个人制定相应的奖励办法；对生产日常消费品的绿色节能企业给予税收、贷款等政策上的优惠，如绿色家电、新能源汽车等。

继续加大绿色低碳行动的宣传力度，培养居民绿色低碳意识。注重网络、微信等新媒体在宣传行动中的作用，号召更多年轻人加入到绿色低碳生活中来。同时建立有效的环评体系、预警机制，对重点企业重点地区的环境指标进行定期播报，促进社会监督。

（五）加强京津冀区域合作，共促三地绿色、协调、可持续发展

北京 "绿色经济" 的发展需要跳出北京，从更大的区域空间范围区谋划，尤其从京津冀区域协调发展的角度进行统筹安排。一是完善京津冀区域规划，跨区域配置首都城市功能。进行区域内合理的产业布局，明确各区域的产业规模和发展方向，同时淘汰落后产业、过剩产能，有效分散人口。支持天津沿海地区风能、潮汐能等新能源的开发利用；加速河北省张家口、唐山等工业基地老旧机器设备的升级改造，在生产中对污染物严格把控，制定绿色环评标准，并严格执行。二是加强环境保护区域合作机制建设，建立重大环保项目的统一规划建设机制、跨区域污染防治协调处理和会商机制和环境补偿机制，并对区域大气环境联合执法监管。三是开展环境保护科研合作与环境信息共享，共同推动区域整体环境质量加快改善。

参考文献

［1］刘骏等. 2014 北京市经济形势分析与预测 ［M］. 北京：中国财政经济出版社，2014.

［2］刘骏等. 2013 北京市经济形势分析与预测 ［M］. 北京：中国财政经济出版社，2013.

［3］胡鞍钢. 创新绿色北京实践，实现绿色发展模式 ［J］. 前线，2010（1）.

［4］石峰，陈首丽. 北京地区能源消费特征分析 ［J］. 消费经济，2009（3）.

［5］张旺，周跃云. 北京与主要世界城市低碳发展状况的比较研究 ［J］. 世界地理研究，2012，21（4）.

［6］北京市环境保护局. 北京市环境状况公报 ［N］. 2010–2013.

［7］高辉清，钱敏泽，郝彦菲. 建立促进绿色消费的政策体系——日、德经验与中国借鉴 ［J］. 中国改革，2006（8）.

［8］沈晓悦，赵雪莱，李萱等. 推进我国消费绿色转型的战略框架与政策思路 ［J］. 经济研究参考，2014（26）.

［9］熊焰. 低碳之路：重新定义世界和我们的生活 ［M］. 北京：中国经济出版社出版，2010.

［10］张贵祥，武于非. 北京低碳经济发展的重点与对策 ［J］. 生态经济，2011（3）.

［11］靳敏，叶葩，万慧玲等. 北京发展低碳能源的财税政策——基于欧盟低碳能源财税政策的建议 ［J］. 环境保护，2013（12）.

［12］齐晔. 京津冀绿色转型的战略意义 ［J］. 人民论坛，2014（10）.

第六章
首都临空经济发展路线图

首都城市离不开机场，空中通道是首都核心功能要素之一。因而首都经济离不开临空经济，临空经济既因首都经济而起，也能进一步助推首都经济发展。当首都机场承接不了飞速发展的客货运输规模后，首都经济圈内原本孤立的周边城市机场就一步步被纳入首都经济圈机场体系之中。于是，首都经济圈中的临空经济就诞生了。京津冀圈内和环渤海区域内已经陆续建成了多点机场，并逐步建立有机整体性的机场体系。下一步就是要把这些机场做成临空经济新兴形态。

一、临空经济概念和内涵

（一）临空经济的概念

临空经济是围绕着机场跑道这一核心资源而衍生出的各类经济活动的综合，从机场资源角度出发，临空经济是指依托机场设施资源，通过航空运输行为或航空制造活动，利用机场的产业聚集效应，促使相关资本、信息、技术、人口等生产要素向机场周边地区集中，以机场为中心的经济空间形成了航空关联度不同的产业集群，这种新兴的区域经济形态称为临空经济。其核心要素包括机场、产业、空间三方面。

（二）临空经济的特征

1. 基于产业"基础设施依附"的特性，临空经济形成区位依赖特征

临空经济是以机场为内核衍生出的一种新的经济形态，对机场这个交通基础设施具有极强的空间依附作用，这种特性决定了临空经济具有"区位依赖性"。同时，不同类型的临空产业对不同的机场特性，如功能定位、航线网络、运力供给的敏感度不同，将有选择地向不同类型机场聚集。

2. 基于机场"空间经济影响"的特性，临空产业形成临空指向特征

机场的"空间经济影响"来自临空产业对航空运输的强依赖性，机场的存在将改变周边区域的空间经济特性。在临空产业聚集过程中，机场的直接或间接影响是产业聚集的原动力、机场的客流和货流是临空产业链的主线、机场的功能定位和规模是临空产业发展的决定性因素、机场的航线网络资源是临空产业赖以生存和发展的源泉，因此，在机场周边布局的产业或多或少同机场（航空运输）相关，即具备临空指向性特征。

3. 基于航空运输"全球易达性"的特性，临空经济具有外向型经济特征

机场通过提供便捷、快速的连接方式，提高了供应商和顾客特别是在远距离情况下的商业生产效率，因此，全球易达性对商业地点选择以及地区经济发展有着非常关键的影响。在全球经济联系日益紧密的背景下，跨国公司在机场周边选址发展是其区位最优选择，以这种方式吸引的企业往往具备以下特点：以国际市场需求为导向、以扩大出口为核心、积极参与国际分工和国际竞争，形成了临空经济的外向型经济特征。

4. 基于航空运输"便捷快速"的特性，临空经济具备速度经济的特征

随着市场需求的多样化和灵活化趋势，时间越来越显示出其独特作用，重视时间效应的企业，能够以最快速度、最少时间、最大限度地满足顾客需求，更容易获得来自顾客的高回报，从而抢占商机而获得超额时间效益。而航空运输恰好满足了企业对获取超额时间效益的客观需求，临空经济区内企业普遍对产品运输要求较高，因其产品具有市场敏感度强、生命周期短的特点，只有通过快速流通，迅速占领市场，才能获得高额利润。此即形成临空经济的速度经济特征。

5. 基于企业与机场"产业关联差异"的特性，临空产业形成多样性的特征

临空产业与机场资源具有关联性，但关联方式与程度的差异性使机场吸引产业呈现多样性特征。例如，在机场紧邻空间范围内吸引的产业主要是航空运输业和航空制造业，依托航空客流衍生的产业以服务业为主，而依托航空货流衍生的产业以制造业为主。

（三）临空经济区产业集聚的类型

临空经济区并没有统一的发展模式，大多是参照模仿发展方式。由于机场所处的位置、地域条件、经济基础、现有产业、交通条件等因素不尽相同，在临空经济区建设中产业的选择和发展也应不同，临空经济产业聚集模式应与之匹配和相适应。

1. 多种产业并进，集群化发展模式

以机场为中心，从区域内现有的产业遴选出能带动区域发展并具有良好前景的产业，重新划定产业功能区，并对机场周边已有的产业进行规划和链接，形成多产业主导、产业前后向关联的具有系统性的产业区域集群发展，这种模式下的临空经济区具有功能多元化、产业集群化和空间城市化的特点，一般而言用地规模比较大。此种发展模式适合于依托大型枢纽机场构建的临空经济区，如我国以北京首都机场为中心的北京顺义临空经济区，以上海虹桥机场为中心的上海虹桥临空经济区，经过多年发展，目前这两个临空经济区基本形成了各功能区产业集聚、区域组团、功能互补的发展格局，产业构成和功能分区逐步趋向合理。

2. 以现代服务业为主导产业的发展模式

依托航空运输业，现代服务业在机场周边快速发展起来。现代服务业主要包括现代物流、通信服务、公共仓储、电子商务、文化娱乐、会议展览、金融保险、休闲旅游、餐饮旅馆等。以现代服务业为主导的临空经济区主要有以下几种：

（1）物流型临空经济区。航空物流业借助机场口岸及便利的运输条件，形成在机场货运区、物流区、产业区之间的供应链。临空物流是临空经济区发展的一个动力。在我国，物流型临空经济区是应用最广泛的一种模式，如广州、深圳、青岛等将机场货运区或者以周边规划的物流园区为临空经济区的中心组成部分，展现出航空物流的强势带动作用。此外，空港物流区可强化物流加工、仓储、展示方面的报税功能，发展成空港保税区，并逐步向空港自由贸易区转型。

（2）交通枢纽型。以机场为中心的综合交通枢纽的建设，可发展成依托区位交通优势、交通便利的临空经济区。随着我国现代物流业的飞速发展、通用航空

的逐渐放开以及生产生活中对物流配送效率、质量的要求不断提高，以传统客货运为主的物流配送方式已不能充分满足人们的需求，航空物流在一定程度上很好地解决了这个问题。机场进场交通由原来的点线式向与地面交通衔接网络化转变，机场货运区发展成城郊综合交通枢纽，成为城市间交通的衔接点，并以此为核心形成交通枢纽型临空经济区。

（3）商务贸易型。在以现代服务业为主导的临空经济发展模式中，发展比较成熟的大型国际机场一般青睐于商务贸易型的发展模式，由于机场所处城市规模比较大，也称为航空城。该类型临空经济区功能定位类似于城郊型中央商务区，侧重发展商务贸易、星级宾馆、会议中心、办公设施等。

3. 以航空产业为主导产业的发展模式

航空产业主要分为两种类型：一类是航空制造业，主要是航空零部件的制造、加工，但是不同于传统的机械制造业，是集许多新技术、新材料、新工艺、新结构的现代先进制造业；另一类是航空运输服务产业，主要是机场附近规划建设的基地航空公司、维修公司、配餐公司等所提供的服务，如福州长乐国际机场航空城的航空工业、厦门高崎国际机场航空城的飞机维修业等。我国许多临空经济区规划航空产业为该地区的主导产业或支柱产业。

4. 以高轻产品制造业为主导产业的发展模式

高轻产品，如电脑芯片、软件、生物医药、高科技电子产品等，具有科技含量高、体积小、附加值高、质量轻、市场灵敏度高、交货期短的特点。此类产品市场敏感度高、附加值高、产品生命周期短的特点决定了产品市场销售的撇脂战略，也就是最先占领市场的企业将会获得丰厚的利润，这决定了产品必须要有安全、高效的运输方式。产品体积小、质量轻、运输成本低，航空运输能充分满足这类企业的要求。我国成都双流临空经济区就是以此类产业为主导产业的临空经济区。

二、北京首都机场临空经济区产业发展情况

（一）首都机场顺义临空经济区的发展历程

从 20 世纪 90 年代初到现在，顺义临空经济区的发展大致经历了三个阶段：

第一阶段——萌芽阶段。1992 年，顺义区提出了"依托机场、服务机场、大力发展空港口岸经济"的思路。

第二阶段——成长阶段。2000 年，顺义区"十五"规划提出了"空港国际化、全区空港化、发展融合化"的运行机制。

第三阶段——发展阶段。2003 年，顺义区提出了大力发展临空经济。

经过十多年的发展，顺义临空经济区逐步形成了以首都机场为核心，天竺综合保税区、空港开发区、林河开发区、空港物流基地、北京汽车生产基地、国门商务区六大功能区的紧凑布局，聚集航空类企业超过 300 家、世界 500 强企业 30 余家以及民航六大集团，初步呈现出以航空业及相关企业总部为主体、现代制造业和高端服务业加速聚集的临空产业体系。2012 年，临空经济区所带来的经济总量占顺义区经济总量的 70%[①]。

（二）顺义临空经济区的产业发展情况

顺义临空经济区主要分为两个部分，第一部分为核心区包括空港运营区首都机场运营区和紧邻空港区，第二部分为拓展区。

1. 核心区

紧邻空港区指的是空港区外围距机场 5 公里的区域，包括空港工业园区、林河工业园区、空港物流园区、国门商务区、国际会展中心以及五个乡镇（即天竺镇、后沙浴镇、南法信镇、仁和镇和李桥镇）在内的紧邻空港区的两个圈层。

---

① 首都国际机场临空产业发展，http：//wenku.baidu.com，2013-4-16。

2. 拓展区

拓展区包括距离机场 5~15 公里的圈层范围，如图 6-1 所示，该区域主要包括顺义区北石槽镇、赵全营镇、牛栏山镇、高丽营镇、马坡镇、北小营镇、南彩镇、李遂镇、杨镇、北务镇、木林镇和大孙各庄镇。

图 6-1　首都机场临空经济区示意图

（1）核心区产业情况。目前首都机场的临空经济核心区的产业主要集中在六个产业园区（见表 6-1、表 6-2 和表 6-3），产业覆盖多个现代制造业和现代服务业，是首都经济中高端产业的集聚区。

表 6-1　六大产业园区的概况

产业园区 ＼ 情况	园区简介
天竺综合保税区	天竺综合保税区 2008 年获得国务院批复，2009 年通过国家部委验收实现封关运作，2010 年口岸操作区启动运营实现区港一体化。天竺综合保税区是在有机整合原天竺出口加工区和原空港保税物流中心（B 型）的基础上设立的。总体规划面积 5.944 平方公里，从地域上划分为南北两区。天竺综合保税区北区规划面积 3.218 平方公里，包括口岸操作区、保税功能一区及保税功能二区。天竺综合保税区南区规划面积 2.726 平方公里，包括保税功能三区，区内建有两个卡口、围网及视频监控系统等设施。可以开展以下九项业务：仓储物流，对外贸易，国际采购、分销和配送，国际中转，检测和售后维修，商品展示，研发、加工、制造，港口作业，经海关批准的其他业务
国门商务区	成立于 2006 年，国门商务区总体规划面积 19.65 平方公里，可开发建设面积 9.65 平方公里，总建筑面积超过 650 万平方米，总投资超过 300 亿元 以国际航空枢纽为依托；以特色国际商务、研发设计为核心；以吸引国内外航空企业总部为突破口；重点与航空服务、投资营销、研发设计等行业中的大型重点企业进行战略合作；建设成为国际信息交流与服务中心，众多高端服务业聚集的国际企业总部区

续表

产业园区 ＼ 情况	园区简介
北京汽车生产基地	北京汽车生产基地成立于 2003 年，总体规划面积 19 平方公里，核心区规划面积 7.3 平方公里（其中 1 平方公里为配套住宅小区）。由整车发展区、零部件工业区、仓储物流区、总部功能区、航空产业园五部分组成。是北京"十一五"期间重点规划建设的临空经济区的核心组成部分
北京天竺空港经济开发区	成立于 1994 年，总体规划面积 6.6 平方公里，是首都临空经济高端产业功能区的重要组成部分
空港物流基地	成立于 2002 年，是北京唯一的航空——公路国际货运枢纽型物流基地，位于首都国际机场北侧，首期规划面积 1.55 平方公里。基地主要以航空物流企业为依托，以国内外专业物流及总部型企业为主体，以国际中转、分拨、配送业务为主线，以高附加值物流加工企业为补充。引进企业类型：第三方物流企业、航空公司、货运代理、进出口贸易、高科技制造业等
林河开发区	成立于 1992 年。2000 年 10 月经北京市人民政府批准为中国北方微电子产业基地；2002 年 11 月经北京市人民政府批准为北京汽车及配套零部件生产基地；开发区总体规划面积 4.16 平方公里，是北京临空经济区的核心组成部分

资料来源：《首都国际机场临空产业发展报告》。

表 6-2　六大产业园区经济分析

	主导产业	经济指标	重点项目
天竺综合保税区	一区主要发展口岸物流和保税物流；二区重点发展机务维修，以及与货物贸易、服务贸易、特色金融、展览展示等相关的综合性服务业；三区重点发展航空指向性强的电子信息、生物医药、环保节能、光机电一体化为主导的高新产业	2012 年，完成各项税收 402 亿元，关税及代征税 396.31 亿元；[①] 实际利用外资 1090 万美元；固定资产投资 8.7 亿元；企业营业收入 178.2 亿元。全年实现进出口总值 23.8 亿美元	一是北京国际文化贸易服务中心。2015 年完成并开始正常运营，预计年营业额将超过 500 亿元 二是首都机场航空货运基地
国门商务区	航空服务、总部商务、商务服务、高新技术、酒店公寓	2012 年，商务区入区企业完成税收 1.7 亿元，共引进金融类企业 50 家，累计注册资本金近 43.4 亿元，基金规模达 807 亿元	国门商务金融港、空港国际会议中心、临空国际展览展示交易中心、国家地理信息科技产业园、国门紫金商务大厦、北京苏活、环宇商务科技园、翼之城
北京汽车生产基地	整车发展区、零部件工业区、仓储物流区、总部功能区、航空产业园	2011 年，园区所属企业实现属地税收 100.96 亿元，另据统计，北京汽车生产基地自 2003 年成立到 2011 年，9 年累计实现属地税收 347 亿元	中航工业北京航空产业园、现代汽车、北汽股份

① 北京市统计局.《首都国际机场临空产业发展》，2013-4-16。

续表

	主导产业	经济指标	重点项目
北京天竺空港经济开发区	首都临空经济高端产业功能区	2011 年，开发区完成税收 70 亿元，同比增长 75%，占顺义区 20%；其中地方财政留成 16 亿元，同比增长 60%。完成工业总产值 337.6 亿元，完成总收入 794.7 亿元，出口供货额 231.7 亿元	世界 500 强企业有 21 家在开发区设立了 36 个项目 空港开发区培育壮大了空港股份和空港物业两大企业集团
空港物流基地	北京唯一的航空——公路国际货运枢纽型物流基地	2011 年税收 28.14 亿元	引进企业 400 多家，其中包括美国强生、德国敦豪（DHL）、中国中铁、中航集团、中石油、TNT 等 10 多家世界 500 强关联企业，以及中外运、日本近铁、宅急送等十多家物流企业
林河开发区	现已形成以汽车零部件、微电子、光机电一体化和生物新医药四大产业为主导的先进制造业产业格局，逐步形成以技术外包、技术服务和物资流通领域为主导的、具有较强竞争力的跨国家、跨地区的现代服务业产业集群	2010 年，开发区实现税收收入 4.2 亿元	燕京啤酒

资料来源：《首都国际机场临空产业发展》，2013-4-16；顺义人民政府网。

表 6-3　核心区产业园区发展概括

园区名称	主导产业	占地面积（公顷）	龙头企业	税收总额（亿元）
空港工业区 A 区	电子信息	150	国航股份、空客中国、中外运、松下、中航材、嘉里大通	71
空港工业区 B 区	基础工业	410	南航北京基地、空港股份、中航工业曙光	
空港物流基地	物流、出口加工	671	美国强生、德国敦豪（DHL）、中国中铁、中航集团、中石油、TNT、中外运、日本近铁、宅急送	28
林河工业区	都市工业、汽车零部件	374	燕京啤酒、核工业工程研究中心、中油燃料油股份有限公司华北区总部结算项目	4.2
北京汽车生产基地	汽车及零部件	926	现代汽车、中航工业	101
国门商务区	总部经济、会展	1549	国门商务金融港、空港国际会议中心、临空国际展览展示交易中心、国际地理信息科技产业园、国门紫金商务大厦、环宇商务科技园、冀之城	1.7

续表

园区名称	主导产业	占地面积（公顷）	龙头企业	税收总额（亿元）
新国展产业园	会展	155	新国展	1.5
综合保税区	综合保税、物流	764	德国默克雪兰诺、巴西航空、瑞威国际酒业、国药前景口腔、三菱商事、工银金融租赁、建信金融租赁、民生金融租赁、中航国际租赁	6
合计		5345		213.4

资料来源：首都国际机场临空产业发展报告，2013-4-16。

（2）拓展区各个镇功能组团区产业发展状况。首都机场临空经济区经过这些年的发展，已经初具规模，其带来的经济效应也越来越大，已经成为了世界前列的临空经济区，但是我们通过表6-4的数据分析可以很清楚地看出，首都机场临空经济区的发展还有以下不足之处：

第一，高端服务业发展不够，经济支撑还是主要来自制造业。

工业与物流主导、临空产业发展缓慢。六个园区中国门商务区以总部经济为主；天竺综合保税区与空港物流基地以物流为主，税收收入达到了34亿元；天竺空港经济区、北京汽车生产基地、林河开发区以汽车和都市工业为主，占到了临空经济区税收的主要来源，所以，顺义临空经济区还是以工业和物流占据主导地位，高端商务、旅游度假、酒店、商贸、金融等产业发展缓慢。这可以作为接下来调整的一个方面。

第二，园区规模较小，拓展性不足。

最大的国门商务区1549公顷，最小的空港A区150公顷。园区规模小导致开发成本高、产业集中度低、不能形成规模效益、发展空间拓展性不足。这对于首都机场来说是一个不易解决的问题，因为已有的规划已经形成，不可能轻易改变。但是，这对于即将开始建设的南部新机场有着很大的借鉴意义，在进行新机场规划时应该充分考虑园区规模的问题。

表6-4 拓展区各个组团区产业发展情况

园区名称	主导产业	占地面积（公顷）	龙头企业	税收总额（亿元）
天竺镇	楼宇经济、航空配套		新华航、中航油、动力能源、华谊兄弟文化创意产业园	2.6
赵全营产业组团	高端制造	329	北汽自主品牌乘用车基地	1.62

续表

园区名称	主导产业	占地面积（公顷）	龙头企业	税收总额（亿元）
牛栏山工业组团	楼宇经济	553	牛栏山	9.24
马坡工业组团	金融业	267	银行总部基地、正德人寿总部、中信银行数据中心	6.2
临空国际	信息产业、装备制造、航空航天	100	数码视讯、航天科工、新大陆、雷士照明	0.2
北小营工业组团	都市工业	138	汇源果汁、世钟汽车、汉德服装、中谷集团和田宽食品	3.49
南彩工业组团	都市工业	135	希利凯新材料、宏森木业、茂华工场	4.65
仁和第二、第三产业基地	汽车零部件、楼宇经济	369	北汽有限、韩一、李尔岱摩斯、顺美、万方控股、中石油昆仑燃气、中北华宇	15.97
合计		1833		43.97

三、首都机场和南部新机场临空经济区的产业集聚效应分析

集聚效应是指各种产业和经济活动在空间上集中产生的经济效果以及吸引经济活动向一定地区靠近的向心力，是导致城市形成和不断扩大的基本因素。刘雪妮（2009）[①]认为临空产业集聚是临空经济发展到较高阶段的表现，临空产业自身的特点决定其需要通过产业聚集获得竞争优势，而机场与产业聚集的良性互动及地方政府的大力支持和积极推动是临空产业聚集形成的外部动力。

本书采用刘雪妮（2009）曾经采用的对 EllisonandGlaeser 制造业聚集指数进行简化后得到的标准化指数的方法进行研究。定义 t 时刻地区 i 的产业集聚指数为 $g_i(t)$。

$$g_i(t) = \frac{E_i(t)}{E(t)} - \frac{P_i(t)}{P(t)} \tag{6-1}$$

$E_i(t)$ 表示目标区域 i 在 t 时刻的就业人数，$P_i(t)$ 表示目标区域 i 在 t 时刻的

---

① 刘雪妮. 临空经济对区域经济的影响研究——以首都机场临空经济为例 [J]. 经济经纬，2009（3）.

总人口，E（t）和 P（t）分别是 t 时刻总区域的总就业人数和总人口。$g_i(t)$ 的值介于-1 与 1 之间。当 $g_i(t)$ 趋于-1 时，表明该地区没有产业分布；相反当 $g_i(t)$ 趋于 1 时，该地区集聚了整个总区域范围的所有产业；$g_i(t)$ 趋于零，表明产业分散到各个地区。

首先，首都机场临空经济区已经建立，我们可以用这种方法来验证一下其临空经济的聚集效应。本书选取顺义区作为目标区域，北京市作为总区域，来分析首都机场临空产业集聚程度的变化趋势（见图 6-2）。在岗职工数为统计年鉴上年平均在岗职工人数，总人口为常住人口数。

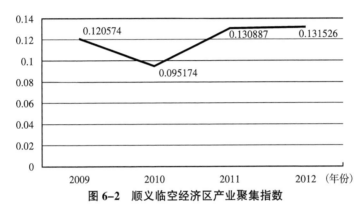

图 6-2 顺义临空经济区产业聚集指数

资料来源：《北京市统计年鉴》（2009~2013）。

其次，由于新机场主要地址在大兴区，因此，本书在这里就选取大兴区的数据，可以看看临空经济区没有建立时大兴区是否有产业聚集（见图 6-3）。

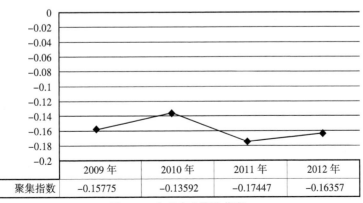

	2009 年	2010 年	2011 年	2012 年
聚集指数	-0.15775	-0.13592	-0.17447	-0.16357

图 6-3 大兴产业聚集指数

资料来源：《北京市统计年鉴》（2009~2013）。

最后，由于新机场的选址也涉及河北省廊坊市的三个区县，因此，本书还选取了廊坊市三个区县的数据，但是由于数据有限，在这里只收集了 2012 年的数据，经过公式计算得出产业聚集指数为 0.087826[①]，可以看出这三个区县存在一定的产业集聚，但是规模很小，因此新机场临空经济区的建立势必也会增加廊坊市的产业集聚。

综上所述，我们可以看出，临空产业聚集程度逐渐提升，说明临空产业吸引力不断提高，首都机场周边区域逐渐成为资本、人才、技术的集聚地，多个产业在临空经济区集聚，形成产业集群。而大兴区则还没有形成产业聚集，廊坊市有很小的产业聚集，但是，本书预测新机场临空经济区建成后，大兴区和廊坊市三个区县的产业聚集指数将会趋近于 1，形成产业聚集效应。那么，新机场的临空经济区到底该发展哪些产业，到底该用哪种模式发展呢，本书接下来将给出新机场临空经济区产业选择的路线图，并且结合天津、河北的情况提出其机场的功能定位。

四、京津冀临空经济区调整的路线图

根据国家关于京津冀协同发展的要求，在考虑北京新机场临空经济区的同时也需要充分考虑天津、河北地区机场的功能定位，能够将这三地的机场有机结合起来，形成合力，全面定位于京津冀地区临空经济区的发展。由于北京南部新机场定位于国际性的机场，因此，本书也以北京新机场产业选择为重点，结合首都国际机场、天津以及河北的机场，来制定一个临空经济区调整路线图。

在本书前半部分已经详细介绍了首都国际机场临空经济区的发展状况，我们通过分析可以很明确地看出，首都机场主要存在的问题是高端服务业的不足，周边形成了以第二产业为主的产业发展模式，因此，在今后的发展中，应该将重点放在现代服务业方面发展，通过会展中心、新国展的建立，为首都机场临空经济区发展提供新的活力。在这里，我们主要借鉴首都机场发展的经验以及教训，对

---

① 《廊坊市统计年鉴》（2012）。

北京南部新机场临空经济区的建设重点分析。

北京新机场位于北京最南端、永定河北侧、京九线东侧、京台高速西侧，地跨北京市大兴区礼贤镇、榆垡镇和河北省廊坊市广阳区，距天安门直线距离约 48 公里，距首都机场约 68 公里，距天津机场约 85 公里，距廊坊约 24 公里，距保定约 86 公里。首都圈机场运输情况如表 6-5 所示。

表 6-5　首都圈机场运输情况

	年份	北京	天津	河北	北京经济圈	北京新机场
客运量（万人）	2009	4339	578	76.7	4993.99	2018 年首航，2025 年预计 7200
	2010	5630	727.7	156.8	6514.45	
	2011	7300	755.4	229.6	8285.29	
货运量（万吨）	2009	98	16.8	1.16	115.83	2025 年预计 200
	2010	130	20.2	1.68	151.68	
	2011	132	18.3	2.11	151.97	

资料来源：历年《北京统计年鉴》、《天津统计年鉴》、《河北统计年鉴》。

北京市政协十二届委员会常委会通过了《关于首都城市发展若干问题的建议》。其中有关科学规划临空经济区的报告中指出，2014 年全面开工建设的首都第二机场，地处天安门正南 50 公里京冀交界处，规划至 2025 年总投资约 790 亿元人民币[1]，加上外围市政保障工程和交通配套设施等相关投资超过 2000 亿元，同时也将拉动周边上万亿元的社会资本投入，预计 2018 年建成并投入使用。随着首都第二机场从前期论证阶段转入全面建设实施阶段，科学规划首都第二机场临空经济区将是迎接新一轮区域竞争挑战、打造新的经济增长极的重要抓手。

报告称，根据有关研究保守估计，未来在首都新机场附近将至少形成一个 30 万就业人口、50 万居住人口的城市化区域。因此，建议依托第二机场临空经济区，打造首都城市副中心，优化首都城市功能。首都第二机场临空经济区应跳出现有大兴新航城 57 平方公里的规划范围，吸取近些年新城变"卧城"的教训，统筹新机场周边京冀两地产业发展与城镇建设，构建类似浦东新区等国家级新区和城市副中心能够容纳较大规模人口、产业和功能的空间新载体，以最大限度地缓解首都中心城区的人口、交通、资源和环境压力，引领带动首都经济圈产业发展，推进京津冀区域经济一体化进程。同时，首都第二机场临空经济区的建设，

---

[1] 北京市发改委新机场建设规划办公室。

要超越当前城市建设理念，科学规划建设 5~10 个"宜居宜业"的临空小城镇，构建首都城南新型城镇体系。

根据北京市政府以及北京市发改委的相关要求，新机场临空经济区的规划以及其产业布局和产业选择成为了临空经济区发展的重中之重。本书将根据首都机场顺义临空经济区的发展情况以及其产业发展的经验，对新机场临空经济区发展做一个前瞻性的分析。

路线图主要分为四个方面：新机场产业发展模式的选择、产业的布局、园区企业类型的选择以及天津、河北地区机场的功能定位。接下来，我们将具体分析：

（一）产业发展模式的选择

本书在前面分析了首都机场临空经济区的发展以及产业布局，我们发现，首都机场基本上是采用了多种产业并进，集群化发展的模式，这种模式下的产业有多样化、功能齐全的优点，这也得益于首都机场这个超大型枢纽机场。

但是，我们也可以清晰地看出，首都机场临空经济区的这种多产业发展模式下，制造业依然占据了主导地位，也是税收的第一大来源，而象征着更高水平经济的第三产业以及现代服务业相关的产业并没有很好地发展，图 6-4 清晰地体现了这一点。

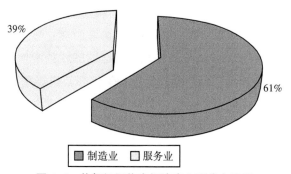

图 6-4　首都机场临空经济产业税收占比图

资料来源：北京市统计局，顺义区统计局，《首都国际机场临空产业发展》，2013-4-16。

因此本书认为，作为一个城市中的第二个枢纽机场，新机场临空经济区的建设应尽量避免首都机场出现的问题，例如，首都机场周边的汽车生产基地等类似产业绝不能继续出现在新机场的临空经济区，也应尽量避免与首都机场出现的重复建设。新机场可以选择重点打造高端服务业的临空经济区，也就是商务贸易型的临空经济发展模式。根据北京产业结构的不断调整，第三产业在经济中的比重越来越高，北京的经济结构也在不断地优化，因此选择打造高端服务业的临空经济区十分符合北京的产业结构变动趋势。同时，这也是大多数经济发展比较成熟的国家所选用的发展模式。

（二）产业的布局

由于资料有限，对于产业布局这方面，本书主要根据北京市发改委的相关信息以及新机场的位置来做一个简单的布局。

机场的核心区，核心区通常情况下发展如航空制造与服务、航空材料、航空装备制造等与航空密切相关的产业。

南中轴线商贸区。由于新机场地处北京市最南端，位于北京的南中轴线，因此，在这个中轴线的区域可以建立一个国门商务区，重点发展会展、旅游、贸易等高端的现代服务业，同时也可以建立一个文化园区或者拥有国际交往职能、文化与传媒职能的产业园区。这样既可以发展现代服务业，同时也可以使北京的文化能够更好地传向世界。

西部生活区。可以依托永定河绿色生态发展带，建立一个适合高端居住人群的生活区，同时，建立高品质基础设施以及商务服务等配套功能区。

东部综合保税区。本书有一个大胆的设想，因为新机场的建设涉及河北廊坊市的一些地区，同时和天津地区的距离很近，北京可以在新机场的东边协同天津以及河北廊坊市建立一个大型的综合保税区。这不仅仅对于北京有着很大的好处，同时对于天津、河北地区乃至整个京津冀地区的经济联动都有很大的帮助。作为天津来讲，天津滨海机场离新机场的距离并不远，在这中间建立一个综合保税区，对于天津的经济发展也有一个很好的促进作用，作为北方的经济中心，天津也需要这样的合作来提升自身的竞争力，从而能够更好地和北京实现"双城记"。对于河北来讲，这更是一个利好，因为河北地区经济发展相对滞后，这样的机会能够促进河北地区的产业结构升级，特别是对于廊坊来说，廊坊作为河北对外开放的窗口和门户，京津经济发展、城市拓展的腹地，其得天独厚的区位优势和项目承载力、聚集力，为京津外延发展提供了广阔的空间。同时，随着北京新机场的建设，保税区中的高科技产业和现代服务业，不仅本身具有较大的发展前景，而且对周边地区会产生技术、知识、信息等方面的"溢出"效应，增加对国内外企业的吸引力与辐射力，增强区域的整体竞争力，但是这个保税区的建立必须建立在京津冀充分协调的基础上，彼此在牺牲一部分利益的情况下达到共赢，最好能够达到的结果就是三地通关，这样就能够真正地形成一个大的产业集聚，能够更好地利用京津冀地区的优势发展临空经济。

边缘镇组团发展。按照职能分工合作建设的多个组团，可以仿照顺义经济区发展一些技术型的产业或者一些工业的附属产业，这样可以给其核心产业做一个很好的补充。

具体的一些发展布局与预测如表6-6和图6-5所示。

表6-6　新机场临空经济区布局的预测规划

产业园区布局	发展产业	招商引资企业	期望税收收入
机场核心区即空港区	航空工业，电子信息，物流、加工	各大航空公司，物流公司等。根据情况可以和首都机场互补	50亿元
南中轴商贸区	会展、总部经济、国际交往、现代服务业	会展中心、文化交流中心、商务、酒店等	5亿元
东部综合保税区	综合保税、贸易、国际贸易结算中心、融资租赁、期货保税交割	金融机构、外资银行、国有银行等。投资贸易类企业、金融租赁等企业	15亿元
边缘城镇组团工业区	技术性产业、都市工业、航空加工	航天科工、IT企业、生活生产型企业	40亿元
西部生活区	服务业、酒店业、零售业	生产生活型企业、批发零售类企业、各大超市等	5亿元

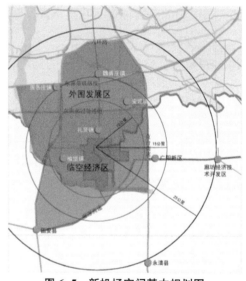

图6-5　新机场空间基本规划图

(三)园区企业类型的选择

说到企业类型的选择,在这里我们必须明确临空产业的分类。

我们按照航空运输以及对机场资源的利用程度将临空产业大致上分为三类:航空核心产业、航空关联产业和航空引致产业(见图6-6)。

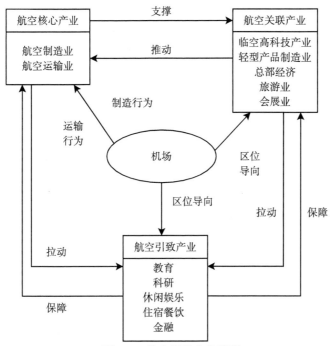

图6-6 临空经济产业关联

航空核心产业一般是指直接利用机场的设施资源和服务资源来开展生产、制造活动的产业,其主要包括航空运输业和制造业,如航空物流、快递业务等,需机场直接参与其生产过程。航空核心产业对机场资源依赖性很高,具有很高的航空指向性,要求紧邻机场。此外,为以上两大产业进行保障服务的航空相关产业也属于航空核心产业,它们直接为其提供服务,如航空食品业、航空器维修业等。这些产业指向性也相当高,同样需要紧邻机场。

航空关联产业是指对航空运输服务的相关度较高,需要航空货物快速安全和机场口岸功能的优势来降低客货运输时间成本的,对人流物流要求相对较高的产业。其分为两大类:一类是航空运输、产品具有临空区位偏好的高实效性、高附加值的产业，包括高科技制造业、轻型产品制造业、现代农业等；另一类则是知识、信息、技术和资金密集型的现代服务业，包括总部经济、会展业等现代服务业。这些产业并不像核心产业对机场依赖性极高，它们要利用机场的航空运输服务来优化运输环境，以此来降低其运营成本，同时还能提高经营效率。这些产业基于地租成本和时间成本等因素选择在机场周边不同区域内布局。

航空引致产业是指由航空核心产业和航空相关产业引发和吸引的各类辅助、配套和支持产业。它们大多为现代服务业，受到机场吞吐量和规模的影响，主要受到其他两类临空产业的需求和规模的影响。

企业活动表现为人员、物质、信息的流动，也就是说，企业是由人力资源、物力资源、信息资源等构成。企业各构成要素对机场资源的利用分两种：直接利用和间接利用。企业的物资资源和企业的人力资源都需要对机场资源进行直接利用。间接利用则是企业由机场资源所带动的机场附近便利的交通、良好的保税环境、经济环境等得到发展。同类企业作为一个整体，表现出来的就是产业对临空经济资源的需求与利用。

依据企业对机场资源的利用程度，可以分析不同特征的产业临空指向性，如表6-7所示。

表6-7 临空经济指向性产业选择

临空指向性程度	产业类型
极强	航空运输服务、航空设备、光学仪器和镜片制造、通信器材制造、电器配送设备制造、货运代理
较强	电子和电器设备制造、特殊化工制品制造、公共仓储、工具、量具与控制仪器制造、航空运输服务、特殊构造金属制品、药物制品批发
一般	汽车租赁、电子元件与附件制造、公共汽车与出租车、旅馆/汽车旅馆、机动车停车、医疗器械制造与供应、汽车服务等
趋强	旅行社、公共仓储、特殊机械、邮政及相关服务等

所以，对于新机场临空经济区的企业选择，我们需要做出取舍。

1. 对于临空指向性极强的产业类型

需要在机场核心区发展，因为临空经济区说到底还是得围绕着机场，因此，机场的核心区依然需要引进航空运输服务、航空设备、货运代理等指向性强的企业。

2. 对于指向性较强和一般的产业类型

这些类型的产业中的制造业企业，按照之前分析的，本书认为可以适量引进，不必过多地引进，原因有：①首都机场顺义临空经济区在这两个类型的产业上已经发展得十分完善，而且形成了一个庞大的规模，也为经济区带来了丰厚的税收，而作为与之呼应的新机场，就没有必要去和它竞争，进行重复建设。②新机场的建立在一定程度上也是适应北京经济发展的需求，所以，结合北京的发展看，北京已经进入第三产业主导的发展时期，因此，北京需要的是大力发展高端服务业，而作为能够承接很大一部分北京南部经济发展重任的新机场临空经济区来说，继续去强调发展制造业已经不现实了，需要发展的是能够带来新的增长活力的高端服务业。③制造业对于环境的污染十分严重，而处于永定河绿化带的新机场临空区的环境需要去保护。

3. 对于指向性一般的产业类型

这些类型的产业中的总部经济、会展以及旅游业等现代服务业，新机场临空区需要着重引进，因为这种类型的企业是符合北京产业结构调整的趋势的，也是首都机场临空经济区所欠缺的，这些企业是一个城市经济发展成熟的标志，而北京作为世界城市需要着力发展这些产业，充分发展之后可以与首都机场形成很好的互补，对于北京这两个机场的临空经济区的发展都会起到很大的促进作用。

4. 对于指向性趋强的企业

新机场临空区也需要主要引进对象，其中可以包括高端的金融业、商务商贸、休闲娱乐等类型的企业以及与航空服务配套的服务型企业。这些类型的企业对于航空运输条件的依赖较低，但是却能够形成很好的产业集聚效应，而且能够带来很多的就业。但是，这些需要的一个前提是客流量能够达到一个比较高的程度，而新机场刚建立时期客流量能否达到预期的目标，也直接影响着这类型企业的进驻。

（四）天津、河北地区机场的功能定位

站在京津冀协同发展的角度下，本书也将对天津滨海机场以及河北的两个民用机场的功能定位进行一些简单的分析。首先是天津滨海机场，作为天津市政府与中国民航局合作建设的民航局在国内唯一支持的国家级中国民航科技产业化基地，志在打造航空产业城，对于天津临空产业区的建设和发展是一次绝好的机

遇，同时为天津航空业的发展奠定良好基础。天津滨海机场有着极天然的优势，紧邻天津港，并且与北京新机场的距离也比较近，这使得滨海机场完全可以承担绝大部分京津冀地区的货运任务，中国民航局已将天津机场定位为北方航空货运中心，我们可以将天津滨海机场作为京津冀地区的航空货运中心，逐渐将首都国际机场的货运任务以及物流中转等转移到天津滨海机场，这不仅能够减轻首都机场的压力，同时也能够为天津滨海机场临空经济区建设提供很大的帮助。同时，天津滨海机场还可以与河北石家庄的正定机场一起承担一部分的首都机场备降机场的任务。这样形成的与首都机场以及新机场错位发展的方式，更有利于整个京津冀地区机场分工的合理化，同时，也能使得每个地区能够明确发展，为整个京津冀地区的经济发展提供有力保障。

其次是河北的两个机场，一是石家庄正定机场，二是邯郸机场。由于邯郸机场距离京津地区较远，因此在这里主要还是将邯郸机场定位于河北自身的客货运的功能，不过多承担京津地区的一些功能转移。而石家庄正定机场则完全有条件成为京津冀临空经济区的有力补充，石家庄的交通地位显著，而且随着高速铁路的发展，到达北京的时间也将大大缩短。这样，正定机场可以作为南部新机场客运的一个分担点，承接一部分京津冀地区的客运任务，同时，正定机场还可以通过票价的一些优惠吸引更多的乘客把石家庄正定机场作为其到达北京的一个很好的选择，这样也能够为石家庄的地区经济发展带来更多的机会。

（五）京津冀地区临空经济发展路线图

因此，综合以上几个方面，本书绘制了一个京津冀地区临空经济区发展路线图，如图 6-7 所示。

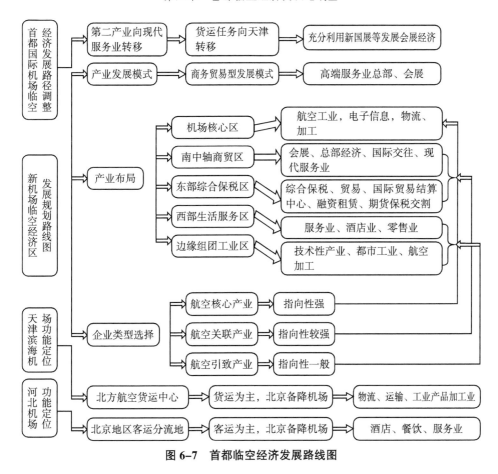

图 6-7　首都临空经济发展路线图

参考文献

［1］John Kasarda，Grey Lindsay. Aerotropolis：The Way We'll Live Next ［M］. New York：Farrar，Straus and Giroux，2011.

［2］John Kasarda. Time–based Competition & Industrial Location in the Fast Century ［J］. Real Estate Issues，1999（4）.

［3］白杨敏，曹允春，王婷婷. 我国临空经济产业结构调整模式研究 ［J］. 学术交流，2013（11）.

［4］黄庭满. 我国临空经济升温将成新增长点 ［N］. 经济参考报, 2006-6-9.

［5］刘雪妮, 宁宣熙, 张冬青. 发展临空产业集群的动力机制研究 ［J］. 现代经济探讨, 2007（1）.

［6］刘雪妮. 临空经济对区域经济的影响研究——以首都机场临空经济为例 ［J］. 经济经纬, 2009（3）.

［7］刘雪妮. 我国临空经济的发展机理及其经济影响研究 ［D］. 南京: 南京航空航天大学, 2008.

［8］宋晓黎. 北京临空经济区发展战略研究 ［D］. 北京: 北京交通大学, 2009.

［9］中国航空规划建设发展有限公司. 北京大兴新航城发展战略研究 ［Z］. 2012.

［10］中国航空规划建设发展有限公司. 北京大兴新航城整合规划研究 ［Z］. 2012.

［11］周游. 首都机场对区域产业结构的影响研究 ［D］. 北京: 北京交通大学, 2012.

第七章
首都园区经济发展路线图

为深入贯彻落实习近平总书记关于京津冀协同发展的指示精神，作为北京科技和经济发展引擎的中关村国家自主创新示范区和北京经济技术开发区肩负着重要的使命和责任，是京津冀协同发展进程的重要参与者、执行者和推动者。应该抓住机遇、迎接挑战，以企业为主体，以市场为导向，发挥政府规划引导、统筹协调、营造环境的作用，发挥新型社会组织的创新合作组织优势，探索共建特色产业基地、相互开放创新资源等多种创新合作模式，构建跨区域协同创新发展格局，探索出一条助力京津冀一体化发展的园区经济之路。

一、园区经济及北京特色的"村庄"经济界定

（一）园区经济的概念和特征

园区经济是指一个区域的政府根据自身经济发展的要求，通过行政和市场的多种手段，集聚各种生产要素，在一定的空间范围内进行科学整合，使之成为功能布局优化、结构层次合理、产业特色鲜明的企业集聚发展园区的经济发展模式。

根据比较优势理论和级差地租原理，园区的建设是建立在具有地域（地缘）优势、资源优势、人力资本优势比较明显的前提和基础之上的。园区作为新经济时代最具代表意义和特色的经济运作组织形式，园区经济具有明显的集聚效应、驱动效应、规模经济效应和高地效应。

集聚效应：发展经济的前提是信息、技术、人才、资金等生产要素的集聚。园区经济以园区为载体，其第一位的优势就在于这种集聚效应。人才的聚集、资金的聚集又会引起技术和信息的聚集，这些聚集共同造就了园区经济的集聚效应。

驱动效应：集聚必然导致园区经济的迅速发展，这就为彻底改变发展中国家普遍存在的工业"小、散、弱"的无序发展局面，进一步强化集聚功能和簇群功能，增强招商引资的竞争力，有效地引进大集团、大项目，做大做强具有比较优势的产业开辟了更加宽广的新路子。

规模经济效应：园区经济需要形成一个吸纳科技、产品、市场等各种信息的信息网络，要制定一系列优惠政策吸纳技术和人才，要建立银行、证券机构等金融服务机构。从而最大限度地降低生产成本和交易成本，提高产出效益，实现规模经济，为区域经济的发展构建高层次的发展平台。

高地效应：园区经济的集聚效应在市场和政府的共同引导下必然会孕育出园区经济的高地效应。高地效应是园区经济自身特有优势的必然结果，是促进区域经济发展的有效动力和基本增长极。

（二）"村庄"经济——园区经济在北京的特定称谓

北京有两个最具规模和特色的园区：中关村国家自主创新示范区（以下简称"中关村"）和北京经济技术开发区（以下简称"亦庄"）。中关村是北京高新技术产业的策源地和科技企业的聚集区，亦庄是北京制造业相对集中的开发区，可以说中关村和亦庄代表了北京产业发展的两个纬度，也具有较大的经济体量，代表了北京园区经济发展的鲜明特色和最高水平。因此，我们将北京的园区经济称为"村（中关村）庄（亦庄）"经济。

1. 中关村基本情况[①]

中关村国家自主创新示范区起源于 20 世纪 80 年代初的"中关村电子一条街"。党中央、国务院高度重视中关村的发展建设，国务院先后六次做出重要决定。1988 年 5 月，国务院批准成立北京新技术产业开发试验区（中关村科技园区前身），由此中关村成为中国第一个高科技园区；1999 年 6 月，国务院要求加快建设中关村科技园区；2005 年 8 月，国务院做出关于支持做强中关村科技园

---

① 该部分内容参考中关村国家自主创新示范区官网。

区的决策；2009 年 3 月 13 日，国务院批复建设中关村国家自主创新示范区，要求把中关村建设成为具有全球影响力的科技创新中心，这也是我国第一个国家自主创新示范区；2011 年 1 月 26 日，国务院批复同意《中关村国家自主创新示范区发展规划纲要（2011~2020 年)》；2012 年 10 月 13 日，国务院批复同意调整中关村国家自主创新示范区空间规模和布局，成为中关村发展新的重大里程碑。

中关村目前"一区多园"的空间格局包括东城园、西城园、朝阳园、海淀园、丰台园、石景山园、门头沟园、房山园、通州园、顺义园、大兴—亦庄园、昌平园、平谷园、怀柔园、密云园、延庆园等十六个园区。

2013 年，中关村示范区实现总收入超过 3 万亿元，同比增长 20% 以上；高新技术企业增加值超过 4100 亿元，占北京市 GDP 比重超过 20%；企业实缴税费 1506.6 亿元；企业利润总额 2265 亿元，同比增长 26.6%；实现出口 336 亿美元，同比增长 28.5%，约占全市出口总额四成；企业科技活动经费支出 1165 亿元，同比增长 27%。

中关村经过 20 多年的发展建设，已经聚集以联想、百度为代表的高新技术企业近 2 万家，形成了以下一代互联网、移动互联网和新一代移动通信、卫星应用、生物和健康、节能环保以及轨道交通等六大优势产业集群以及集成电路、新材料、高端装备与通用航空、新能源和新能源汽车等四大潜力产业集群为代表的高新技术产业集群和高端发展的现代服务业，构建了"一区多园"各具特色的发展格局，成为首都跨行政区的高端产业功能区。

中关村是我国科教智力和人才资源最为密集的区域，拥有以北京大学、清华大学为代表的高等院校近 41 所，以中国科学院、中国工程院所属院所为代表的国家（市）科研院所 206 所；拥有国家级重点实验室 67 个，国家工程研究中心 27 个，国家工程技术研究中心 28 个；大学科技园 29 家，留学人员创业园 34 家。中关村是中央人才工作协调小组首批授予的"海外高层次人才创新创业基地"，留学归国创业人才 2 万人，累计创办企业超过 6000 家，是国内留学归国人员创办企业数量最多的地区。

2. 亦庄基本情况①

北京经济技术开发区位于中国北京东南亦庄地区，是北京市唯一同时享受国

---

① 该部分内容参考北京经济技术开发区官网。

家级经济技术开发和国家高新技术产业园区双重优惠政策的国家级经济技术开发区，定位为面向国际市场的高端产业园区。北京经济技术开发区于 1992 年开始建设。1994 年 8 月 25 日，被国务院批准为北京唯一的国家级经济技术开发区。1999 年 6 月，经国务院批准，北京经济技术开发区范围内的 7 平方公里被确定为中关村科技园区亦庄科技园。2007 年 1 月 5 日，北京市人民政府批复《亦庄新城规划（2005~2020 年）》，明确指出以北京经济技术开发区为核心功能区的亦庄新城是北京东部发展带的重要节点和重点发展的新城之一。亦庄新城地区总面积为 508.5 平方公里。

亦庄对于推进京津冀协同发展具有重要意义。第一，国家做强北京中关村科技园区和加快天津滨海新区建设的战略部署，对京津发展走廊上的各个城市和地区带来巨大的机遇。亦庄位于京津冀北区域的核心地区，是京津城镇走廊和产业带上的重要节点，是首都面向区域发展的门户。第二，作为北京唯一的国家级经济技术开发区，全国为数不多的同时享受国家级经济技术开发区和高新技术产业园区双重优惠政策的地区，承担着北京高新技术产业发展中心的城市职能，是北京参与区域高端产业竞争的主要载体。表 7-1 为 2013 年亦庄主要经济指标完成情况。

表 7-1　2013 年亦庄主要经济指标完成情况

指标	单位	本期	上年同期	增减（%）
公共财政预算收入	亿元	100.3	80.5	24.6
区域税收	亿元	298.5	263.2	13.4
地方税收收入	亿元	128.1	106.3	20.4
规模以上工业总产值	亿元	2309.1	2228.6	3.6
全社会固定资产投资	亿元	375.2	339.9	10.4
社会消费品零售额	亿元	286.8	251.9	13.9
出口总额	亿美元	110.3	107.5	2.6
新批企业个数	个	1414.0	1210.0	16.9
新批三资企业个数	个	35.0	42.0	−16.7
新批企业投资总额（含增资）	亿美元	93.8	60.1	56.0
合同外资金额	亿美元	8.0	7.3	9.9
实际利用外资	亿美元	6.3	6.7	−6.3

注：（1）规模以上工业总产值为初步统计数据；

（2）工业规模以上企业标准为 2000 万元及以上的工业法人单位；

（3）固定资产投资项目统计起点为计划总投资 500 万元及以上；

（4）表中部分数据合计数或相对数由于计量单位取舍不同而产生的计算误差，均未作机械调整。

（三）在京津冀区域发展"村庄"经济的战略意义

1. 共同实施创新驱动、践行国家战略的需要

中共十八大报告提出要"实施创新驱动发展战略"，将创新驱动上升到了国家发展战略的高度。而中关村是中央推进实施创新驱动发展战略的一个重要抓手。2009 年，国务院批复中关村建设国家自主创新示范区，并提出了"建设成为具有全球影响力的科技创新中心"的新目标。2013 年 9 月 30 日，习近平总书记在中关村主持中央政治局第九次集体学习时指出，中关村要为全国实施创新驱动发展战略更好地发挥示范引领作用。在新的历史时期，中央要求中关村要为全国发挥作用，来参与全球的科技竞争，要在全球坐标系中找定位，聚集整合利用全球的创新资源，相当于桥头堡、软口岸，发挥高端创新要素和资源的集散功能，这是中关村独特的地方。中关村和亦庄参与京津冀协同发展，就是希望围绕优化区域经济布局，发挥中关村的辐射带动作用，为京津冀区域实施创新驱动发展战略服务。

2. 区域发展需要

2014 年 2 月，习近平总书记在北京考察时提出，北京有着地位高、体量大、实力强、变化快、素质好等特点和优势，同时不断发展的北京又面临令人揪心的很多问题，比如人口过快增长、交通拥堵、大气污染等"城市病"。京津冀地缘相接、人缘相亲，地域一体、文化一脉，历史渊源深厚、交往半径相宜，完全能够相互融合、协同发展。应该说，北京与河北、天津等周边兄弟省市在产业结构、发展基础、资源禀赋等方面各自优势明显，互补性强，合作开发潜力巨大。推动京津冀创新协同，是治理首都"城市病"和破解首都可持续发展难题的需要，也是京津冀转变经济增长方式、调整产业结构的需要。

3. 中关村和亦庄自身发展需要

创新的本质是要沟通、碰撞、协同、分享，需要开放式创新，一定要全国、全球范围内整合、聚集和利用好创新要素。科技创新最怕坐井观天、画地为牢、自说自话，从战略上考虑，要成为具有全球影响力的科技创新中心，客观要求中关村"走出去"。从产业发展来说，战略性新兴产业和先进制造业的发展都需要更大的舞台，因此亦庄的发展也需要主动"走出去"。

二、目前"村庄"经济存在的问题

（一）中关村的发展需要在更大的范围内进行统筹①

2012 年 10 月，国务院批复同意调整中关村示范区空间规模和布局，示范区由原来的 232 平方公里扩大到 488 平方公里，政策覆盖全市所有区，形成了"一区十六园"的空间格局。这是中关村示范区发展的重大里程碑。从此，中关村以及"村庄"经济更加紧密地与北京市各区的发展联系在一起，对首都发展的整体带动作用不断提升。但是，伴随着总面积的拓展，参与主体的多元，此次调整之后示范区发展也暴露出一些问题，主要有以下三个方面：

1. 新增可用于产业发展的空间资源实际有限

示范区空间规模和布局调整后，虽然政策覆盖面积达到 488 平方公里，但其中城市建成区和改造区面积约占 388 平方公里，剩余符合"两规"的建设用地仅有 100 平方公里。在剩余的 100 平方公里建设用地中，尚未开发利用（若土地已经转让或者已有"意向单位"，均视为已经利用）的产业用地数量还有不到 50 平方公里，土地资源十分有限而且空间分布比较分散。例如，房山园由 5 个不同地块组成，共有未开发利用土地 2.6 平方公里、占分园面积的 17.3%；延庆园由 3 个地块组成，有未开发利用土地 2.7 平方公里、占分园面积的 54%；平谷园由 4 个地块组成，几乎没有未开发利用的土地。

2. 各分园产业布局同质化现象较为严重

根据对"一区十六园"主导产业的梳理，目前各分园的功能重叠多，产业布局同质化的现象十分突出。例如，将生物医药产业列为发展重点的就有电子城科技园中的健翔园、上地信息产业基地、昌平生命科学园、亦庄园和大兴生物医药基地；将创意产业定位主导发展方向的有德胜园、雍和园、石景山园等；将总部基地定为主导发展方向的有德胜园、丰台园、电子城西区、门头沟园等。此

---

① 该部分内容引用北京市政府研究室课题报告《中关村示范区一区多园统筹发展机制研究》。

外，通用航空除目前的海淀园、丰台园外，新纳入的平谷园和延庆园也将其列入下一步的发展重点（见表7-2）。调研中发现，分园产业定位重叠，产业同质化现象严重，一方面直接导致了各分园之间在项目引进方面的恶性竞争，另一方面也导致有限的产业资源分散在多个园区，集群效应和规模优势难以形成。

表7-2　中关村各分园主导产业的统计

园　区	新材料制造	新能源技术	新型装备制造	新传媒技术	汽车制造	生物医疗	移动通信	航天航空	总部基地
海淀园	√			√			√	√	
昌平园		√	√			√			
顺义园				√			√		
大兴—亦庄	√		√		√	√	√		
房山园	√					√			
通州园		√	√						√
雍和园				√					
德胜园				√					√
电子城科技园			√			√	√		√
丰台园	√							√	√
石景山园				√			√		
门头沟园									
平谷园		√	√						
怀柔园				√					
密云园			√						
延庆园		√	√						

3. 各分园发展阶段和发展诉求不一致

中关村由最初的一园到三园、十园，再到目前的十六园，经历了20多年的发展历程。这其中，各分园之间发展存在着很大不同，有的起步比较早、发展比较成熟，因而对未来发展的要求也比较高；有的起步比较晚，发展处于初级阶段，因而对下一步发展的要求也比较模糊。比如海淀园与平谷园、密云园之间就有很大差距，海淀园由于其独特的区位优势，已经形成了比较成熟的产业链条和空间布局，而平谷园、密云园则是新纳入园区，发展基础比较薄弱。因此，实际上各分园之间由于发展阶段的不同已经形成了各自不同的发展诉求。例如，海淀园由于其成熟，更多地关注于自主创新能力的形成，关注于高端产业布局的优中选优；而平谷园要求则相对较低，特别是在最初的招商引资阶段，更多关注于投资的多寡而非创新能力的高低。发展阶段不同以及由此而来的发展诉求的差异，实际上对于示范区层面科技创新资源特别是产业项目资源的配置提出了更高要求，能否将合适的资源配置到合适的区域，是示范区在"一区十六园"阶段面临的最大挑战。

（二）从区域层面看，京津冀三省市主导产业存在同质化现象[①]

与长三角和珠三角相比，京津冀一体化程度仍然较低。长三角和珠三角区域内城市间基本形成了差异化发展格局，同时优势互补、产业互补。而京津冀目前呈同质化竞争的发展格局。

1. 工业

北京的主导行业（占工业增加值或总产值比重 5% 以上）主要有电力、热力生产和供应业，汽车制造业，计算机、通信和其他电子设备制造业，医药制造业（见表 7-3）。

表 7-3　规模以上工业主要行业情况（北京）

行业分类	2013 年占规模以上工业增加值比重（%）	2013 年规模以上工业增加值增速（%）
全市规模以上工业合计	—	8.0
其中：电力、热力生产和供应业	17.7	6.3
汽车制造业	16.9	24.0
计算机、通信和其他电子设备制造业	8.0	11.9
医药制造业	7.3	8.9
通用设备制造业	4.3	−4.8
电气机械和器材制造业	4.1	6.9
专用设备制造业	4.3	11.7
石油加工、炼焦和核燃料加工业	4.2	−18.0
非金属矿物制品业	2.6	6.7
化学原料和化学制品制造业	1.8	−2.6
铁路、船舶、航空航天和其他运输设备制造业	1.8	32.3
黑色金属冶炼和压延加工业	0.2	0.3

天津的主导行业主要为黑色金属冶炼和压延加工业，计算机、通信和其他电

---

① 该部分内容引用北京市统计局有关研究报告。

子设备制造业，汽车制造业，石油和天然气开采业，化学原料和化学制品制造业，石油加工炼焦和核燃料加工业（见表7-4）。

表7-4　规模以上工业主要行业情况（天津）

行业分类	2013年占规模以上工业总产值比重（%）	2013年规模以上增加值增速（%）
全市规模以上工业合计	—	13.0
其中：黑色金属冶炼和压延加工业	16.0	14.8
计算机、通信和其他电子设备制造业	10.9	25.2
汽车制造业	7.4	6.5
石油和天然气开采业	5.9	0.6
化学原料和化学制品制造业	5.1	8.4
石油加工、炼焦和核燃料加工业	5.0	15.9
金属制品业	4.4	9.9
专用设备制造业	4.3	30.7

河北的工业特点是一枝独大，黑色金属冶炼和压延加工业增加值占规模以上工业增加值的比重超过两成，其他行业比重均小于5%（见表7-5）。

表7-5　规模以上工业主要行业情况（河北）

行业分类	2013年占规模以上工业增加值比重（%）	2013年规模以上工业增加值增速（%）
全省规模以上工业合计	—	10.0
其中：黑色金属冶炼和压延加工业	20.5	8.6
化学原料及和学制品制造业	4.5	14.1
非金属矿物制品业	4.3	7.7
石油加工、炼焦和核燃料加工业	3.8	−5.8
汽车制造业	3.7	21.2

2. 第三产业

北京第三产业较为发达，占全市GDP比重超过5%的有六个行业，分别是金融业，批发和零售业，信息传输、计算机服务和软件业，租赁和商务服务业，科学研究、技术服务和地质勘查业，房地产业（见表7-6）。

天津第三产业中占全市GDP比重超过5%的有三个行业，分别是批发和零售业，金融业，交通运输、仓储和邮政业（见表7-7）。

表7-6 第三产业中增加值占比较大行业情况（北京）

单位：亿元

指标名称	2013年	占全市GDP比重（%）	增速（%）
全市GDP	19500.6	—	7.7
其中：第三产业增加值	14986.5	76.9	7.6
其中：金融业	2822.1	14.5	11.0
批发和零售业	2372.4	12.2	6.6
信息传输、计算机服务和软件业	1749.6	9.0	7.2
租赁和商务服务业	1536.6	7.9	9.5
科学研究、技术服务和地质勘查业	1444.3	7.4	11.2
房地产业	1339.5	6.9	3.4
交通运输、仓储和邮政业	883.6	4.5	7.0

表7-7 第三产业中增加值占比较大行业情况（天津）

单位：亿元

指标名称	2013年	占全市GDP比重（%）	增速（%）
全市GDP	14370.2	—	12.5
其中：第三产业增加值	6905.0	48.1	12.5
其中：批发和零售业	1902.5	13.2	11.2
金融业	1202.0	8.4	18.3
交通运输、仓储和邮政业	725.1	5.0	10.0
房地产业	519.4	3.6	11.9
住宿和餐饮业	241.3	1.7	3.8

河北第三产业中占全省GDP比重超过5%的只有两个行业，为交通运输、仓储和邮政业，批发和零售业（见表7-8）。

表7-8 第三产业中增加值占比较大行业情况（河北）

单位：亿元

名称	2013年	占全市GDP比重（%）	增速（%）
全省GDP	28301.4	—	8.2
其中：第三产业增加值	10038.9	35.5	8.4
其中：交通运输、仓储邮政业	2377.6	8.4	8.7
批发和零售业	2164.0	7.6	8.0
房地产业	1041.3	3.7	7.6
金融业	1033.6	3.7	15.9
住宿和餐饮业	415.2	1.5	5.2

3. 结论

第一，北京与天津工业主导行业重合 2 个（汽车制造业、计算机通信和其他电子设备制造业），第三产业主导行业重合 2 个（金融业、批发和零售业）。

第二，天津与河北的工业主导行业重合 1 个（黑色金属冶炼和压延加工业），第三产业主导行业重合 2 个（批发和零售业，交通运输、仓储和邮政业），且行业内部同质化发展状况明显。

第三，北京与河北的第三产业主导产业重合 1 个（批发和零售业）。

三、"村庄"经济服务京津冀协同发展的思路和原则①

（一）发展"村庄"经济的思路

针对中关村而言，主要是贯彻落实国家创新驱动发展战略，进一步发挥中关村自主创新的优势，强化中关村对京津冀区域创新发展的支撑和引领作用，将研发功能拓展到天津以及河北合适的城市，实现京津冀三地创新资源、产业资源、空间资源和政策资源的优化配置，提升京津冀区域创新能力和发展质量。具体讲，就是紧密结合京津冀区域现阶段最紧迫的结构升级、产业转型、环境治理等热点需求，以增强京津冀区域协同创新能力为核心，围绕创新功能优化配置、产业链跨区域布局、环境治理创新协作等合作重点，探索共建科技园区、科技成果转化等多种合作模式，推动差异化创新合作，协同打造京津科技新干线和京冀科技成果转化带，实现各区域优势互补、创新联动、产业共赢、政策互通，共同打造全国乃至全球最适宜创新创业的大区域创新网络，建设引领创新型国家建设的自主创新战略高地，使京津冀区域成为全国创新驱动的先行区和我国参与全球创新竞争的前沿阵地。

针对亦庄而言，主要是指在京津冀合作中，积极探索跨区域产业链布局及发展模式，将高端制造业的制造环节布局在津冀合作区域，将总部经济、总装集

---

① 参考中关村管委会网站、报告、领导讲话等有关内容。

成、系统集成等高端环节布局在新区,形成产业协同发展新格局。可以认为,亦庄的发展路径是通过现有制造业的转移和改造,最终实现制造业全部转移到津冀,北京只留下研发,实现和中关村一样的功能。因此,"村庄"经济的核心在于创新驱动、示范引领,更偏重于充分发挥中关村的作用以及扩大中关村的覆盖范围。

(二)需要把握的几点原则

1. 以形成对协同发展认识的高度统一为思想基础

新时期中关村和亦庄的发展,要跳出中关村看中关村,跳出亦庄看亦庄,在全国发展大局中谋划和推动,在全球坐标系中去思考、去定位,主动、自觉地在落实国家主体功能区战略、区域一体化中找准位置。中关村和亦庄开展京津冀合作,不是传统落后产业向外转移,不是简单的研产分离,不是寻求低成本发展空间,更不是圈地运动,而是立足科技创新资源与产业基础,紧密结合京津冀各区域转方式调结构、产业转型升级、生态文明建设等热点需求,以增强京津冀区域协同创新能力为核心,与京津冀共同实施创新驱动发展战略,共同探索营造跨区域的创新创业生态系统。

2. 以正确处理市场和政府的关系为行为指南

一是要发挥市场配置资源的决定性作用。京津冀区域的协同发展,本质上参与合作的主体还是企业。因此,要发挥市场在资源配置中的决定性作用,尊重市场规律和市场机制。到中关村来发展的都是怀着梦想的企业,内在的动力和活力十分强劲,不用政府去激发它的发展动力,只要不束缚企业的手脚,就是把企业的活力最大限度地释放出来了。所以政府在区域合作中,一定要着力破除阻碍市场主体和创新要素自由流动的一切体制机制障碍,最大限度地释放活力,不是通过简单地以优惠政策这一手段激发市场活力。

二是要加强政府引导。政府要尊重市场,但尊重市场并不意味着政府没有作为。政府要在企业需求的基础上加强引导,特别是规划引导、政策引导和服务支持,在京津冀协同发展中,政府要与京津冀创新部门和园区部门一道,加强产业规划、空间规划、生态规划和投融资规划的研究和对接,为市场主体和创新要素自由流动保驾护航。

3. 以加强京津冀协同发展的顶层设计为指引方向

开展合作重点区域创新资源与合作需求调研，加强"村"、"庄"经济服务区域协同发展工作与国家创新驱动发展战略、首都经济圈发展规划等重大国家战略和规划的衔接，探索"村"、"庄"经济合作创新模式。通过建立跨区域的协同创新工作机制和战略合作关系，构建创新合作体系，共同营造创新创业环境，吸引全球高端要素聚集，参与全球新一轮科技竞争。

一是借鉴中关村创新平台的形式，探索搭建跨层级、跨部门行政资源的"京津冀协同创新服务平台"，提升京津冀区域建设和管理决策层级，有效整合创新资源，为京津冀发展提供强有力的组织保障。尤其要借鉴建立部、市会商机制，由国家有关部门与京津冀三地政府共同研究出台试点政策实施细则，形成配合与联系，在战略性新兴产业重大项目、科技基础设施、人才引进、试点政策审批等方面，加大对京津冀地区企业的支持力度。二是参照中关村企业家顾问委员会的模式，设立由企业、高校院所、社会组织、专业机构参与的区域合作顾问议事机构。三是推动建立区域合作信息化服务平台，为技术、资本、人才资源跨区域流动和融合提供便利。

4. 以争取区域创新合作的政策整合和资金支持为发展保障

一是争取国家有关部门支持，按照可复制、可推广的原则，将部分中关村先行先试政策推广至适宜的合作区域。尤其是支持中关村创新发展的国家级政策，要全力争取实现京津冀全覆盖。推动中关村先行先试政策与天津滨海新区金融政策的对接与交叉覆盖。支持开展一系列税收试点，在共建特色园区、创新社区延伸开展中关村现行的税收试点和高新技术企业认定试点。二是探索由中央财政支持，相关合作区域政府配套，发起设立"京津冀创新合作专项资金"，用于支持跨区域创新合作和产业转移布局、生态系统建设和科技成果转化。

四、"村庄"经济服务京津冀协同发展的
时间表和路线图

(一) 时间表

到 2020 年，形成三"化"新格局。

全面推进中关村、亦庄与京津冀其他创新区域、产业园区、中心城区的创新对接与产业协作，强化中关村创新服务与辐射带动能力，着力构建自主创新协同化、产业协作一体化、经济社会创新驱动化三大新格局。

到 2030 年，形成三"高"格局。

形成创新资源高效配置、创新创业高度活跃、科技创新引领作用高度凸显的创新一体化新格局（见表 7-9）。

表 7-9　时间表

时间	目标	实现路径
2020 年	自主创新协同化新格局	聚集创新要素、推动要素流动、开放共享资源、共建科技园区
	产业协作一体化新格局	产业规划对接、差异布局产业、打造产业集群、共建产业基地
	经济社会创新驱动化新格局	升级传统产业、转变发展方式、提升城建水平、着力改善民生
2030 年	创新资源高效配置、创新创业高度活跃、科技创新引领作用高度凸显的创新一体化新格局	具有行业颠覆性的重大科技创新成果、具有国际竞争力的新兴产业集群、引领国家创新战略的创新型战略特区、具有全球知名度的创新型标杆区域

(二) 路线图

1. 实现 2020 年三"化"新格局的路径

（1）开拓自主创新协同化新格局的路径。进一步聚集国内国际高端创新要素，大幅提高首都科技创新资源的开放共享程度，推动技术、资金、人才等科技创新要素在区域内自由流动，不断健全以共建产业园区、国家重点实验室等为重要节点的区域创新网络，大大加深中关村、亦庄与天津、河北重要区域之间的协同创新程度，形成一批具有示范效应的京津科技创新共同体、京冀科技成果转化带，

基本形成区域创新联动的新格局。

（2）打造产业分工协作一体化新格局的路径。推进京津冀三地之间产业规划的对接、差异化布局，提升产业链配套水平，在新一代信息技术、生物医药、装备制造、轨道交通等领域，联合打造 3~5 个具有国际竞争力的战略性新兴产业集群，共建 5~8 个产值规模过百亿级的科技成果产业化园区，逐步形成区域的产业差异化分工、协作配套的联动发展新格局。

（3）在全国率先形成创新驱动发展新格局的路径。进一步凸显科技创新对经济社会发展的支撑作用。促使区域能源、钢铁、石化、建材等传统产业比重大幅下降，技术水平、节能降耗与发展效益水平大幅提升。大幅提升城市建设管理、交通、生态环境建设等领域的先进科技成果应用水平。大幅改善区域民生水平、生态环境质量，逐步使万元 GDP 能耗下降幅度位于国内前列。在转变发展方式方面取得重大突破，力争在全国率先形成创新驱动发展新格局。

2. 实现 2030 年三"高"格局的路径

形成创新资源高效配置、创新创业高度活跃、科技创新引领作用高度凸显的创新一体化新格局：在重要领域科技创新能力接近或达到世界先进水平，区域内部发展更加协调，形成层次分明、分工合理、各具特色的创新协作体系和产业空间格局，形成一批具有行业颠覆性的重大科技创新成果，打造一批具有国际竞争力的新兴产业集群，区域生态环境得到较大提升，成为引领国家创新战略的创新型战略特区，成为具有全球知名度的创新型标杆区域。

五、对策建议

（一）共建有利于科技、产业协同发展的园区和基地

1. 共建科技园区，尤其要将中关村的研发功能拓展到天津

针对中关村发展空间有限的问题，在天津、河北拓展中关村的领域和范围。发挥京津冀三地各自在科技研发、产业、土地等方面的资源禀赋，打造以科技园区为主要载体的跨区域创新创业孵化共同体，推动全方位的创新创业服务合作。

引导中关村内的创新创业孵化机构、大学科技园等与天津高新区、武清、宝坻、廊坊、保定、秦皇岛等区域共建科技园区，独立设立或与当地政府联合设立行业性、专业类孵化机构，由合作共建地区提供场地、优惠政策及配套服务，吸引首都高校毕业生及社会各类创新创业人才到科技园区发展。

在科技园区内，实现中关村创新服务模式的全面导入。充分发挥中关村体制机制创新、产业促进、服务资源继承、管理创新等方面的经验与模式，围绕津冀地区科技园区建设与创新领域需求，加强与各地科技园区建设管理部门的对接合作，实现中关村创新创业服务方式、服务文化、协同创新平台搭建等服务理念、服务模式的导入，支持各地科技园区高水平建设与高效运作。

尤其要提出的是，要积极推进共建天津滨海—中关村科技园，将中关村的研发功能拓展到天津。重点围绕移动互联网、文化创意、生物医药、集成电路行业，推进企业家交流平台、科技型企业孵化平台、技术成果交易平台建设，共建创新创业生态系统，推动相关领域科技成果落地转化，培育特色产业集群。

2. 共建跨区域技术转移联合体，推动中关村重大创新成果在津冀地区转化

依托中科院北京国家技术转移中心、产业技术研究院、中国技术交易所等科技成果服务机构，组建由中关村科研院所、龙头企业、行业联盟等主体组成的跨区域技术转移联合体，重点围绕新一代信息技术、生物技术、新能源、高端装备等产业领域，推动重大科技创新成果在京唐秦、京保石、京廊津塘三大交通干线周边的落地转化，打造大数据走廊、现代装备制造业走廊等一批跨区域的战略性新兴产业走廊。

3. 共建特色产业园区和产业基地，培育战略性新兴产业集群

根据京津冀合作意愿、产业基础和中关村、亦庄产业转移需求，按照"政府引导、市场运作"的思路，加强与津冀科技园区的对接，支持中关村发展集团、清华科技园等园区开发运营主体通过园区托管、股份合作、飞地经济等方式，与天津武清开发区、固安工业园区、保定高新区、涿州新兴产业示范区、石家庄高新区等区域共建特色产业园区和产业基地。在产业园区和产业基地内，突出产业差异化发展，加强技术转移、科技成果产业化及配套服务体系合作，力争用五年时间打造一批集新兴产业培育发展、人才创新创业为一体的特色产业园区，以及几家百亿级的战略性新兴产业集群。

（二）推动传统制造业转型升级

1. 京津冀三省市主导产业实现错位发展

未来京津冀产业发展应在主导行业上错位发展，同时在产业链的不同环节上细化分工，优势互补，合作发展。结合京津冀各自的资源禀赋和产业发展基础，建议将各自主导产业定为：

北京：汽车制造业的研发部分，计算机、通信和其他电子设备制造业的研发部分，金融业，信息传输、计算机服务和软件业，租赁和商务服务业，科学研究、技术服务和地质勘查业等。

天津：计算机、通信和其他电子设备制造业的制造部分，石油和天然气开采业，金融业，批发和零售业等。

河北：汽车制造业的制造部分、批发和零售业、交通运输仓储邮政业、住宿和餐饮业等。

2. 分类引导具有不同发展意愿的亦庄制造企业

对亦庄制造业企业进行深入细致的调研，结合亦庄产业升级调整的需要，对处于不同发展阶段和有不同发展需求的企业，分类推动参与京津冀协同发展。对于扩大再生产类的企业，引导它们将新工厂布局在津冀的适宜区域，并主动帮助企业协调新建厂相关事宜。对于有产品生产线升级调整需求的企业，在有效对接京津冀协同发展需求的基础上，积极引入中关村的先进技术进行改造，提高企业的科技含量。对于新引进跨区域布局的企业，将高端制造业的总部、总装集成、系统集成等非制造环节布局在亦庄，制造环节布局在津冀的合作区域。

3. 传统制造领域实现技术改造升级

加强中关村智能制造、节能降耗等领域的科技资源集成，面向津冀能源、化工、钢铁、有色、建材等传统制造领域技术改造升级的现实需求，实施一批传统制造行业专向技术改造提升工程，推动传统产业加快装备更新改造、工艺流程创新、技术标准升级、提高生产效率和资源综合利用率，促进周边区域传统制造业转型升级。

（三）联合治理区域生态环境

1. 开展生态建设领域重大技术联合攻关

以京津冀合作为重点，围绕环境治理、大气治理等重大关切问题，通过编制实施中关村节能环保技术推进京津冀传统产业改造升级的工作方案，推动中关村节能环保领域的领军企业牵头组建技术服务联盟，针对河北唐山、沧州、石家庄等传统工业密集区域，开展集成化、定制化服务，形成行业性、系统性技术改造与节能服务解决方案。

2. 加强环境治理领域的技术集成应用

引导中关村企业面向津冀制造业企业提供行业信息化解决方案，推动移动互联网、云计算、物联网等先进信息技术在津冀装备工业、钢铁、石化、纺织、食品加工业等传统制造业的推广应用，引导传统制造业向网络化、信息化、智能化转型，推动传统产业运营模式、营销模式转变，提高生产效率和发展效益。

3. 共同实施一批跨区域环境治理示范项目

加强京津冀三地环境治理科技合作，重点围绕大气治理、水污染治理、风沙源治理等领域，三地联合组织实施一批环境治理重大示范工程，集成中关村节能环保领域 11 家产业联盟、神雾环境及津冀节能环保领域龙头企业，采取动态联盟或联合体的模式，共同参与环境治理应用示范工程，实现区域环境治理的整体协同效应。

参考文献

［1］北京市政府研究室课题报告.中关村示范区一区多园统筹发展机制研究［R］.2014.

［2］陈晨星.中国产业园区助推实体经济发展报告［M］.北京：中国商业出版社，2013.

［3］董海林.大力发展园区经济　加快经济发展方式转变［J］.邯郸学院学报，2010，20（4）.

[4] 贺然. 浅谈园区经济的发展 [J]. 经济问题，2003（12）.

[5] 十八大报告辅导读本 [M]. 北京：人民出版社，2012.

[6] 张秀生. 科技园区与区域经济发展 [M]. 北京：中国地质大学出版社，2014.

[7] 赵朝义. 首都标准化：中关村科技园区实证研究 [M]. 北京：科学出版社，2011.

[8] 中共中央关于全面深化改革若干重大问题的决定辅导读本 [M]. 北京：人民出版社，2013.

|||第八章|||
首都临轨经济发展路线图

一、临轨经济概念和内涵

临轨经济是以城市轨道交通网络化分布的新兴经济形态，随着城市轨道交通的不断完善和网络化，临轨经济逐步发展，形成城市轨道交通建设和临轨经济立体发展的良性互动，成为首都经济发展新的经济增长点。

（一）临轨经济的概念

所谓临轨经济，是指由轨道交通衍生出来的各类经济活动的总称。从轨道交通资源角度出发，临轨经济依托轨道交通站点设施资源，通过轨道交通运输行为，利用轨道交通的商业聚集效应，促进资本、技术、信息和人口等生产要素向轨道交通沿线集中，以轨道交通站点为中心的立体经济空间形成了轨道关联度不同的产业集群。这种新型的区域经济形态就可称为临轨经济。其核心要素包括轨道交通站点、商业、土地三方面。

但凡城市，都有轨道交通以满足城市生活需要。但是传统的城市发展理念只是把轨道交通当着公共产品，重视其社会功能，忽视其经济功能。在许多城市中，轨道交通往往是一分钱不赚，成了城市财政的包袱和城市投资的无底洞。这在今天的理念看来是非常落伍的。所以不是有了轨道交通就必定有临轨经济。临轨经济需要政府规划和市场力量配合才能形成。

（二）临轨经济的特征

1. 基于商业"人流依附"的特征，临轨经济形成区位依赖特性

临轨经济是以城市轨道交通网络化分布的新兴经济形态，对轨道交通带来的基础人流具有极强的依附特征，这种特征决定了临轨经济具有"区位依赖性"。此外，不同类型的临轨商业形式对不同的轨道交通站点特性的敏感程度不同，如餐饮业、小商品服务业对轨道交通换乘站点带来的大量人流具有较高的敏感程度，大型综合性商圈也多修建在轨道交通发展成熟的区域，可见临轨经济具有明显的区位依赖性。

2. 基于轨道交通站点"空间经济影响"的特征，临轨经济形成临轨指向性

轨道交通站点的"空间经济影响"源于临轨经济对轨道交通运输能力的依赖性，轨道交通站点的设置将直接或间接地影响和改变周边区域的空间经济特性。在临轨经济商业聚集过程中，轨道交通站点的地理位置决定了商业聚集的速度，轨道交通的线路走向决定了商业发展的方向，轨道交通网络化决定了商业发展的成熟程度，因此，在轨道交通站点和轨道交通沿线布局的商业具有明显的临轨指向性。

3. 基于轨道交通站点"辐射力递减"的特征，临轨经济形成多样性的特性

临轨商业和轨道交通具有高度依存性，但依存方式和程度并不是与轨道交通站点距离保持不变的，而是离轨道交通站点越远，临轨商业与其依存性越小，这样就使得临轨商业呈现多样性特征，并呈环性阶梯状递减。与轨道交通站点依存性高的商业有限聚集在轨道交通站点的核心影响圈内（500米以内），往外依次为重点影响圈（500~1000米）、主要影响圈（1000~2000米）和影响圈（2000米以上），从而形成临轨经济多样性特性。

4. 基于轨道交通运输"快速准时"的特征，临轨经济具有速度经济的特性

随着城市发展规模不断扩大和市场分布的专业化，时间越来越成为一种重要的经济资源，无论是企业还是城市居民，能以更快的速度和更短的时间满足各自需求，并以最快速度提供满足社会需求的商品，就可以占领市场，获得超额时间利润。城市轨道交通能够满足企业和城市居民对于"更快速度和更短时间"的实际需要，尤其是对于城市居民减少上下班时间成本，间接减少城市居民的其他生活成本，增加城市居民生活效用，提高企业经营效率，借此形成临轨经济的速度

经济特性。

5. 基于轨道交通运输"客运量大"的特征，临轨经济具有服务城市社会的特性

因为存在商业集群特征，同时也基于城市规模不断扩大的发展趋势，短时间内，特别是上下班高峰期和节假日出行高峰期，轨道交通运输为城市交通运输分担了大量的客流，2014年春节期间和国庆节期间，北京地铁公司所辖14条线路分别运送乘客 7358.36 万人次和 4496.72 万人次。轨道交通站点商圈和轨道交通沿线经济带提供了大量餐饮、住宿、零售、旅游等服务，说明临轨经济具有服务城市社会的特性。

（三）临轨经济区产业集聚的类型

临轨经济商圈并没有统一的发展模式，大多是模仿其他成熟临轨经济商圈的发展模式，并结合当地轨道交通站点的地理位置、地域条件、经济发展水平和条件做出适当调整，在临轨经济商圈建设中发展模式和选择空间也不应千人一面，临轨经济商圈集聚模式应与其具体条件相协调。

1. 多种商业齐发，集群化发展模式

以轨道交通站点为中心，从影响圈内现有的产业中挑选出能引领小区域发展同时拥有良好发展前景的产业，重新规划明确产业发展，并对轨道交通站点影响圈内已有的产业进行调整和链接，形成优势产业主导明显、产业前后关联度高的系统性产业区域集群发展，这种发展模式具有功能多元化、产业集群化和空间城市化的优点，但也存在用地规模大，受到城市发展水平和规模约束的劣势。因此，这种发展模式比较适合在城市副中心或者远郊区运用，如北京以大兴线黄村火车站、黄村西大街和清源路站为中心，建设发展的黄村卫星城商圈，其商圈半径范围达 3 公里，集办公、会展、酒店、居住和文化娱乐为一体的综合型商圈，服务周边居民达 35 万人，预计到 2017 年服务人数将超 80 万人。

2. 以传统服务业为主要产业发展模式

依托轨道交通运输业的客流优势，传统服务业在轨道交通站点进一步繁荣发展。传统服务业是指为人们日常生活提供各种服务的行业，大多历史悠久，如旅游、餐饮、住宿、零售等。传统服务业发展的基础是大量客流，一般轨道交通换乘站点和旅游景点站点都会聚集大量客流，将交通客流转化为消费客流，从而发

展传统服务业，这种发展模式具有明显的服务乘客和周边居民的特点，但因绝大多数传统服务业历史比较长，发展缓慢，发展质量偏低，甚至存在交通、消防隐患，这种发展模式常见于城市老城区和商业发展成熟区域。如北京以动物园地铁站为中心，依托北京动物园、中国古动物馆、北京天文馆、北京展览馆、首都体育馆，于 1986 年形成动物园商圈，其商圈建筑面积为 171069 平方米，商户数量7611 户，大型服装批发市场 8 个，是北京经营流行时尚服装规模最大的批发集散中心。

3. 以现代高端服务业为主要产业发展模式

依托轨道交通运输业的便捷性优势，现代高端服务业在轨道交通站点核心影响圈中迅速发展。现代服务业主要包括计算机和软件服务、移动通信服务、信息咨询服务、健康产业、生态产业、教育培训、会议展览、国际商务、现代物流业、现代金融业，房地产业，中介服务业等。这种发展模式的功能定位类似于中央商务中心，侧重通信服务、商务贸易、星级宾馆、路演会展和会议中心等。如北京中央商务区在永安里站、国贸站、大望路站、金台夕照站、东大桥站、呼家楼站和金台路站核心影响圈里逐步发展（北京中央商务区同时也促进了轨道交通的发展），形成了以金融、商业、贸易、信息及中介服务为主的现代高端服务业，最终建成北京重要的国际金融功能区和发展现代高端服务业的聚集地。

4. 以高轻产品制造业为主要产业发展模式

轨道交通运输的快速便捷特性促使了高轻产品在轨道交通站点和轨道交通沿线聚集，电脑芯片、软件、高科技电子产品为主的高轻产品制造业也依附轨道交通满足了其产品生命周期短和交易时间短的要求。如北京中关村站点所在的中关村商圈，其涉及 39 所高校、213 家科研机构（其中国家工程中心 41 个、重点实验室 42 个、国家级企业技术中心 10 家）、12 家 IT 电子卖场，形成以高新科技成果研发、辐射、孵化和商贸为主的商业中心。

5. 以房地产为主要产业的发展模式

本项目所研究的临轨经济中的房地产业，主要是居民住宅类房地产。由于轨道交通运输量大、运输准时和方便快捷，以及中心城区和商圈居民住宅销售价格和租赁价格昂贵，使得大量工薪阶层在近郊区和轨道交通沿线居住，形成以房地产业为主要产业的发展模式。如北京以天通苑南站、天通苑站、天通苑北站为核心形成的居民住宅群——天通苑社区，小区占地面积 48 万平方米，据不完全统计小区居民达 30 万人，成为亚洲最大社区。此外大兴线、亦庄线、房山线也出现了类似的以房地产为主要产业的商圈。

二、首都临轨经济发展情况

（一）首都轨道交通建设发展现状

北京地铁规划始于 1953 年，是大中华地区第一个地铁系统。北京地铁是世界上规模最大的城市地铁系统之一。工作日均客流量达 800 万人次，峰值日客运量 1155.92 万人次（2014 年 4 月 30 日），最长连续运营 45 个小时，最短发车间距 90 秒。2013 年，北京地铁年客运量突破 36 亿人次，居全球第一，日均客流量过千万人次已成常态，这意味着北京地铁已成为世界上最繁忙的地铁系统。

在地铁建设融资方面，北京基础设施投资有限公司采取多种融资方式。2007 年，在建设北京轨道交通机场线和地铁 5 号线时，公司引入社会保障基金的方式对地铁项目进行融资，该项目成为国内第一家使用社会保障基金的地铁项目。其中地铁 5 号线的信号设备浴缸铝复合轨及附件设备的采购使用了出口信贷的融资方式，也成为国内第一次利用出口信贷采购进口设备的地铁项目，是拓宽轨道交通融资渠道的有益尝试。在建设地铁 10 号线时，公司设计了人民币贷款利率期权方案，降低了未来加息的风险，进而减小了地铁建设成本增加的风险。公司在国家发改委和北京市发改委的支持下，向社会公开发售公司债券。2004 年、2006 年、2008 年三年分别向社会募集资金共计 80 亿元，成为北京市属企业最大规模的债权市场融资。其中 2008 年发行债券的主题评级和信用评级均为 AAA 级，是国内第一家无担保地方企业债权。在建设奥运支线时，公司采取了 BT 模式，缓解了政府和企业的资金压力，降低了项目建设成本和风险。在建设 4 号线时，公司采取了 PPP 模式，不仅降低了政府的财政压力，还改变了政府原先既是监管者又是经营者的角色，使政府转向更为集中的监管角色。

截至 2014 年 12 月，北京地铁共有 18 条对公众开放的运营线路，覆盖北京 11 个市辖区，拥有 279 座运营车站，总长 527 千米（不含 S2 线 77 千米）。

表 8-1 是北京市截至 2014 年 12 月已经开始运营的轨道交通线路。

表 8-1　北京市截至 2014 年 12 月已经开始运营的轨道交通线路

开通日期	开通线路	开通路段	开通区间
1969 年	北京站专线（未开放）	地下铁一期	古城路—北京站
1971 年	北京地铁一期线路	地下铁一期	公主坟—北京站
	北京地铁一期线路	地下铁一期	玉泉路—万寿路
	北京地铁一期线路	地下铁一期	古城—八宝山
1973 年	北京地铁一期线路	地下铁一期	苹果园
1984 年	北京地铁二期线路	地下铁二期	复兴门—建国门
1987 年	复兴门折返线	1 号线西段	南礼士路
	北京地铁环线	环形贯通	复兴门—长椿街
1992 年	北京地铁 1 号线	1 号线西段	复兴门—西单
1999 年	北京地铁复八线	复八线东段	天安门西—四惠东
2000 年	北京地铁 1 号线	1 号线贯通	西单—天安门西
2002 年	北京地铁 13 号线	西半部	西直门—回龙观
2003 年	北京地铁 13 号线	东半部	霍营—东直门
	北京地铁八通线	全线	四惠—土桥
2007 年	北京地铁 5 号线	全线	天通苑—宋家庄
2008 年	北京地铁 8 号线	一期	森林公园南门—北土城
	北京地铁 10 号线	一期	巴沟—劲松
	北京地铁机场线	全线	东直门—首都机场 T2/T3 航站楼
	北京地铁 S2 线	全线	西直门（北京北站）—延庆
2009 年	北京地铁 4 号线	全线	安河桥北—公益西桥
2010 年	北京地铁 15 号线	一期西段	望京西—后沙峪
	北京地铁昌平线	一期	南邵—西二旗
	北京地铁大兴线	全线	新宫—天宫院
	北京地铁房山线	一期	大葆台—苏庄
	北京地铁亦庄线	全线	宋家庄—次渠
2011 年	北京地铁 8 号线	二期北段	回龙观东大街—林萃桥
	北京地铁 9 号线	南段	北京西站—郭公庄
	北京地铁 15 号线	一期东段	南法信—俸伯
	北京地铁房山线	剩余段	郭公庄
2012 年	北京地铁 6 号线	一期	海淀五路居—草房
	北京地铁 8 号线	二期南段	安华桥—鼓楼大街
	北京地铁 9 号线	北段	国家图书馆—白堆子
	北京地铁 10 号线	二期	火器营—西局；首经贸—潘家园
2013 年	北京地铁 10 号线	剩余段	泥洼、丰台站、角门东
	北京地铁 14 号线	西段	西局—张郭庄

续表

开通日期	开通线路	开通路段	开通区间
2013 年	北京地铁 8 号线	二期南段二段	什刹海—南锣鼓巷
		昌八联络线	平西府—朱辛庄
2014 年	北京地铁 6 号线	二期	物资学院路—潞城
	北京地铁 7 号线	全线	北京西站—焦化厂
	北京地铁 14 号线	东段	金台路—善各庄
	北京地铁 15 号线	一期西段	清华东路西口—关庄

图 8-1 是北京市 2014 年 12 月之前正式投入运营的地铁路线图。

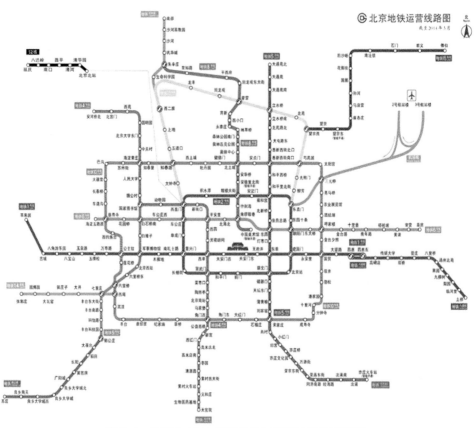

图 8-1　北京市 2014 年正式投入运营的地铁路线图

北京市编制的城市轨道交通建设规划将 2020 年视为远景规划的目标年份。根据 2010 年中共北京市委常委会审议的《北京市城市轨道交通建设规划方案

（2011~2020 年)》，至 2020 年北京的轨道交通线路网将包括 30 条线路，总长约 1050 千米，车站近 450 个。预计在 2020 年，北京四环路内轨道交通网密度将达每平方千米 1.29 千米左右，届时六环内北京地铁将承担北京交通运输量的 63.2%。表 8-2 是北京地铁远景规划建设的轨道交通线路。

表 8-2　北京地铁远景规划建设的轨道交通线路

预计开通时间	线路名	区段名	起点站	终点站	长度（千米）	车站数
2015 年	昌平线	二期	涧头西	昌平新区	10.4	5 站
	门头沟线	主线	石门营	金安桥	10.2	8 站
	14 号线	中东段	安乐林	红庙	—	9 站
	16 号线	二期	北安河	西苑	—	10 站
	燕房线	主线	阎村北	燕化	15.2	9 站
	房山线	西延	苏庄	阎村北	2.0	2 站
	机场线	西延	北新桥	北新桥	—	1 站
	房山线	北延	丰益桥南	樊羊路	—	5 站
	玉泉路线	全线	西白家窑	福寿岭	—	—
	东四环线	全线	霄云桥	环球影城	—	—
	西郊线	全线	巴沟	香山	9.8	7 站
2016 年	16 号线	剩余段	万泉河桥	宛平城	—	28 站
	6 号线	西延	金安桥	海淀田村	—	6 站
	17 号线	北段	未来科技城北	望京西	—	6 站
	门头沟线	剩余段	苹果园	苹果园	—	1 站
	8 号线	三期南段	珠市口	五福堂	—	11 站
	8 号线	三期南延	德茂	瀛海	5.0	3 站
2017 年	8 号线	三期北段	中国美术馆	前门	—	4 站
	14 号线	中西段	永定门外	东管头	—	8 站
	新机场线	一期	牡丹园	北京新机场	—	5 站
2018 年	12 号线	—	四季青桥	东坝	23.0	22 站
	17 号线	—	太阳宫	次渠东	49.0	22 站
	15 号线	东延	俸伯	南彩	—	—
	7 号线	东延	焦化厂	环球影城	7.0	—
2019 年	3 号线	—	田村	高辛庄	37.0	21 站
2020 年	平谷线（22 号线）	—	东风北桥	平谷	52.0	8 站
	新城联络线	一期	T3 航站楼	亦庄火车站	超过 100	11 站
	9 号线	北延	西二旗	皂君庙	15.0	10 站
	11 号线	西段	金安桥	六里桥	—	—
	CBD 捷运	全线	九龙山	东大桥	5.6	—
2023 年	18 号线	全线	上岸	宋庄	55.0	15 站
	S6 线	剩余段	良乡	顺义	—	—

（二）首都城际铁路建设发展现状

随着京津冀都市圈的逐步建设发展，首都城际铁路的建设也日趋丰富。在结合《中长期铁路网规划（2008 年调整）》，形成"四纵"、"四横"和三个城际客运系统的客运专线发展规划，其中与京津冀地区发展相关的包括"四纵"中北京—济南—南京—上海客运专线、北京—武汉—广州—深圳客运专线和北京—沈阳—哈尔滨（大连）客运专线，"四横"中青岛—石家庄—太原客运专线，以及环渤海地区的城际客运系统。北京与京津冀都市圈内的其他主要城市之间建设城际铁路可以加快京津冀都市圈经济互动，促进京津冀都市圈经济一体化，充分发挥临轨经济作用，成为首都新的经济增长方式。表 8-3 是京津冀都市圈已经运行和规划的城际铁路（有部分城际铁路也被称为客运专线，有些城际铁路不同于客运专线）。

表 8-3　京津冀都市圈已经运行和规划的城际铁路

路线名称	起点	途经站点（京津冀都市圈内）	终点	长度（千米）	运营时长
京津城际高速铁路	北京南站	亦庄、永乐、武清	天津站	120	33 分钟
京石客运专线	北京西站	涿州东、高碑店东、保定东、定州东、石家庄正定国际机场	石家庄新站	281	67 分钟
京沈客运专线	星火站	顺义、怀柔、密云兴隆、安匠、承德、承德县、平泉	沈阳站	239	—
京沪高速铁路	北京南站	廊坊站、天津西站、天津南站、沧州西站	上海虹桥站	219	58 分钟
京石城际铁路	北京西站	—	石家庄正定新客站	—	—
京承城际客运铁路	北京东站	顺义站、平谷站、兴隆站	承德站	200	50 分钟
京唐城际铁路	北京站	通州站、香河站、宝坻站、鸦鸿桥站、机场站	唐山站	约 160	30 分钟
京张城际铁路	北京北站	沙城站、下花园站、宣化站	张家口站	约 174	40 分钟

（三）首都轨道交通站点商业物业发展和土地综合开发发展现状

截至 2014 年 11 月，北京地铁共有 17 条对公众开放的运营线路，覆盖北京 11 个市辖区，涉及 70 多个商贸旅游点，具体如表 8-4 所示。

表 8-4　北京地铁沿线商贸旅游目录

线路名称	商贸旅游地铁站点名称
1 号线	西单、大望路、王府井、复兴门、永安里、国贸、五棵松、八宝山、万寿路、四惠、建国门
2 号线	阜成门、宣武门、长椿街、前门、崇文门、北京站、建国门、朝阳门、东直门、积水潭
3 号线	西苑、圆明园、中关村、人民大学、动物园、灵境胡同、公益西桥、黄村火车站、马家堡
4 号线	刘家窑、和平里北街、北苑路北、立水桥南、立水桥、灯市口、东四、惠新西街北口
6 号线	东大桥、青年路、常营
8 号线	奥林匹克公园
9 号线	六里桥
10 号线	巴沟、牡丹园、亮马桥、团结湖、金台夕照、双井、潘家园、西钓鱼台、长春桥
13 号线	大钟寺、五道口、上地、回龙观、西直门
14 号线	卢沟桥、劲松、朝阳公园、望京
15 号线	顺义、望京
八通线	管庄、通州北苑、梨园、九棵树、双桥
昌平线	—
亦庄线	亦庄文化园
大兴线	黄村卫星城、西红门、马家堡
房山线	长阳、良乡南关
机场线	三元桥、T3 航站楼

本项目根据调研结果选择北京市内比较典型的线路和比较典型的商贸旅游地铁站点，比较发现地铁 13 号线的五道口站点和北苑站点比较符合本项目分析要求。13 号线原称"北京城铁线"，或直接称为"北京轻轨"，是北京第一条全地面轨道的城市轨道线路，也是北京第一次修建城市轨道新线。该线路于 1999 年 12 月开工建设，全长 40.5 千米，工程总投资 65.7 亿元，2003 年 1 月 28 日全线开通，2014 年底新增清华东站实现与 15 号线的换乘。其中大钟寺站、知春路站、五道口站、龙泽站、霍营站为高架车站，从线路的走势看，该线路的建设主要是为了解决北京北部大型居住区如回龙观、天通苑与中心城的联系问题。

基于上文的分析，笔者将 13 号线所有站点分为两大类，即商业中心站和居住区站。商业中心站位于城市商业中心区域，客流量较大，同时存在节假日客流高峰期特征；居住区站点位于居民小区附近，客流量较大，并有明显的上下班高峰期的周期性特点。

五道口站位于北京市海淀区，因铁路道口得名。新中国成立前，西直门火车站向北是没有人烟的荒地，故将与铁路交叉的小路的道口按编号排序为一道口、二道口……此地原为第五个道口，因此命名为五道口。发展至今，五道口已经建立了商业中心，并能为居民提供不同类型的商业服务。五道口商圈中心位于五道口华联商厦。

第一，用地功能与开发强度。五道口站作为商业中心站点，其土地使用方式中商业服务用地呈现高密度和混合使用特点。土地功能具体使用情况如表 8-5 所示。

表 8-5　五道口土地功能具体使用情况

用地名称	用地面积（公顷）	建筑面积（万平方米）	容积率	用地百分比（%）
商业服务用地	22.21	121.55	5.47	31.19
居住用地	11.24	35.65	3.17	15.79
政府部门用地	5.14	10.12	1.97	7.22
公共设施用地	2.27	6.31	2.78	3.19
绿化用地	5.98	0.08	0.01	0.01
发展备用地	0.87	0.03	0.03	0.01
其他	20.96	51.23	2.44	29.44
合计	68.67	224.97	3.28	100

注：1 公顷 = 10000 平方米，容积率 = 建筑面积/用地面积，用地百分比=各种具体类型用地面积/总用地面积。

从表 8-5 可以得出，五道口站点周围商业服务用地占总用地面积的 31.19%，大于其他用地面积比例，也就是说五道口站点属于商业中心站。该地区商业服务用地容积率高达 5.47，比平均用地容积率高出 67.05%。

第二，用地规模。五道口站点周围高校林立，商场、超市密集，可谓是寸土寸金，因而其用地规模呈现小规模用地的特点。具体用地规模如表 8-6 所示。

表 8-6　五道口具体用地规模

地块面积分类（公顷）	地块总面积（公顷）	建筑总面积（万平方米）	平均容积率	用地百分比（%）
≤0.3	28.87	131.01	4.54	42.04
0.4~0.8	14.87	60.12	4.04	21.65
0.9~2.0	9.84	13.23	1.34	14.33
2.1~3.9	10.21	10.31	1.01	14.87
≥4	4.88	10.3	2.11	4.58
合计	68.67	224.97	3.28	100

五道口站点周边地区以 0.8 公顷为主的用地规模，占总用地面积的 63.69%，该类型地块总建筑面积为 191.13 万平方米。说明五道口站点商圈呈现小规模、高密度的用地特征。

第三，地下空间开发。五道口站点地面及以上整体开发情况比较完整成熟，但地下空间设计和建设不完善，地铁出入口与其周边商圈的连通不合理。其中大部分地下空间并没有进行商业开发，而作为周边社区居民停车场使用，大大降低了五道口的整体商业价值。尽管部分与地铁轨道相连的地下空间已进行开发，但因其布局零散且面积较小，没有形成一个系统，商业价值不明显。

北京地铁北苑站位于北京市朝阳区，北苑是明清时皇家的游猎之地，与南苑对称。作为一般居住区站点的代表，其周围环绕多座居民小区。

第一，用地功能与开发强度。北苑站作为居住区中心站点，其居民住宅土地使用强度和密度较高。土地功能具体使用情况如表 8-7 所示。

表 8-7　北苑土地功能具体使用情况

用地名称	用地面积（公顷）	建筑面积（万平方米）	容积率	用地百分比（%）
一类居住用地	6.64	8.74	1.32	19.83
二类居住用地	8.81	11.12	1.26	26.31
三类居住用地	4.23	6.21	1.47	12.63
商业服务用地	1.47	6.77	4.61	4.39
办公用地	2.33	10.54	4.52	6.96
绿化用地	3.74	1.12	0.30	11.17
发展备用地	1.04	0.84	0.81	3.11
其他	5.22	8.83	1.69	15.59
合计	33.48	54.17	1.62	100

北苑站点周边以居民住宅用地为主，占总用地面积的 58.78%，平均容积率为 1.35，低于北苑站点周边整体平均容积率 16.67 个百分点。

第二，用地规模。因为北苑站点属于居住区站，所以面积 1 公顷左右适合建设居民住宅的地块占据绝大多数。具体用地规模如表 8-8 所示。

北苑站点周边面积在 0.6~1 公顷的地块占比 45.49%，合适建设居民住宅的地块建筑面积为 29.27 万平方米，在各种地块中建筑面积占 54.03%，再次说明北苑站点属于居住区站。

表8-8　北苑具体用地规模

地块面积（公顷）	地块总面积（公顷）	建筑总面积（万平方米）	平均容积率	用地百分比（%）
≤0.5	11.42	18.23	1.60	34.11
0.6~1.0	15.23	20.14	1.32	45.49
1.1~1.5	4.22	9.13	2.16	12.60
≥1.6	2.61	6.67	2.56	7.80
合计	33.48	54.17	1.62	100

第三，地下空间开发。北苑站点全长超过1000米，总建筑面积为54.17万平方米。站点影响圈内小区数量多，客流量大，再加上发展备用地规模可观，比较适合建立大规模地下商业中心。该站点地下空间开发情况良好，不仅具有规模较大的商业中心和购物中心的可能性，还拥有建立一系列配套服务，如餐饮、零售、住宿、娱乐等场所的条件，满足周边居民和旅客的需求。

三、京津冀城市轨道交通发展情况

（一）天津轨道交通发展情况

天津是新中国第三个直辖市，是我国国家中心城市，也是京津冀都市圈的重要组成部分，同时也正处于环渤海经济圈的地理经济中心。天津内部和外部轨道交通建设的不断完善不仅可以促进京津冀都市圈一体化发展，也可以推动环渤海经济圈的发展。

截至2014年，天津已经开通运营了4条轨道交通，分别是地铁1号线、地铁2号线、地铁3号线和地铁9号线（津滨轻轨）。具体而言，地铁1号线前身是天津地铁既有线，于2006年6月12日正式开通载客试运营，线路全长26.188千米。此外该线路规划2017年开通向东延伸至津南区天津国家会展中心及咸水沽的延长线和2020年开通向北延至北辰区双口镇的延长线。地铁2号线是天津快速轨道交通网中的东西骨干线，线路全长27.137千米。该线路于2012年7月1日正式开通载客试运营，开通时采取东西分段模式（东段为"空港经济区—天津站"区间，西段为"东南角—曹庄"区间）。"天津站—东南角"区间已于 2013 年 8 月 28 日正式开通载客试运营，"空港经济区—滨海国际机场"区间已于 2014 年 8 月 28 日正式开通载客试运营。此外 2 号线正在规划向西延长至杨柳青镇。地铁 3 号线是天津快速轨道交通网中的南北骨干线，线路全长 33.755 千米。该线路于 2012 年 10 月 1 日正式开通载客试运营，南延线（天津南站配套交通工程，即"南站—高新区"区间）已于 2013 年 12 月 28 日正式开通载客试运营。该线路是由地下隧道和地上高架混合组成。地铁 9 号线由天津泰达投资控股有限公司投资，建设运营方面由其控股子公司天津滨海快速交通发展有限公司负责。一期工程（"中山门—东海路"区间）：已于 2003 年 9 月 30 日建成通车，2004 年 3 月 28 日开通载客试运营线路，全长 45.409 千米，其中高架线 39.915 千米，地面线 5.494 千米。二期工程（"天津站—中山门"区间）：2011 年 5 月 1 日开通"十一经路—中山门"区间载客试运营，2012 年 10 月 15 日开通"天津站—十一经路"区间载客试运营，并与天津地铁 2 号线、3 号线在天津站实现换乘。全线共设立车站 5 座，线路全长 7.35 千米，其中高架线 0.58 千米，过渡线 0.28 千米，地下线 6.67 千米。

以 1 号线为例，自 2006 年建成运营之初，天津地铁就开始打造地铁商业，其中海光寺站和小白楼站为商业中心站，勤俭道站和土城站为居住区站。海光寺站位于海关寺新商圈内，为商圈配套设施，其周边以大型超市为主，餐饮、金融、服务业以及娱乐业为辅。小白楼站位于朗香街商业区，是南京路、建设路、浙江路、开封路和徐州道五条道路的交汇点，整个商业区完全处于地下，是集购物、休闲、美食和文化为一体的购物中心。其中地下一层主营特色中餐、童装、鞋类、小百货、数码通信、饰品和音像书籍，地下二层主营高档西式快餐、男女时装、运动休闲和鞋包。勤俭道站主要有乐天玛特超市、国美和华润超市等居民服务商业区。

整体来看，天津地铁线路较少，尚未形成网络，地铁客运量不大，人流转化为客流的能力偏低。地铁商业也未形成网络效应，临轨经济仍处于规划建设阶段，没有形成真实的经济增长点。

（二）河北轨道交通发展情况

目前为止，河北没有正式投入运营的地铁线路。石家庄地铁工程于 2012 年

9 月 28 日正式开工建设，率先开工站点是地铁 3 号线 "小灰楼" 站，石家庄轨道交通线网方案主要体现 6 条线组成的 "大放射、小方格" 布局，其中，骨干线 3 条，辅助线 3 条，线网总长 241.7 千米，初步形成轨道交通网络的主骨架。按照国务院批准的《石家庄市城市轨道交通建设规划（2012~2020 年)》的要求，到 2020 年将建成轨道交通 1 号线、2 号线、3 号线一期工程，总长 59.6 千米，全部为地下网线，这三条线路将构成轨道交通骨干线网。其中，1 号线一期工程线路西起西王，东至东兆通站，全长约 23.9 千米；3 号线一期工程线路西起西三庄，东至位同站，全长约 19.5 千米。1 号线、3 号线部分地铁段将于 2017 年 6 月底具备使用条件，届时成为河北唯一一座拥有地铁的城市，华北第三座拥有地铁的省会城市。

四、北京临轨经济存在的问题

根据《2014 年北京市国民经济和社会发展统计公报》显示，在轨道交通方面，到 2014 年末，全市轨道交通运营线路 18 条，比上年末增加 1 条；运营线路长度 527 千米，比上年末增加 62 千米；运营车辆 4688 辆，比上年末增加 690 辆；全年客运量 34.1 亿人次，比上年增加 6.4%。北京轨道交通如此大的需求量和建设规模，必然会造成在投融资方面、产业结合等方面存在一定的问题。北京是我国最早建立地铁的城市，进入 21 世纪，北京市政府对原北京地铁总公司进行了改革，成立了北京地铁集团有限责任公司，主要负责北京地铁建设的融资工作；下设北京地铁运营有限责任公司和北京地铁建设管理有限责任公司，北京地铁运营公司负责老线和新线的运营，北京地铁建设管理公司负责新项目的建设工作，运营公司和建设公司的工作均在集团的监督指导下进行。这样，形成了融资、建设、运营相对独立又相互联系的格局。

（一）在投融资方面

城市内轨道交通建设主要包含地铁、轻轨、有轨电车等多种运输方式的建设，地铁建设是其中最主要的部分。北京地铁建设在投资方面存在着成本高、周期长等问题，考虑到轨道交通准公共物品的性质，其投资回报率低，政府在很大程度上扮演了投资主体的角色，导致投资主体较为单一。以市场化融资程度最高的地铁 4 号线为例，社会资本在总投资中所占比例也仅为 30.1%，大部分资金来源仍然是中央和北京市的政府财政。在融资方面，北京轨道交通建设则面临着融资渠道窄、资本使用低等问题，尚未形成社会融资滚动发展机制，市场化融资有待进一步发展。具体主要有以下几方面问题：

1. 资金来源单一，持续性难以保证

单一的政府融资模式，融资渠道狭窄，融资规模有限，风险集中，在市场经济环境下存在诸多弊端。资金来源的单一性不仅体现在政府主导的投资模式上，也体现在市级与区级两级的投资分配上。以市财力投资为主的格局导致了"搭便车"问题，各区财力本应承担的资金和征地拆迁资金往往难以及时足额到位。政府投资主要来源于由土地出让收益构成的政府性基金预算收入，而不是来源于由日常税收所构成的公共财政预算收入。同后者相比，前者缺乏足够的稳定性。当土地市场不景气时，政府性基金预算收入甚至可能出现负增长，导致政府投资很难继续同轨道交通建设投资保持同步增长，进而出现资本金不足的情况。同时，宽松的信贷政策使得企业债务融资成本比较低廉，降低了 PPP 等项目融资的性价比，引入社会投资存在一定的实施难度。

2. 拆迁成本提高，运营亏损严重

推高地铁建设成本的因素有许多，其中施工过程中的地下作业带来的人力、物力损耗仅仅是一个方面。施工前期的拆迁、补偿安置等地面上的清理工作又是导致地铁建设困难的另一重要因素。城市道路、轨道交通、高速公路、公交场站（自行征地拆迁项目）等设施建设均会受此因素制约。北京市基础设施投资有限公司表示，近年来北京地铁建设成本逐年上升，2007~2009 年地铁的建设成本为每千米 5.71 亿元，2012 年地铁的建设成本已达 8.53 亿元，2013~2014 年地铁的建设成本更是达到 10.07 亿元。到 2015 年北京新增 5 条线路，2020 年前增加 12 条线路，全市轨道线路增加 1000 公里以上，还需再投资约 4000 亿元。北京轨道交通指挥中心也提出，在北京地铁涨价之前，运载一位乘客的成本大约为 7.9 元，北京地铁面临严重的亏损。面对如此大的资金要求，单靠政府或者说较少的投资主体是很难满足轨道交通建设的投融资需求的。在京津冀一体化的大背景下，面临项目集中开工、轨道交通建设成本高、收入单一的问题，北京城市轨道交通建设需要发展多元化融资，拓宽融资渠道，在城市轨道交通投融资方面进行创新，提高资金使用效率。

3. 注重短期时效，缺乏制度创新

"十一五"时期，由于国内信贷政策宽松、房地产市场过度繁荣等一系列原因，企业融资相对容易，地方政府土地财政规模快速增长，因此城市轨道交通投融资呈现出阶段性的繁荣局面。这掩盖了一些现实存在的问题。例如，充裕的政府财力使得土地资源综合开发没有得到足够的重视，原有的一些政策瓶颈难以突破，"土地＋轨道"的盈利模式无法得到大规模的推广应用，导致部分可用资源闲置，同时也限制了服务水平的提高。对投融资模式的完善，也往往专注于短期性、技术层面的调整，而忽视了长期性、制度层面的革新。如地铁票价问题，之前的许多年里，优惠票价政策成为常态，票价水平没有根据 GDP 和 CPI 增长进行适时适度的调整，由此产生的运营亏损补贴分流了部分原本可以用于建设投资的政府财政支出。新票价制度实施后，也应该根据经济发展水平和国民收入情况做适时调整。从过去几年的实践情况看，北京在 2007 年制定的多项关于城市轨道交通建设的政策也并未得到有效落实。

（二）在产业发展方面

目前，随着市场经济的发展，地铁公司的市场化改制以及 PPP、中国香港"R＋P 模式"的引进，北京地铁商业物业得到较快发展。成立了北京市地下铁道商贸发展中心，全权负责地铁商业的经营。地铁商业在经营上以租赁为主，引进一些连锁企业，并对大的商业点设立专门机构对其进行管理。地铁站内外、轨道洞体以及车厢内已经安装了大量广告栏和电子屏幕，广告经营规模日益扩大；在某些地铁站厅已经配置了一些连锁式的便捷性商业服务网点，如书报摊、冲印店、西点店、超市、银行取款机、自动售卖机等。尽管北京地铁产业得到较快发展，但总体来说，其发展层次还比较低。具体表现在以下几个方面：

1. 地铁商场规模小，缺乏有效管理

目前，北京地铁已将地铁通道与地上业已形成的商业进行对接，同时地铁物业得到一定程度的开发，一些地下商场、商业街开始得到使用。北京许多地铁线路在规划设计时没有充分考虑地铁商业的最优布局，更多的是地铁商业根据已建成的地铁进行布局，导致地铁客流不便于光顾地铁商业。如西单站地下商贸中心，其经营面积仅为 558 平方米，与中国香港地铁商场动辄数万平方米的规模相比相差甚远。同时，地铁商场经营的一般是一些书报、服装、食品、装饰品等中低档商品，高档消费品、主题式商场、休闲体验式购物中心稀少。商品层次和品牌层次较低，经营状况也相对惨淡，商店的更换也比较频繁。北京地铁站口及走廊通道内随处可见无照经营的地摊商，出售一些廉价、缺乏质量保证的生活用品和食品，而地铁相关管理没有跟上，对地铁商业的发展造成一些不良影响。北京地铁客流量较大，但光顾地铁商业的客流量偏少，地铁的客流优势没有转化成地铁商业的客流优势。

2. 新建地铁上盖物业功能单一，配套设施不健全

目前地铁商业物业开发以城区站点的既有商圈改造提升为主，郊区新商业物业建设较少。如目前地铁房山线沿线开发的一些纯住宅项目，功能单一，虽然已有业主入住，但周边道路、公交线及生活配套设施等尚不健全；地铁站口、人流通道的规划设计与地铁商业布局存在一定偏差；出于运营安全、环境秩序的考虑，地铁空间以及地铁上盖的土地利用受到严格的管理法规规定，一定程度上限制了地铁商业物业的发展。

3. 产业水平低端，亟须升级改造

目前，北京临轨商圈主要以传统服务业为主，现代高端服务业布局缓慢。传统服务业大多历史较长，且发展缓慢，产业结构亟待升级。最典型的如地铁 4 号线，动物园站。20 世纪 80 年代起形成动物园商圈，带动周边服务业发展，形成 8 个大型服装批发市场，成为北京规模最大的服装批发集散地。但由于其产业模式长期停滞不前，进入 21 世纪以来，动物园商圈对经济的拉动作用已不再明显，甚至带来许多城市问题，如交通拥堵、消防隐患、垃圾废弃物得不到及时清理等，已严重影响了北京的城市面貌。

4. 运营管理落后、亟须制度创新

地铁商业的发展还受到地铁运营管理法规的限制。出于运营安全、环境秩序的考虑，地铁空间以及地铁上盖的土地利用受到严格的管理法规规定，一定程度上限制了地铁商业物业的发展。这也一定程度上导致北京地铁站商场规模都偏小，难以借助地铁站的区位优势。同时地铁运营时间，运营模式等也限制了一部分人口流动。

(三) 在地铁基础设施方面

相对于地面上的出行方式，地铁因其方便快捷的特性而受到青睐，因此吸引了大批乘客。许多人在出行高峰期选择地铁，更是由于这个原因。所以要吸引客流，做到带动周边经济发展，首先应保证地铁本身在其基础设施建设方面更加完善，其车型、车次、运营时间等都是需要考虑的因素，主要问题具体有以下几个方面：

1. 换乘不方便

换乘站的形态受很多因素影响，线路相交形式是其中一个重要方面。由于国内地铁线路相交换乘多为垂直交叉，有丁字形、十字形、L形等，相交形式决定了换乘距离长度。这也与北京城市格局呈方格状有关，最理想的换乘是同台换乘，将两条线路往同一个大方向的轨道布置在同一站台，下车后走到对面即可换乘另一条线路。目前北京能实现同台换乘的不多，其中有4号线和9号线的换乘站国家图书馆站、9号线和房山线换乘站郭公庄站以及5号线和亦庄线的换乘站宋家庄站。而大部分换乘站存在不方便的情况，例如，10号线的莲花桥站和公主坟站，车站的出入口都选址在立交桥中间，导致乘客乘坐地铁需要跨越立交桥，非常不便。著名的西直门枢纽站，三条地铁线之间换乘距离远、集散空间小、舒适性差且存在安全隐患。这些问题有很大程度上是历史原因造成的，很多换乘站在设计时并没有预留换乘。由于规划多次变更，先建设的线路未预留换乘的车站可能在新的规划中和另一条新线路换乘。因此，新线路只能通过在老站的旁边新建一个站，然后以通道形式和老站连接换乘，从而造成换乘不便。

2. 部分骨干线路存在安全隐患

部分线路屏蔽门存在安全隐患，高峰期运力不足。由于1号线、2号线建设较早，并没有建设屏蔽门，而且大多建设屏蔽门的线路在屏蔽门和车门之间没有设定监控措施，在乘车高峰期间，地铁客流量大，存在安全隐患，部分骨干线路拥挤也与当时建设时节约投资的理念相关，如5号线。部分骨干线路在高峰期难以有效疏解乘客，以地铁4号线为例，上班高峰期，由南向北的客流量巨大，在宣武门、西直门等换乘站，一分钟一趟车都满足不了乘客的需求。以后轨道交通的建设要充分考虑分散现有线路的拥挤客流量。

3. 北京地铁车型单一

国内的地铁车辆分为 A、B、C 三种车型（见表 8-9），与 A 型车相比，B 型车较小，造价也要比 A 型车便宜。北京地铁主要以 B 型车为主，仅 14 号线采用 A 型车。在 B 型车中，除近年开通的 6 号线为 8B（8 节 B 型车辆）编组外，其余全部为 6B 编组。单一的运力配置，实际与地铁客流规模很不相称，这不可避免地导致如 1 号线、5 号线、4 号线等客流量集中路段拥挤，对比日本，东京在运量大的干线上基本都安排 10A（10 节 A 型车辆编组）、8A 等大编组能力车型。

表 8-9　地铁车型分类

	Ⅰ级	Ⅱ级	Ⅲ级	Ⅳ级	Ⅴ级
系统类型	高运量地铁	大运量地铁	中运量轻轨	次中运量轻轨	低运量轻轨
适用车辆类型	A 型车	B 型车	C-Ⅰ、Ⅲ型车	C-Ⅱ型车	现代有轨电车
最大客运量（单向小时/人次）	4.5 万~7.5 万	3.0 万~5.5 万	1.0 万~3.0 万	0.8 万~2.5 万	0.6 万~1.0 万
使用线路	14 号线	1 号线、2 号线、4 号线、5 号线、6 号线、8 号线、9 号线、10 号线、13 号线、15 号线，大兴线，房山线，八通线，亦庄线，昌平线	测试车型		

（四）在疏解人口方面

1. 北京城市内部

（1）车站与城市的融合不到位。北京地铁与城市的融合不到位主要体现在两个方面：一方面，地铁站与城市的衔接，地铁站与公交站、商业、住宅的衔接不是很完善，如 10 号线长春桥站，地铁出口与商圈对接不到位；另一方面，地铁建设与城市规划、城市发展没有有效的融合。城市轨道交通的建设基本需要经历两个阶段，一个是"线随人走"主导，另一个是"人随线走"主导。北京的城镇化进程，伴随着北京"摊大饼"式的发展，地铁的建设先是经历"线随人走"的过程，这在缓解中心城区交通压力的同时，增强的轨道沿线的吸引力，客观上会促进功能和人口进一步集聚，形成新的交通供需矛盾。现在需要进入"人随线走"阶段，与带动郊区城镇化相结合，与土地综合开发利用相结合，实现转移人流、培育客流，为化解"城市病"创造条件，也可以是城镇化的收益反馈与轨道交通，促进轨道交通的可持续发展。

（2）需要多层次支持。北京轨道交通需要地铁、有轨电车和城市快线多层次的支持。北京轨道交通的建设受城市建设影响较大，北京的城市功能布局不尽合理，导致外围新城功能单一。中心城内商务办公开发量始终在不断增加，大量医院、学校原址扩建，中心城区功能疏解一直处于集聚状态，而由于人口规模快速增加、房地产市场过热过快发展，导致外围新城住宅过早大规模开发，如天通苑、回龙观、望京。但是其经济并没有发展起来，开发落后，形成"睡城"。在城市外围，需要有轨电车和城市快线的建设，实现长距离快速穿越中心城。

2. 京津冀协同发展

（1）区域间联系仍不紧密，经济水平仍有差距。虽然京津冀三地均在规划综合交通网络，但是京津冀都市圈交通发展存在问题。北京与天津已有城际间轨道连接，但并未显现预期的"同城效应"，其在生活生产、文化传播、贸易往来与"长三角"的上海与苏州的联系相差甚远，事实上天津与河北对北京更多的是起到服务作用。京津冀三地经济发展水平与实力落差甚大，将来自然会在轨道合作建设财政支出与融资能力上出现一定矛盾；京津冀三地行政力量落差大，北京在合作中的话语权与推动力最为强大，天津次之，河北最弱；京津冀三地轨道交通发展速度与规模落差大，北京与天津轨道网络已经形成，而河北唯一的有轨道交通规划的省会石家庄也只是正在建设中。

（2）区域间运力不足，地方间规划存在冲突。三地间交通基础设施建设严重滞后，营运里程仍不能解决日益拥堵的交通局面。发达国家城市的交通线网密度，一般是在每平方公里 1.2 公里左右，而北京还不到 1 公里，天津更是不足。连接和改造滞后，京津冀三地之间交通联系远远不能满足需求，连接铁路和港口主枢纽的公路通过能力不足，与高速公路相连接的普通公路建设和改造滞后，由此影响运输整体效益。在京津冀一体化的大环境下，之前的规划只是各地区分别进行，未对一个整体的规划开发进行考虑，并未形成轨道交通与机场、港口高效的链接。

（3）地方利益存在冲突，政策难以落实。行政分割与一体化本身在经济利益分配公平性、发展资源共享程度、问题诉求点一致性上就是一对无法克服的矛盾。在世界上鲜有一个都市圈内有两个强大的直辖市与一个弱势省份的融合，在京津冀一体化中，北京能否真正舍得其巨大的利益，是京津冀轨道交通一体化能否顺利推进的根本因素。此外，相关配套政策是轨道交通一体化进程的牵制因素。跨区域轨道交通一体化可以疏散京津人口、产业，但若河北产业发展配套政策和公共服务资源，如产业发展政策、财政税收政策、医疗卫生、文化教育等不改善，不仅不能吸引、留住疏散要素，反而会逆向京津，形成潮汐式迁移，这需要京津冀统筹产业布局，将产业一体化进程与轨道交通一体化同步进行战略性考虑及规划。

五、中国香港案例分析

香港政府于 1967 年提出了兴建地铁的想法，到 1970 年正式提出《集体运输计划总报告》，在报告中计划的香港地铁包括港九线、港岛线、东九龙线及其三条支线。当初计划线路总长度 52.7 千米，耗资 150 亿港元，当年财政收入仅 30 亿港元。所以仅依靠政府投资修建地铁是不可能实现的，香港政府于 1975 年成立了香港地下铁路公司（现香港地铁有限公司），放弃了绝大多数西方国家城市轨道交通系统实行的补贴政策，明确地铁公司是政府的全资公司，主要目的是适应香港公共交通的合理要求，根据审慎的商业原则兴建及经营公共铁路运输系统。

从香港的实践看，开始为"线随人走"的阶段，即哪里人多，哪里堵就修到哪。在这一时期开通的线路包括贯穿九龙东西的观塘线（1979 年），连接港岛和新界南北的荃湾线（1983 年），还有沟通港岛东西的港岛线（1985 年）。这些线路满足了当时香港城市发展的需要。而进入 1985 年之后，香港城市进入平稳发展时期，如何将人口引入新的发展区域是香港面临的现实问题。香港人口过度拥挤，交通拥堵，用地紧张，开发空间狭小，只有有效发展地下空间的轨道交通才有可能解决上述问题。所以，香港进入了"人随线走"的阶段，这个阶段香港先后兴建了 9 个新市镇，总面积超过 110 平方公里，45% 的人口居住在轨道沿线 500 米范围内。

香港的轨道交通建设模式是"轨道交通 + 物业"的模式（见图 8-2），这种模式是集地铁投资、建设、运营和沿线土地综合开发于一体的综合开发模式。在可持续发展理念的基础上，以城市轨道交通走廊为纽带和导向，以综合用地组团为节点，土地开发沿轨道交通两侧展开，有效地利用城市土地资源、减少环境污染、满足城市经济社会发展需要的城市发展模式。在流程上可以分为四个阶段：第一阶段是项目谋划阶段，即线路规划与城市规划、土地利用规划同步，这也是整个模式运作的核心。第二阶段是项目明确阶段，这个阶段香港地铁有限公司发挥主导作用，自行研究与设计路线和土地综合利用规划，并提交给政府，最后与政府签订明确开发权和地块范围的项目。第三阶段是项目开发阶段，香港政府除了进行前期必要投资外，将地铁沿线一定规模的土地以较低的价格出让给香港地铁有限公司，也就是将沿线物业用地开发权授予了香港地铁有限公司，同时拥有其一定股份，而香港地铁有限公司则享有地铁开通后沿线物业用地的增值收益，并承担全部地铁的建设成本和运营成本，统一规划物业与地铁设计，自负盈亏。第四阶段就是项目运营阶段，港铁的商业物业与轨道交通有效衔接，使其实现商业价值最大化。

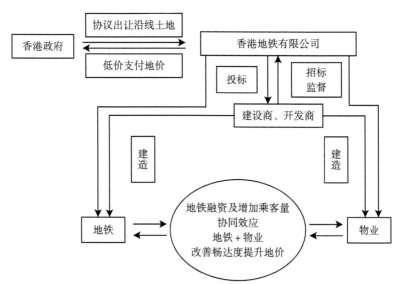

图 8-2　香港地铁"轨道交通 + 物业"开发模式

香港"轨道交通 + 物业"的发展模式的优点有以下几条：第一，香港的轨道交通是世界上高效率的公共交通体系之一，节约了公共交通成本。第二，优化了城市空间布局，节约利用土地。香港地铁充分利用了地下和地上的空间，不占用地面空间，有利于缓解城市拥堵状况，提高了土地利用价值。第三，促进了服务业的发展与繁荣，也为居民生活提供了便利。香港"轨道交通 + 物业"的模式可以根据实际情况在每个交通枢纽站外布置出租车或其他交通工具换乘点，而且可以实现商业区或住宅区与地铁的无缝连接，不仅提高了居民的生活效率，而且促进了香港的商业等服务业的发展。第四，减轻了政府的负担。香港"轨道交通+物业"模式中投融资的方式减轻了政府的财政压力。

公共交通引导城市发展的模式强调城市发展应沿着主要公交路线展开，城市在公交站点周围进行高密度、多功能的开发，从而减少人们交通出行需求，并使人们以公共交通作为日常交通工具，减少小汽车的使用，进而缓解城市所面临的环境污染、交通拥堵、高能源耗损和无序扩张等问题，使城市能够更健康、有序和可持续发展。其实质上是一种城市发展理念和规划方法，其目的是为了更有效地使用城市土地和设施，并遏制城市的不断蔓延，使城市开发具有可持续性。其要点是以公交路线为导向进行城市开发，在主要公交站点周围建设高密度的集居住、就业、生活服务设施为一体的轨道交通发展模式。

六、建设方向和保障措施

按照习近平总书记要求，北京轨道交通建设要按照适度超前、相互衔接、满足未来需求的要求发展，具体为综合承载力适度超前、功能融合相互衔接、服务城市功能、人口布局和空间优化调整以及京津冀协同发展。着力构建现代化交通网络系统——把交通一体化作为先行领域，加快构建快速、便捷、高效、安全、大容量、低成本的互联互通交通网络。

（一）在轨道交通投融资方面

2003 年，随着北京地铁建设规模的扩大，单一的政府投融资模式很难满足日益扩大的融资需要，北京提出"政府主导、市区共建、多元化运作、多渠道筹资"的新思路，将北京地铁集团改制为北京基础设施投资有限公司（以下简称"京投公司"），专门负责北京地铁建设的投融资。地铁建设的融资任务越来越大，2015 年京投公司的融资任务达到 3800 亿元。因此，亟须对旧有的投融资体制进行改革，扩大市场投融资规模。

1. 探索适合自己发展的模式，摒弃单一的政府投资

积极引入其他资本形式，建立多元化的投融资体制，如目前流行的 PPP 融资模式等；吸引和聚集社会、民间资本乃至国外资本投入轨道交通建设中。使轨道交通建设的投融资体制和运营模式形成一种相互促进的良性循环的局面。这样既保证了建设所需要的巨额资金，又提高了地铁企业的运营效率和盈利能力。

2. 完善民资参与地铁建设的体制机制保障

政府应进一步破除制约民间投资的体制障碍，在贷款、税收优惠、财政补贴、土地供应、项目审批等方面，对民营企业给予和国有企业同样的政策支持，进一步激活民营企业投资地铁建设的积极性；对地铁站内的广告进行招标，以税收、政府补贴等多种形式吸引企业投资；在城市轨道交通投融资方面有条件地进行政策创新。在一定政策允许的情况下，发行债券，鼓励企业认购；成立第三方监管机构，有效保证资金使用效率。

3. 打造多元投资模式，吸引民资积极参与城市轨道交通建设

加强顶层设计，吸引民营资本参与城际轨道交通建设。这可以有效拓展资金来源。此外，在国家土地政策允许的条件下，可以采取"站点+上盖物业"或"线路+沿线土地"捆绑起来统一招商，创新投资方式，提高项目投资收益，增强城市轨道交通建设项目对民间资本的吸引力。

完善轨道交通、高速公路网建设融资模式，逐步建立政府投资、银行贷款、土地一级开发、资产证券化、社会股权投资、企业自筹、政府贴息等综合融资体系，拓宽融资渠道，实现融资方式多元化。确定中心区微循环道路建设市级财政资金补助政策、交通枢纽和地面公交场站、公共停车场投资政策以及地下隧道工程专项投融资政策，实现资金来源多样化。按照建管并重原则，加大交通规划、科技、管理、应急、法规标准等方面的资金投入，实现资金使用高效化。

（二）在产业发展方面

按地铁建设时间的不同，对新建地铁沿线地区与原有地铁改扩建地区的产业选择也应加以区别。按促进区域经济发展与疏解人口这两大目标进行，具体分为以下两个方面：

1. 加速沿线产业升级，发展高端服务业

原有地铁沿线产业加速升级，对落后产业加速搬迁淘汰，同时做好如动物园

等城区内原有传统服务业搬迁的后续工作，按照"转移、调整、升级、撤并"八字方针进行产业调整。促进老城区地铁沿线高端服务业的发展，突出轨道交通方便快捷的特点，进一步为城市居民的生活提供便利。

2. 打造新经济增长点，吸引人口外流

城市外围新增地铁沿线地区应借助地铁建设的有利契机，着力打造适合本地区发展的新型产业模式，在促进区域内经济发展的同时，也间接促进吸引人口外流这一政治任务。以北京大兴区为例，大兴区结合生产性服务业发展的集聚特性，依托地铁大兴线，以地铁站点为基本节点，打造地铁经济带生产性服务业集聚区。其中包含构建商务服务、仓储物流、科技服务、批发等生产性服务业产业板块。同时，生产性服务业的发展又会反过来改善沿线的投资环境，加速地铁商圈的形成，最终带来区域经济增长方式的转变。

地铁线路的科学规划，势必大大促进土地的集约利用，提高投资效率和产出水平，从而在带动和引导城市空间结构调整的同时，促进工业经济向服务经济逐步转型，不断给沿线经济注入新的活力，最终推动沿线经济社会又好又快地发展。

（三）在轨道交通建设方面

确立轨道交通在城市公共客运系统中的骨干地位，发挥其引导与支撑城市空间结构优化调整的作用，按照安全、质量、功能、成本、效率"五统一"原则，加快轨道交通新线建设，扩大线网规模，增加中心城线网密度。建设完成6号线、8号线二期、9号线、10号线二期、7号线、14号线、西郊线、S1线、昌平线二期等10条线路，全面完成2015年轨道交通561公里近期线网建设规划。加快实施中心城轨道交通加密工程，重点推进8号线三期、16号线、海淀山后线、燕房线建设，2015年全市轨道交通线网运行总里程达到660公里，五环路内线网密度达到0.58公里/平方公里以上，平均步行1000米即可到达地铁站。

在轨道交通开发建设的同时，要考虑轨道交通，尤其是地铁的安全性、舒适性和便利性。实现地铁人性化建设，在安全门和车门之间安装监控，保障乘客安全；保障地铁无线信号覆盖等。在地铁建设方面坚持存量改进增量建设的原则，把地铁与周边商圈、居民区等的结合做到位，为真正实现临轨经济、提高北京城镇化水平、完善城市功能布局打好基础。

（四）在轨道交通发展模式方面

1."轨道交通＋物业"的发展模式

总体来说，可以借鉴中国香港的发展经验，使交通线路规划与城市规划、土地规划同步进行、有机结合，避免重复配置；住宅、商业、金融服务业与公共设施建设统筹协调发展；商住房、政府办公用地与廉租房协调发展；城市中心区与拓展区、边缘区、郊区协调发展；生态环保与土地节约协同发展。对于北京来说应坚持土地利用与交通协调发展，设计可以有效疏解中心城区功能和人口的路线，严格控制中心城建设总量增量，优化新城交通发展模式，有效实现"人随线走"；对交通基础设施用地储备与批次供地提供相应的保障制度；对公共交通枢纽场站、公共停车场、交通接驳设施等交通基础设施用地的建设必须在规划中优先安排落实；在用地紧张、场站停车矛盾突出的地区，应与绿化、公建等用地相结合，安排交通功能；最终逐步实现发展模式的转变。

2.P&R 设施

P&R 是指"停车＋换乘"的出行模式，即开车由家到地铁站再乘坐地铁到目的地的出行方式。这种方式的推行，需要有完备的政策和资金保障，明确主体统筹推进。北京 P&R 停车场项目涉及发改、规划、国土等诸多部门，由于缺乏协调实施单位，项目推进缓慢。建议结合轨道交通建设，由轨道交通投资主体作为沿线 P&R 停车场项目的投资、建设主体，统筹推进项目实施。优化立体化公交换乘条件，大力改善地面交通间、轨道交通间、轨道与地面间公交换乘条件；严格规范标准，随轨道交通线网同步建设 P&R 停车设施。

（五）在铁路建设方面

建成京沪高速铁路、京广客专，建设京沈客专、京张城际，推进京唐城际、京九客专至北京新机场一期工程建设。建成北京站至北京西站地下直径线，建设西长线至丰沙、京原两条联络线，实施黄良线电化改造及东北环复线、电化改造，推进货运外环线及魏善庄、三河技术站建设，推进百子湾至亦庄联络线建设，形成"10条铁路干线、4条客专、4条城际、3条环线"，"客内货外"的总体布局。

改扩建丰台站，新建星火站和新北京东站，形成北京客运七站布局。建设窦店集装箱中心站、昌平集装箱办理站。建成顺义、通州、大兴、双桥、房山货运物流中心。完成黄村行邮基地。实现京原、京通、京承电化改造。建成北京铁路调度中心和铁道部调度中心。建成北京客专综合维修基地，完善北京动车检修设施。加强客运信息化建设。加强铁路枢纽与城市交通的高效接驳。除此之外，还要加强北京与周边天津港、秦皇岛港、曹妃甸、黄骅港的铁路建设，实现铁路、港口立体化发展。到 2015 年，基本建成点线能力匹配，适应城市经济社会发展需求，安全、高效、便捷的首都铁路运输服务体系。铁路旅客年发送量达到 1.8 亿人次，货物发送量达到 2900 万吨，货物到达量达到 6700 万吨。

加速城市内铁路的拆除和搬迁工作，将原有穿城而过的货运线路搬离市中心。协调铁路部门与地方政府及企业的利益，制定合理规划，做到合理有序、分次分批拆除、搬离，争取做到北京城区四环之内无货运铁路线。这不仅可以有效疏解人口，缓解交通压力，更可以重新空出大片城市用地，重新划分城市功能区。

（六）在京津冀一体化方面

推进京津冀一体化，从更大范围内为疏解首都功能和人口创造条件。实现轨道、机场、港口的互通互联，临轨经济、临空经济和临港经济的协调发展。在轨道交通方面，加快推动区域国铁项目落地。加快京沈客专、京唐铁路、京张铁路等国铁项目建设，完善京津冀北部区域快速铁路网络，启动京九客专建设，确保与北京新机场同步建成投入使用。启动丰台火车站改扩建工程、星火站及北京新机场北交通中心建设，加快开展新北京东站、清河站及怀柔、密云换乘中心规划设计，优化本市铁路客运枢纽布局，同步做好周边交通基础设施配套保障。研究京石城际、京津第二城际线位和市内枢纽节点，构建京津保核心区快速轨道交通网。按照规划，2020 年将形成京津冀 9500 公里的铁路网和主要城市 1 小时城际铁路交通圈。北京市交通委目前正在编制未来三年的交通规划，该规划将把京津冀一体化作为重点，结合三地新的产业格局和城市布局调整北京交通网络。

七、首都临轨经济发展路线图

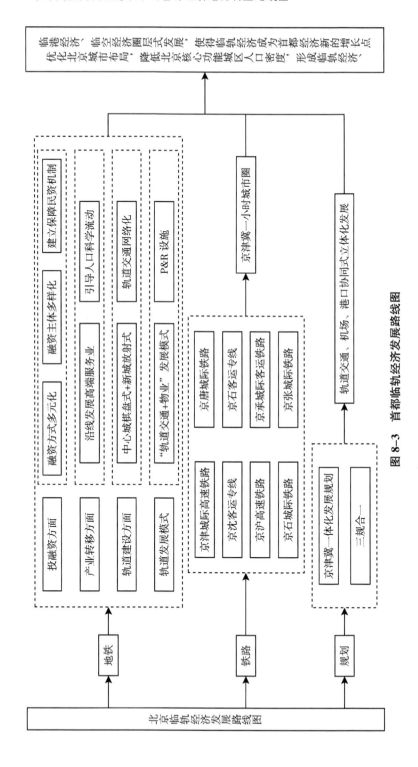

图 8-3 首都临轨经济发展路线图

参考文献

［1］汉克·迪特马尔，格洛丽亚·奥兰德. 新公交城市 TOD 的最佳实践 ［M］. 北京：中国建筑工业出版社，2013.

［2］江玉林. 畅通、高效、安全、绿色中国城市公共交通可持续发展重大问题解析 ［M］. 北京：科学出版社，2010.

［3］江玉林. 公共交通引导城市发展 TOD 理念及其在中国的实践 ［M］. 北京：人民交通出版社，2009.

［4］张工. 北京城市轨道交通投融资理论与实践创新 ［M］. 北京：清华大学出版社，2012.

第九章
首都临港经济发展路线图

一、京津冀建设"临港经济"的背景及意义

北京作为一个内陆城市，本身并不临海，也不存在港口，为什么要提临港经济？其大背景基于京津冀协同发展考虑。以"226讲话"为标志，习总书记亲自推动京津冀协同发展，将其上升为国家战略。此后，北京、天津和河北三个省市陆续签订了双边合作的协议，甚至细化到具体的产业和项目。京津冀协同发展要求打破自家"一亩三分地"的思维定式，严格执行"区域规划一张图"，抱成团朝顶层设计的目标一起做。要下决心破除各种体制机制障碍，推动资本、技术、人才、劳动力等各种要素按照市场规律在区域内自由流动和优化配置。在京津冀地区，港口及港口区域已成为资源最有利、优势最大的要素。一方面，通过将适宜港口经济的产业向沿海地区转移，可以更加有效地利用资源，减少运输成本，比如首钢搬迁就是一个典型的例子；另一方面，通过构建区域一体化的物流体系，有助于节省经济运行成本，加快区域合作，促进资源、产品和要素的流动。在这样的调整背景下，北京是减法，天津和河北是加法。河北省的秦皇岛、唐山、沧州这三个市有将近500公里的海岸线，拥有港口岸线和土地资源优势，环渤海地区的港口经济区域应成为此次调整的对接区，应利用黄骅大港、唐山港、秦皇岛港及沿海滩涂荒地未利用地等优势，推动京津需要转移的石油化工、装备

制造等港口经济的产业向沿海地区集聚。①天津作为一个世界级大港，更是需要充分利用其优势，推动京津冀协同发展。因此，如何推动适宜的产业向沿海布局，如何构建功能互补的港口群，如何构建区域物流体系，是需要考虑的问题。

二、京津冀港口群发展现状

在河北省、天津市 640 公里长的海岸线上，从北到南依次分布着秦皇岛港、唐山港、天津港和黄骅港，其中唐山港又区分为北部的京唐港区和南部的曹妃甸港区。上述港口又被统称为"京津冀港口群"，是渤海湾西部港口的重要组成部分。虽然在名称上，已被认为是"港口群"，但从功能定位和资源整合角度看，京津冀这几大港口并未形成一个功能互补、合作共赢的有机整体。

本部分将从港口的基本情况、运营情况等内容引导出临港经济发展过程中存在的问题。

---

① 曹重. 港口经济与京津冀协同发展［J］. 港口经济，2014（3）.

（一）港口基本概况

表 9-1 京津冀港口群基本概况（一）

港口名称	基本概况	港区结构	集疏运体系	经济腹地
天津港	天津港是世界等级最高的人工深水港，目前主航道水深已达-22.0米，30万吨级船舶可乘潮进出港。陆域面积132平方公里，拥有各类泊位总数160个，其中万吨级以上泊位103个。2013年实现复式航道双向通航。处于京津城市带和环渤海经济圈的交汇点，是首都北京的海上门户，国第二次对外贸口岸，连通海上和陆上两个"丝绸之路"的重要节点，是连接东北亚与中西亚的纽带	由北疆港区、南疆港区、临港经济区、东疆港区、南部区域、大港港区东部区域等组成①	（1）铁路：客货混合，路港联合的大型铁路枢纽，位于京哈线与津浦线交汇处，京九线津霸联络线、铁路板纽衔接北京山海关、济南、霸县、蓟县等多个方向；与天津港南疆港区相关的煤炭铁路有四条：北有大秦、蓟南铁路疏通线，西有丰沙大、京山通道；中有朔黄、京九通道，塘沽市及开发区道路系统与外部连通以及全国公路网相连。（2）港口通过港内公路网相连。京塘高速公路（国道103线），津塘公路相关的主要公路有：京塘高速公路、京滨高速公路、津滨高速公路、港北、津北、杨北、津北、等；国道104线、国道205线，津北、港北、津沽、晋高速公路以及天津市干线等。②现已建成的京津塘高速以及规划的疏港一线、疏港二线、津滨大道等依靠津塘高速公路和津滨港高速高等级道路未来将直接进入天津港及周边地区。北疆港区近期从疏港一线、远期京津塘高速二线建成后将是通往北京及周边地区主要地区的集疏港区。津滨高速公路及津塘公路（103国道）主要承担塘沽区、天津市货物的集疏运和京津冀货物的中转运输及京山线沿线铁路货物的转运等；津沽公路、津晋高速公路是南部的集疏港及南疆港区的集疏运输网络连通。上述五条主要通道均将同时进行相应的改造。（3）管道：天津港港区内其他道路近期也将同时进行相应的改造，现有管道全部为港内气品运输，可架设管道45条，现已建成10条穿越海河河道管道主要用于输油气廊，设有公用公有输油管道。	腹地面积近500万平方公里，全港70%左右的货物吞吐量和50%以上的口岸进出口货值来自天津港以外的各省区。主要经济腹地包括：以京津、北以及西北等地区为主，同接经济腹地为主，地包括山西、陕西、甘肃、宁夏、青海、新疆、内蒙古、西藏等地区

① 北疆港区以集装箱和杂货作业为主，南疆港区以干散货和液体散货作业为主；临港经济区南部区域以码头装卸板块、综合物流板块、装备制造板块、轻工粮油及食品加工板块、能源及医药板块为主；大港港区东部区域是以煤炭、矿石等大宗散货为主的新港区。

② 目前大部分港外公路集内公路内铁路疏运与城市公路相互干扰，港口集疏运与城市交通相互干扰，也加剧了集、疏、运的能力。此外因港区内道路疏运系统与港口集疏运系统只能通过塘沽市区及开发区的城市道路衔接，导致部分集疏运能力及港口库场方库场容量有限，导致部分集散出口货物短途转运，导致部分进出口货物运力紧张及库场紧张状况。

续表

港口名称	基本概况	港区结构	集疏运体系	经济腹地
			的输油管道。腹地内原油长输管道共18条，3700余公里，连接区域内中石化集团所有大中型石化企业，是我国最完善、最发达的管道运输网络。沧津线和京津线的建成，使天津港继青岛港之后也与此网络连通，天津港转接原油可抵进区域内各个石化企业。（4）航空：天津港保税区距天津滨海国际机场仅38公里，且有高速公路相连	
京唐港区	唐山港京唐港区是唐山市最早规划建设丰乐合北京市合作开发的国家一类对外开放口岸。位于唐山市东南80公里处的唐山海港开发区境内，渤海湾北岸。陆上距北京市230公里，海上距上海港669海里，距中国香港1360海里，距日本长崎港680海里。位于环渤海经济圈中心地带，是北京战略的重要组成部分，是国家确定的沿海重要港口	已建成第一、二港池，全部和第三、四、五港池部分泊位，形成五个港池建设运营的整体格局。形成集装箱码头作业区、液体散货作业区、干散货作业区、杂货码头作业区、通用散货码头作业区、综合物流及远景预留发展区等六个功能区及远景预留发展区	京唐港是全国集疏港条件最好的港口之一。唐港、滦港、环渤海三条公路分别与205国道、102国道相连。唐山至港口90公里，滦港公路70公里，港口至滦县70公里，102国道、107国道相接。长80公里的唐港高速公路与津唐高速公路、京沈高速公路在唐山境内汇成"X+O"型的高速公路网，大大缩短了京唐港与省市的距离。从京唐港到北京、天津分别是233公里和208公里，约两小时车程。总长77.3公里，与京津铁干线-京山线、运输能力1200万吨的滦港铁路（滦县-京唐港）与京铁干线京秦线接轨	直接经济腹地唐山，间接经济腹地可覆盖河北、北京、山西、宁夏、内蒙古和陕西等地
曹妃甸港区	位于渤海湾最深处，岛前水深25米，不冻不淤，是天然深水良港，是渤海唯一不需要开挖航道和维护的天然港址，即可建设30万吨级泊位的天然港址。总面积62.03平方公里，可利用岸线长度约33.1公里，规划建设泊位120个（已建成67个，在建27个），谋划建设泊位26个）。位于唐山市南部沿海、地处环渤海，京津冀城市群交汇处，是我国北方地方走向	港区由西港区、港池岛东区、港池岛西区、东港池岛东区、甸头东区和化学区五部分组成	（1）公路：目前主要以通岛公路（青林公路）为主要集疏港通道，现有京沈、唐津、唐曹、唐秦、沿海高速及南曹高速公路网络，加之迁曹高速、滨海新区30分钟交通圈、津泉之间形成1小时交通圈。（2）铁路：现有京山、京秦、唐秦、在建蒙冀、水曹和唐曹等铁路。（3）航空：曹妃甸至唐山三女河机场80多公里，天津滨海机场120多公里，北京首都机场200多公里，且有高速相连	经济腹地辐射京津、唐、秦、迁等，东三省和大西北

续表

港口名称	基本概况	港区结构	集疏运体系	经济腹地
	太平洋的重要门户和对外通道，是中国重要的能源、原材料和重化工业基地			位于东北、华北两大经济区的结合部和半径300公里的环渤海经济圈的中心地带，因此秦皇岛港口经济腹地遍及中国北部地区及中国北部地区。直接腹地为秦皇岛市和冀东、冀北、辽东地区。秦皇岛港主要煤炭资源煤炭分布于山西北部、内蒙古西部、宁夏、陕西北部，以及河北、北京等
秦皇岛港	位于渤海辽东湾西侧，是我国北方著名的天然不冻港。这里海岸曲折，港阔水深，风平浪静，泥沙淤积很少，万吨货轮可自由出入。秦皇岛港是世界第一大能源输出港，是我国"北煤南运"大通道的主枢纽港，担负着我国南方"八省一市"的煤炭供应，占全国沿海港口下水煤炭的50%。全港目前拥有全国最大的自动化煤炭装卸码头和设备较为先进的原油、杂货与集装箱码头，共有泊位58个，其中生产性泊位37个	分东、西两个港区。东部港区主要为原油、成品油码头，煤一期码头，煤二期码头，大型现代化煤炭运输码头（煤三期、煤四期、煤五期）。西部港区主要为港口杂货、集装箱码头及港口配属设施等	秦皇岛港交通发达、铁路、公路、管道、海运、航空等集疏运条件优越。(1)铁路：(北)京哈(哈尔滨)、(北)京秦(皇岛)、(同)大(同)、(黄)大(连)等干线直达港口并与码头配套，地方铁路有秦皇岛至山神庙段近40公里。铁路约占货物集疏运总量65%~75%。(2)公路：通过境内102国道、205国道相连，公路运输约占货物集疏运总量10%。(3)管道：大庆经铁岭至秦皇岛原油码头输油管道，年输油量占港口集疏运总量15%左右。(4)海运：现已开通广州、上海、大连、北京、石家庄、呼和浩特等航班共31个，空中货运有待开发。(5)海运：海上可达中国沿海各港及长江中、下游港口，目前已开通了秦皇岛—龙口、秦皇岛—烟台的海上客运航线；开辟了秦皇岛至日本、韩国等东四条国际集装箱航线。与世界上余国家和地区的港口开展了贸易往来，并同日本苫小牧港、澳大利亚纽卡斯尔尔港等一批港口结为友好港	位于东北、华北两大经济区的结合部和半径300公里的环渤海经济圈的中心地带，因此秦皇岛港口经济腹地遍及中国北部地区及中国北部地区。直接腹地为秦皇岛市和冀东、冀北、辽东地区。秦皇岛港主要煤炭资源煤炭分布于山西北部、内蒙古西部、宁夏、陕西北部，以及河北、北京等
黄骅港	位于河北东南部，东临渤海，南近山东，西界沧州，北倚京津，位于东北亚经济圈的中部位置和"环渤海，环京津"的双环枢纽和冀鲁豫交汇中心位置，是新欧亚大陆桥的东桥头堡，已成为华北地区对外开放的重要窗口。泊位209个，其中万吨级以上泊位101个，泊位综合港区可建设上万吨级泊位大夫，总吞吐量突破1亿吨，跻身于全国亿吨大港之列。布置2万~20万吨级以上泊位120多个，远期将形成5亿吨煤炭输出能力，是我国第二大煤炭输出港	包括煤炭港区、散货港区、综合港区、河口港区	黄骅港所在地沧州，通过高速达到北京只需2个小时，到达天津只需1个小时，与韩国、日本等东亚国家间的空间距离较短。(1)公路：周边两条国道307和205，6条高速：京沪高速、石黄高速、津汕高速、保港高速、邯港高速、沿海高速；(2)铁路：朔黄铁路、沧黄铁路、黄万铁路、黄大铁路、邯黄铁路；(3)航空：200公里半径内有京津冀鲁四个国际机场。铁路、高速公路、集疏港及国省干道纵横交错，形成了四通八达的交通网络。港口集疏运主要依靠铁路	直接腹地：河北省中南部大部分地区，包括沧州、衡水、保定、邢台、石家庄六个地市，共101个县。间接腹地：晋、鲁、豫、蒙西、陕西北部、内蒙古西部等

表 9-2　京津冀港口群基本概况（二）

	货物类型	临港产业类型	航运服务	自身定位和发展特色
天津港	煤炭、粮食、杂货、矿石、集装箱、石化产品	绿色动力产业集群；海上工程装备制造产业集群；粮油加工产业集群；重型装备制造产业集群；造修船产业集群；计划形成华北地区最具规模的修船、造船、机械装备制造业基地	全国最大的"一站式"航运服务中心和电子口岸；内陆腹地设立的23个"无水港"；天津港（集团）调度指挥中心；全国首家港口EDI中心①和"口岸云计算中心"；推动三大平台建设、五类应用系统建设、东疆港数字化工程②	中国北方国际航运中心和国际物流中心
京唐港区③	钢铁、矿石、煤炭三个货种运量超过千万吨规模	主导产业是煤化工、精品钢材、电力能源、陶瓷建材、装备制造，大口物流和滨海旅游	相关航运服务须臻完善	北方大港、综合型大港
曹妃甸港区	煤炭、钢材、原油、矿石、散杂货	港区主要产业包括港口运营、国际贸易以及加工、仓储物流，大宗商品交易，配送等现代港口物流相关产业。建立以现代港口物流、钢铁、石化、装备制造四大产业为主导，电力、海水淡化、建材、环保等关联产业循环配套的产业体系	海关、边检、商检、海事等口岸查验单位全部入区并提供"一站式"服务，可提供全天候预约服务。同时，各口单位均已配备相应的信息管理系统	能源、矿石等大宗货物的集疏港、贸易港、商业性能源储备基地、钢铁、煤炭、矿石、天然气等货物的交易中心和国际港口物流中心

① 天津港（集团）调度指挥中心运用现场视频监控系统、船舶交通管理系统、船舶自动识别系统、全球定位系统、货场图形化管理系统、智能交通系统、视频会议系统等现代化手段，对航道、泊位、库场、道路进行信息识别和视频监控，达到优化港口资源配置，实现港口生产集中指挥的目的，从而保证港口生产安全、科学、高效、有序地进行。天津港口EDI中心（电子数据交换）成为全国港航系统率先实现国际集装箱运输信息交换方式与国际接轨的港口。

② 三大平台建设：一是电子商务信息服务平台；二是港口信息资源集成平台；三是集装箱生产智能平台。五类应用工程：一生产管理系统、港口设施设备管理系统、港口规划与建设管理系统和港口对外服务管理系统、东江港区数字化管理系统；港口经营管理系统、港口基础设施管理系统、建设规划设计系统、工程建设信息系统、应急响应指挥系统、环境监测及评价信息系统、三维景观信息系统、交通物流信息系统、公众信息服务系统、保税港职能管理和辅助决策系统。

③ 唐山港集团股份有限公司负责京唐港区的建设及运营。秦皇岛港由秦皇岛港股份有限公司及港营公司负责运营秦皇岛港。曹妃甸港由唐山港集团股份有限公司负责运营曹妃甸港码头及黄骅港码头。黄骅港由神华集团黄骅港务公司负责运营黄骅港码头。

续表

	货物类型	临港产业类型	航运服务	自身定位和发展特色
秦皇岛港	煤炭、集装箱、粮食、钢材等	以玻璃生产及深加工、装备制造、临港现代物流、电子、船舶配套等为主导的产业集群	以煤炭交易服务为核心，集煤炭信息服务及物流服务为一体的功能完善的综合性交易服务平台和煤炭物流链管理服务系统；煤炭现货交易服务平台；保税仓库出口监管仓库业务	北煤南运的主枢纽港和最大的能源输出港
黄骅港	钢铁、铁矿石、化工产品等	重点培育石油化工、现代装备制造、电力能源和港口物流四大产业	采用卫星导航和先进通信系统。目前正在加紧建设三横一纵的数字化港口	冀中南地区最便捷出海口和富民强省的战略引擎、亚欧大陆桥新通道的东方桥头堡

（二）港口货物运输情况

从河北和天津两个省市港口货物吞吐量的整体情况观察，2012 年，天津港货物吞吐量总计 47697 万吨，河北所有沿海港口货物吞吐量总计 76234 万吨（见图 9-1）。货物分类结构上，天津港除了干散货占比最大，便是集装箱运输；河北的港口集装箱运输发展缓慢，其主要货物吞吐量还是以干散货为主。此外，滚装汽车运输方面，河北也远远不如天津，目前河北临港产业汽车装备制造业还并未发展起来。

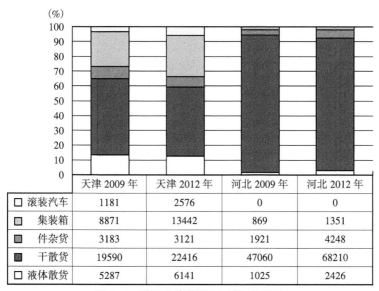

(%)	天津 2009 年	天津 2012 年	河北 2009 年	河北 2012 年
□ 滚装汽车	1181	2576	0	0
▨ 集装箱	8871	13442	869	1351
▦ 件杂货	3183	3121	1921	4248
■ 干散货	19590	22416	47060	68210
□ 液体散货	5287	6141	1025	2426

图 9-1 港口分类货物吞吐量（万吨）

从各大港口的货物吞吐总量观察，天津港的货物吞吐总量大于河北的各大港口，河北内部港口的发展也存在不均衡现象，唐山港和秦皇岛港货物吞吐量远远大于黄骅港（见图 9-2）。由于统计上，唐山港并未区分曹妃甸港区与京津唐港区，因此定量分析部分，均会将其作为整体。

货物结构分析从两个方面入手。一是矿石、煤炭、油品等散货的结构，二是集装箱吞吐量的对比。

从散货结构看，秦皇岛港不愧为"北煤南运"的枢纽港，煤炭的运量远远高于其他港口；唐山港以煤炭和铁矿石运输为主；黄骅港以煤炭运输为主，但总量低于秦皇岛港，且黄骅港的油品运输才刚刚起步；天津港的散货运输中矿石、煤炭和油品的比重较为均衡（见图9-3）。

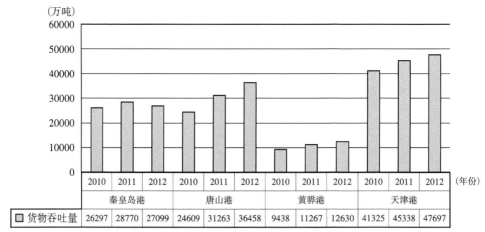

图9-2　京津冀港口货物吞吐总量

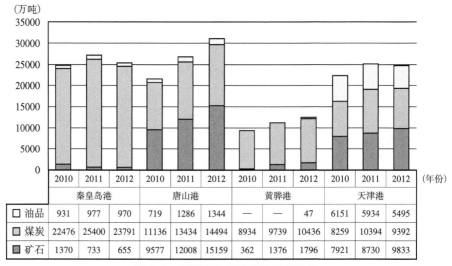

图9-3　京津冀港口散货吞吐量结构

从集装箱的吞吐量看，天津港的集装箱吞吐量远远高于河北的各大港口（见表9-3），且国际集装箱运输均是从天津港出发，其原因一方面是河北各大港口不具备发展集装箱的基础条件；另一方面是集装箱外贸资质未能获准，主要还是以集装箱内贸为主。

表 9-3　京津冀港口集装箱吞吐量

单位：万 TEU

港口	秦皇岛港			唐山港			黄骅港			天津港		
年份	2010	2011	2012	2010	2011	2012	2010	2011	2012	2010	2011	2012
集装箱吞吐量	33.98	43	34.40	27.67	34.10	45.40	0.12	0	10.20	1008.60	1158.80	1230.30

三、京津冀临港经济发展存在的问题

（一）京津冀港口群共性问题

1. 缺乏统一规划，无序发展

京津冀港口群的各大港口隶属不同的行政主体，每个港口都是各自政府根据自身利益来规划建设，缺乏跨越行政范围的整体战略性规划，导致港口各自为战的现象突出，腹地交叉、功能重叠、货源竞争等都制约整体水平的提升。同时，港行企业管理体制政企不分或政企分开却职能、分工不明，掺杂政绩观，缺乏考虑市场发展需要等因素，存在港口基础设施重复建设和资源浪费。投入大量的基础设施建设资金，依然存在货物压港、压船现象，装卸缓慢，集散不畅通，各方面成本升高，影响了经济腹地各企业的积极性。

2. 港口发展不平衡，制约了整体水平的提升

京津冀港口内的港口建设虽然近年来都取得了巨大的进步，但部分港口的建设依然滞后，集疏运体系、堆场问题以及集装箱码头不足等问题最为突出。河北的唐山港、秦皇岛港和黄骅港，主要煤炭为下水港，集装箱码头设施薄弱，吞吐量远远不如天津港。

3. 存在相互竞争

港口较为集中，无论从经济腹地还是基础货源方面考察，都存在重叠和交叉，竞争关系不可避免。天津港依托地理位置优势与国家政策大力扶持，致力于打造北方国际航运中心与国际物流中心，并且煤炭、干散货、杂货、集装箱并存；曹妃甸水深条件极好，同时也是煤炭、铁矿石的输送码头；京唐港从孙中山

提出建设后一直不断地提供煤炭供应；秦皇岛港拥有 2 亿吨的煤炭吞吐量，并且依托大秦线的支撑。每个港口都铆足了劲试图在京津冀协同发展的契机下大放异彩。在自然条件、腹地、经济和硬件设施等方面，都存在不同的竞争。尤其是曹妃甸港区和黄花岗区距离接近，港口服务货物类型均以煤炭为主，腹地大部分重合，竞争十分激烈，极易出现对腹地货物的争抢现象。在大宗散货方面，由于曹妃甸港后续码头的建成及投入运营，将会有一部分货物从黄骅港分流至曹妃甸港。

（二）河北省内港口共性问题

1. 港口功能较为单一

河北的港口功能较为单一，运输功能较强，但临港相关的产业发展较弱，港口商贸和物流功能较弱，应在港口的运输和中转功能的基础上，建立强大的现代物流体系，继而带动临港除农业的发展。目前河北各港口的临港产业以工业为主，与港口经济相伴而生的金融、保险等高端服务形态还未成熟，处于发展的初级阶段。

2. 港口布局不合理

秦皇岛港区受后方城区限制，已经没有发展的余地，尤其是西港区内的煤炭与杂货黑白混杂，污染较为严重；唐山港京唐港区的煤炭、矿石、钢铁等货物装卸区域狭窄，虽逐步向专业码头转换，但仍存在交叉作业干扰；黄骅港在煤炭区建有杂货和化工泊位，影响港口的专业化布局。作为以煤炭、铁矿石和石油等散货运输为主的河北省港口，进出港航道的标准也必须跟随船舶大型化的趋势而提高。

3. 港口结构层次较低

河北省内各大港口均以煤炭码头及件杂货码头为主，专业化、深水化大型码头不足，尤其是代表现代运输方式的集装箱业务发展缓慢。同时，货源单一，主要是省内外腹地的大宗物资和原材料运输服务。

（三）特性问题

1. 曹妃甸港区

（1）集疏运体系不完善，且存在制度弊端。曹妃甸的集疏运体系上的弊端主要体现在，没有直接通到北京—曹妃甸的铁路和公路，此外曹妃甸境内的铁路系统，由于体制的弊端，分别由太原铁路局、北京铁路局和呼和浩特铁路局管辖，如此复杂的管理权限，限制了曹妃甸港区集疏运体系的规划和发展。

（2）集装箱外贸资质未能获准。目前，河北各大港口主要还是以散货内外贸和集装箱内贸为主，集装箱外贸的资质尚未获准。就其货源本身特性来说，符合集装箱装卸的货源过少，其本身也不具备大型集装箱的出口能力，因此集装箱外贸资质尚未能获准，其集装箱出口还是以天津港为准。

（3）头衔过多，实质东西过少。曹妃甸港区自开发建设以来，被冠以众多含金量极高的"国字号"、"省字号"金字招牌。2012 年，其综合保税区、国家级经济技术开发区先后获得国务院批复，装备制造园区被确定为省级高新技术开发区。2013 年，曹妃甸工业区被列为国家级循环化改造示范园区。2014 年，河北与北京签订的合作框架协议中，又着重提出共同打造曹妃甸协同发展示范区。曹妃甸如此多的名目和头衔，在一定程度上能促进其基础设施建设和招商引资，但并未能满足曹妃甸最切实的需求。

（4）港区产业结构层次较低。曹妃甸的港区由港口物流园区、钢铁电力园区、化学工业园区、装备制造园区、综合保税区、新兴产业园区、高新技术产业园区、再生资源园区和临港商务区组成。其临港产业的类型以重工业为主，且附加值不高。如装备制造园区主要还是装卸起重机和机械制造，缺少汽车制造等高水平的制造工业。

2. 京唐港区

京唐港区与曹妃甸港区同属于唐山港，但两港区由不同的投资主体运营，代表不同的利益集团。京唐港区由唐山港集团股份有限公司负责建设及运营，曹妃甸港区则由秦皇岛港股份有限公司及联营公司负责运营。港区地理位置相近，共享腹地，货物种类趋同，却又为不同的利益主体运营，必定会产生竞争关系，煤炭、铁矿石和钢铁等主要货源均属于竞争的范畴。京唐港的发展虽早于曹妃甸港区，但曹妃甸天然的港口优势和国家的大力扶持，已逐渐超越京唐港区成为唐山港，乃至整个河北省港口的重要支撑。京唐港面临着巨大的发展压力，应考虑重新定位和如何合作共赢的问题。

3. 秦皇岛港

（1）以煤炭运输为主，港城互动发展效果不佳。秦皇岛港以煤炭运输为主，煤炭产业与秦皇岛市的产业之间不存在直接的关系，其港口的发展对于城市经济发展的带动作用并不明显。此外，作为资源性货物运输为主的港口，长期大比重依赖一种产品的运输不利于港口和城市的持续发展。

（2）环保问题。秦皇岛港的环保是最突出的问题，煤码头的污染问题与秦皇岛市建设旅游城市之间存在尤为突出的矛盾。尤其是西港区内的煤炭与杂货黑白混杂，污染较为严重。目前，西港区搬迁工作已正式启动，秦皇岛致力于打造环保宜居的新港新城。

4. 黄骅港

（1）集疏运体系问题。黄骅港的物流交通基础设施规划存在问题。黄骅港铁路环线布置方案虽然克服了折返式布置的缺点，但将堆场后方的管理区包围在环线之内，切断了与煤炭五六期、通用作业区之间的通道，造成对外交通和管理上的不便。此外，港区对外的公路集疏运通道仅有一条，且与海防路的交叉路口正好位于公铁立交桥的坡底，影响进出港车辆和社会车辆的行车安全，加之港内道路经过多次改造，缺少相应的标志。

（2）自然条件影响大。黄骅港每年大风较多，年内出现 6 级以上大风日数为 31 天，以能见度小于 1 公里影响航行为标准，年平均雾日数为 13 天，最多 20 天。因受自然环境影响，黄骅港外航道淤积严重，大量疏浚工作一直伴随着港口的生产同步进行，航道清淤维护成本较高。黄骅港的航道淤积问题严重制约港口吞吐量的增长与港口的发展。

（3）港口功能单一[①]。功能单一的能源运输，致使目前货物和运输品种集中于煤炭及其制品，煤炭及其制品占货物年吞吐量达到 97%以上。虽近年来服务货种开始扩展大宗散货、杂货等货种，但由于缺少临港及腹地经济发展所需相关货类的综合运输功能、临港工业功能、保税功能、航运服务功能及其他物流增值服务功能，对地方经济整体贡献小。

5. 天津港

目前，天津港的货物吞吐量世界排名第四，但国际中转业务量却很少。天津港的目标是建设成国际航运中心，国际中转业务量便是国际航运中心最显著的标

---

① 高淑娟. 崛起于渤海湾——国家级沧州临港经济技术开发区发展战略 [M]. 北京：中国社会科学出版社，2013.

志。目前，中国内地出口到欧美等地的货物中 70% 都要通过韩国釜山港进行中转，釜山港吞吐量的 40% 均是由中国北方口岸喂给的。大量的国内集装箱到国外中转，不仅支持了国外港口集装箱的快速增长，刺激当地的经济发展和就业，还大大降低了国内港口的国际地位和竞争力，以及对腹地经济的拉动作用。此外，船公司大量使用支线船到国外港口中转，增加了运营成本，同时损失了一大笔中转拼箱收益。

根据国际航运中心中国香港、新加坡、鹿特丹等和国际中转港釜山港等港口的实践经验观察，其发展国际中转业务具备的共性条件有：①发达的国际航运市场；②强大的经济腹地；③充足的集装箱物流；④自由港区政策；⑤港口设施优越；⑥完善的后方集疏运系统；⑦良好的政策和法律环境。比照天津港目前的状况看，港口设施缺乏、通关环境差、物流不畅可能是阻碍其国际中转业务发展的主要原因。天津港目前还是以资源出口型和工业产品出口型为主，进口海外资源型的工业和能源还未十分发达，而国际大宗原材料远洋运输已经发展到船舶专业化、大型化、集约化阶段，对进口海外原油、矿石、粮食等大宗原材料及集装箱的港口吞吐能力还较弱。从通关环境看，通关程序过于复杂、效率低直接制约了中转业务的发展，新加坡可在半个小时内通关，韩国釜山港也可在 1 个小时内完成通关。

因此，如何吸引国际中转业务，建设国际航运中心，推动投资和服务贸易便利化是天津港下一步发展的重要任务。

四、京津冀临港经济发展路线图

（一）发展路径

根据目前京津冀港口群的发展现状及存在的问题，首先从整体上对各大港口进行统一功能布局，再逐个针对每个港口的特性问题提出完善路径。总体上提出，以北京为首，打造天津港和唐山港为"双核"，秦皇岛港和黄骅港为"两翼"的真正意义上一体化的港口群，促进京津冀协同发展。同时，为保障其发展，要完成"四个一",即一个跨区域港口管理企业联盟,一个口岸通关模式,一个电子信息共享平台,一个集装箱运输网络。

1. 天津港

功能依然定位于国际航运中心和物流中心建设,着重发展集装箱运输。以天津为核心布局集装箱运输网络,天津港作为干线港,河北省唐山港、秦皇岛港和黄骅港作为支线港和喂给港,在这些港口投资建设能够更好地发挥比较优势的集装箱码头,扩充其影响范围。

天津港未来发展,致力于吸引国际航运中转业务,进一步完善临港产业向高端航运服务业转型,完善金融、保险、中介、信息等高端航运服务功能,增强国际竞争力。

2. 唐山港

唐山港全面发展煤炭、铁矿石、原油等大宗散货运输,统筹集装箱、钢铁、杂货、化工原料等综合物资运输,拓展港口物流、商贸、信息、保税等服务功能,建成国家主要港口、东北亚地区经济合作的前沿枢纽、国际综合大港。

唐山港内部的曹妃甸港区和京唐港区的功能可以根据其自然条件及产业现状进行划分。首先,其水深优势决定,曹妃甸港区主要发展10万吨级以上大进大出的泊位,京唐港区则主要满足10万吨级以下的泊位。其次,曹妃甸港区的码头大部分由首钢、中石化、中石油等大型企业码头组成,京唐港可错开定位于满足中小型企业的码头需求。最后,对于国际大宗商品运输,如铁矿石等,可以根据吨位等级不同,所需船型和水深需求不同,合理分工,接卸来自不同国家、不同吨级的矿石船舶。此外,唐山港的两大港区之间还存在1000多平方公里的滩涂,可以开发用于建立临港产业功能园区。

唐山港的发展,需要打通北京到唐山港的直接货运和客运通道,天津滨海北站可以考虑直接延伸到曹妃甸港区,建立北京直接出海的铁路要道,减少运输成本。此外,充分发挥曹妃甸港区的水深优势,加快建设40万吨级船舶泊位。在临港产业发展上,可以进一步吸引北京的汽车等装备制造业向其港口周边转移布局。

3. 秦皇岛港

秦皇岛港在合理控制煤炭运输能力的基础上,加快转型升级,实施西港搬迁改造工程。西港区重点发展海上旅游客运和邮轮母港;东港区积极拓展集装箱和杂货业务，保持北方国际能源大港地位，向多功能现代化大港转变。

秦皇岛港的发展受到区域的限制，无法继续扩张。其可在原有基础上，提升港口与城市互动发展功能，并注重绿色港口建设，减少煤炭污染。同时，加强旅游休闲等产业，带动港口及城市发展。

4. 黄骅港

黄骅港重点发展铁矿石、车辆滚装、集装箱、液体化工、煤炭、原油（LNG），拓展综合运输、临港工业、仓储、物流等现代港口功能，建成国家主要港口、北方国际散货石化大港。

黄骅港的发展较为缓慢，其主要任务是完善货物运输种类，逐步发展成综合性区域港口，以散货运输为主，同时完善信息建设、港口仓储及物流等基础功能。

（二）路线图

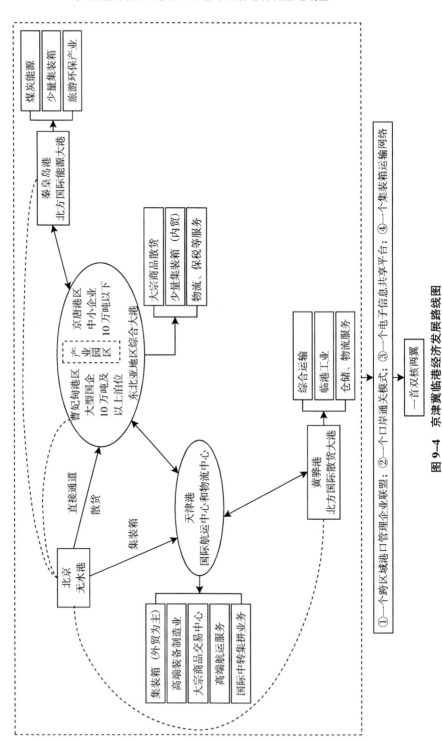

图 9-4 京津冀临港经济发展路线图

（三）保障措施

1. 建立跨区域港口运营企业联盟

2014 年 8 月 18 日，天津港集团与河北港口集团共同出资 20 亿元，组建渤海津冀港口投资发展有限公司，跨区域港口联盟运营企业的成立标志着京津冀港口群的发展可以统一规划，资源要素均可统一配置，可以有效避免重复建设和恶性竞争。该公司的成立虽是标志性的，但很多实质性的问题还未解决，成立半年来也并未有实质性的规划出台。首先，牵涉到的港口均由不同的主体运营，其中利益集团之间的利益分配协调问题是首先需要解决的。其次，应尽快设计出台京津冀港口群的发展规划，明确各大港口的功能定位、发展目标和协调机制。

2. 建立统一的通关模式

2014 年 7 月，海关总署宣布京津冀海关区域通关一体化改革率先在北京海关、天津海关启动实施，三地统一通关模式的建立有助于降低企业物流成本，提高通关效率。同时，各个港口应建立通关"一条龙"服务，设立通关服务大厅，将通关涉及的部门及机构进行整合，大大缩短通关时间。尤其对于天津港，致力于吸引国际中转业务，通关的便捷性是必备的硬件条件，比照韩国釜山港的平均通关时间为 1 小时，新加坡为半个小时，天津港的通关时间还有很大的改善空间。

3. 建立统一的电子信息共享平台

建立京津冀港口群电子信息共享平台，将各大港口船舶数据、物流数据、货物等数据均整合至一个共享平台，统一进行船舶调度、物流查询，实现港口间信息共享，掌握全局，及时进行资源调配，避免资源浪费或恶性竞争。

4. 建立统一的集装箱运输网络

以天津港为核心，建立环渤海京津冀港口群的集装箱运输网络。河北各大港口的集装箱运输起步较晚，规模小，部分港口集装箱外贸资质未能获准，短期内很难形成足够规模的集装箱码头，也不具备足够的腹地支撑条件。河北港口应将天津港作为重要的战略支撑，围绕其枢纽地位，融入天津港的营运网络，大力推进集装箱专业泊位建设，确定支线港和喂给港，构建统一的集装箱运输网络，提升影响力。

5. 天津港吸引国际中转业务的保障措施

简化国际中转拼箱的业务流程，提高中转效率；完善航线网络，尤其是内支线网络的支持；降低拼箱费用，拓展业务市场；突出保税港区的保税功能，充分利用自贸区建设的政策优势；建立新的保税港拼箱中心，吸引货物中转拼箱业务。

参考文献

［1］曹重. 港口经济与京津冀协同发展［J］. 港口经济，2014（3）.

［2］常保平，杭明升. 我国港口产业发展的现状及对策［J］. 中国港口，2014（6）.

［3］陈志卷. 基于偏移增长的集装箱港口群竞争格局研究［J］. 商场现代化，2013（26）.

［4］丁丽君. 我国环渤海港口群与区域经济互动发展研究［D］. 青岛：中国海洋大学，2012.

［5］李虹. 京津冀一体化背景下港口物流发展对策研究［J］. 物流科技，2014，37（2）.

［6］李剑，徐潇，姜宝. 港口群、城市群与产业群互动关系研究——以环渤海地区为例［J］. 中国水运（下半月），2012（3）.

［7］李敏. 推进京津冀协同发展：港口怎么办？［J］. 领导之友，2014（5）.

［8］李世泰，张赵，亚萍. 环渤海港口群核心竞争力评价研究［J］. 国土与自然资源研究，2012（4）.

［9］李文荣. 唐山港口城市功能定位研究——基于城市竞争力分析的视角［J］. 港口经济，2013（7）.

［10］李燕. 京津冀物流业合作与区域发展研究［R］. 科学发展·惠及民生——天津市社会科学界第八届学术年会优秀论文集（下），2012.

［11］李永. 京津冀协同发展推进渤海湾港口物流产业优化［J］. 中国水运，2014（6）.

［12］林超. 河北加强口岸建设　推动京津冀口岸一体化发展［J］. 港口经济，2014（5）.

［13］刘长俭. 环渤海地区港口经济运行特点及预测［J］. 港口经济，2014

（1）.

［14］刘天寿，李红娜，朱敏峰.我国环渤海主要港口的功能定位分析［J］.生产力研究，2014（6）.

［15］刘天寿.我国环渤海港口群的布局研究［J］.中国证券期货，2013（6）.

［16］卢园.环渤海经济区新环境下的天津港物流特色［J］.现代商业，2013（3）.

［17］马新力.缅甸将深海港口打造成贸易中心［J］.港口经济，2014（6）.

［18］孟祥林.港口与腹地互动视角下环渤海发展的区域经济学分析［J］.区域经济评论，2014（3）.

［19］苏红燕.京津冀港口——腹地物流网络模型研究［D］.燕山大学，2012.

［20］王子龙，韩增林.环渤海地区主要港口竞争力评价［J］.资源开发与市场，2012（3）.

［21］沃瑾，郭昊.浅析环渤海港口群的经济运行情况及对策［J］.华北科技学院学报，2013（3）.

［22］吴满财，黄慧微.基于产业集群的环渤海经济圈港口物流协同发展研究［J］.铁道运输与经济，2013（8）.

［23］邢录珍.在京津冀协同发展中提升河北港口综合实力［N］.中国港口，2014（7）.

［24］张红彩.京津冀空港、海港、陆港协同发展的对策［J］.综合运输，2014（6）.

［25］周桂清.我国港口格局分布与发展路径探究［J］.物流工程与管理，2014（7）.

［26］庄佳芳，余思勤.基于探索性空间数据分析的我国港口空间格局［J］.上海海事大学学报，2013（3）.

第十章
总 结

　　北京自 1949 年以来经历了消费性城市向生产性城市，生产性城市向服务性城市，服务性城市向国际性城市三次经济结构调整，不断升级的结构调整使得北京经济总量快速增长，经济结构不断优化，城镇化水平和人民生活水平不断提高。在新形势下，北京具有进行第四次经济结构调整的优势，并面临前所未有的机会，应克服劣势、迎接挑战，走循环经济道路，扩大发展空间向首都经济圈发展，依照国际发达国家首都经济圈形成的经验继续提升结构优化空间。

　　各国首都经济圈的成熟结构一般都具有八个组成形态：服务经济、总部经济、知识经济、"绿色经济"、园区经济、临轨经济、临空经济和临港经济。首都经济总是先经历极化效应，然后再转向扩散效应，最终在一定区域内形成稳定的首都圈经济结构。将北京与伦敦、巴黎、首尔和东京四个国际性首都圈发展进行定性和定量比较分析后发现：北京作为中国的首都经济单体，已具有一定的经济实力，在与其他四个首都经济体相比排名靠前，但作为首都经济圈尚未形成，按京津冀全域口径计算的北京首都经济圈与四个国际首都经济圈相比差距较大。目前北京单体首都经济已经发展到瓶颈期，无法疏导密集的城市功能，"城市病"开始生长。因此北京应当遵行首都经济发展规律，通过疏解首都的部分功能到周边城市，逐步向外扩散形成首都圈层。只有实现京津冀一体化协同发展，即建立全域性的首都圈经济，才能实现首都经济结构真正的优化升级。

　　基于上述研究结论，同时深入贯彻习近平总书记"226 讲话"精神，以京津冀为研究对象，立足于如何疏解北京非核心功能，在调整首都经济结构的同时，充分发挥首都核心圈层的辐射效应，带动天津、河北等周边省市协同发展，本着"有进有退"的发展原则，初步提出了首都服务经济、总部经济、知识经济、

"绿色经济"、临空经济和"村庄"经济、临轨经济和临港经济发展路线图。

第一，服务经济。①三个大力加强：以保险业为突破口，大力加强金融政策中心优势、发展技术推广服务业，大力加强技术创新转化进程、发展机械设备租赁业，大力加强法律、产权服务。②四个调整升级：调整升级公共交通系统，调整升级小型居民服务业，发展集约化经营、调整升级大气及水污染防治系统，调整升级高等教育资源、剥离职业教育环节。③五个逐步退出：房地产开发经营业、大型批发零售物流业、信息集成软件开发业、大型体育赛事及国际会议、中央行政机关及解放军四大总部。④保障措施：放宽服务领域市场准入，建立健全市政公用事业的投资主体、运营主体招标制度与特许经营制度，简化服务企业登记注册、税务登记等审批流程和手续，简化外商投资服务业企业多级分支机构登记程序，放宽服务业企业集团登记在母子企业注册资本总额、控股子公司数量方面的限制；鼓励市属服务企业加快社会职能剥离、非核心业务拆分与重组，加速国有资产证券化。按照"政事分开、管办分离"原则，推进政府机关与其下属事业单位分离，分类推进事业单位改革；完善服务行业管理体系，解决多头管理、管理缺位问题，探索在电子商务、三网融合、物联网等新兴服务领域方面的管理机制；推动服务要素资源改革，建立公开、透明的市场定价机制，加强服务业行政事业性收费管理；加大服务项目采购力度，增加新兴服务业如专业咨询服务、信息服务、国产软件服务、专业设计服务、中介服务等领域的政府采购；加大政府对社区服务、文体活动、养老服务等社会服务领域的购买力度，培育和扩大服务市场；提高生活服务业比重，引导文化娱乐、教育培训、体育健身、医疗保健等行业发展；加强服务业与第二产业协调，推动制造业和生产性服务业融合发展。

第二，总部经济。①大力引入并发展国际行业协会总部，跨国企业总部予以保留并升级。国内总部企业采取"有保有退"原则。②行业层面，发展行业工资水平较高的金融业、互联网服务、科学研究和技术服务业，保留船舶、电力、基建和旅游酒店业。③价值链层面，剥离总部的生产制造、售后、采购物流环节。④首都总部聚集区层面，整合形成八个功能定位不同的总部聚集区。⑤建议将军事总部外迁，政治总部保留。天津承接部分总部企业，河北承接总部企业剥离的部分环节。总部企业取舍的前提是中央行政机关外迁和一体化交通。⑥保障措施：建立"京津冀共同发展基金"，采用地方财政、中央财政、世界银行等海外融资配套方式，解决结构调整过程中的资金问题；外迁总部或环节需统筹考虑医疗、教育、行政等资源的配套转移；建立"就业服务中心"，通过提供技能培训、职业介绍、担保贷款等服务，安置结构调整中富余的人员；从企业所得税优惠、员工工资和福利等角度制定鼓励总部企业及人员外迁的利好政策；长期范围内，应下定决心将国务院相关机构和军事总部外迁，留下核心部门和军事指挥部，以缓解人口的刚性增长；建立"国际行业协会服务中心"，通过建设信息数据共享平台和交流平台，提供畅通的政府联络通道和贴心的管家服务，吸引国际行业协会的入驻；构建跨国公司地区总部发展平台，加强政府服务质量和基础设施建设，发展现代服务业，建立与国际接轨的市场运行规则，吸引跨国公司地区总部入驻。

第三，知识经济。首都知识经济结构调整要立足于京津冀协同发展和产业链整合创新，为破解人口、资源和环境约束难题寻找突破口。①加快产业价值链的整合与创新。加快建设"京津科技新干线"和创新共同体，承接北京高新技术企业转移和最新研究成果转化，实现双城高新技术联动发展。开展与河北在传统制造业及部分高新技术产业转移承接上的合作。最终形成以高等教育和研发为基础、以信息产业为先导、以高新技术产业为主导、以文化创意产业为重要支柱的产业格局。②加快产业的均衡布局与协同发展。北京应以发展创新型知识信息服务业为主，并大力发展同国际接轨的高科技新兴信息服务业，形成自己的信息服务品牌。天津应以发展信息化与工业化融合的生产型信息服务业为主。河北应重点加快推进石家庄卫星导航产业基地、秦皇岛数据产业基地、唐山工业软件园和保定、廊坊、秦皇岛服务外包示范区建设等行业，推动信息服务业快速发展。③彻底淘汰低端产业和高污染制造业，加快发展高端产业和积极培育新兴产业。④转化高等教育和科研资源空间布局实现内涵式提升。通过设立分校、建设新校区和合作办学等多种形式向河北部分县市转移首都部分高等教育资源，适当迁出部分北京科研院所和事业单位向津冀转移。同时，适应产业结构转型升级的客观要求，要推动三地高等教育走内涵式提升发展之路。首都高等教育要重点朝着综合研究型大学发展，天津高等教育要重点朝着应用教学型大学发展，河北高等教育要重点发展现代职业教育，三地在高等教育资源空间转移和配置上适度开展合作。⑤加快建立京津冀三地科学研究及技术服务创新联盟。⑥优化文化创意产业结构，提升科技创新和文化创新"双轮驱动"发展的软实力，推动文化和科技融合发展。

第四,绿色经济。①绿色能源层面,提高清洁能源供应能力、加快控制煤炭消耗、拓展可再生能源;绿色基础设施层面,规范建筑、轨道交通网络的节能降耗。②绿色产业层面,依据低消耗、低排放、高效率标准进行产业筛选,构建高端低耗的绿色产业体系。③绿色消费层面,完善绿色消费体系,提高垃圾处理能力,引领低碳生活,实现资源的合理利用。④绿色环境层面,加强环境法规管理、提高环境容量、推动区域间合作,提升生态承载能力、建设生态宜居家园。⑤保障措施包含:以技术创新促绿色发展,高度重视绿色低碳产业的共性技术、关键技术开发的协作和联合攻关,建立合作研究制度,提高研发能力,通过科技孵化器、科技产业园、高新技术园区、中小企业创新基金等科技政策,引导和鼓励企业绿色低碳技术的研发和创新主体;建立多元化的融资渠道,落实财政资金等优惠激励政策,建立绿色金融体系,开放民间资本进入环保基础设施领域;完善制度保障,建立科学规范的绿色发展目标评价考核制度,建立反映市场供求、资源稀缺程度和环境损害成本的资源价格体系,对重点路段和区域征收交通拥堵费,健全排污收费机制,加强城市运行管理;对居民日常消费品实行"绿色补贴",引导"绿色消费";加强京津冀合作,完善环境保护区域合作机制建设,开展环境保护科研合作与环境信息共享。

第五,临空经济。①新机场临空经济发展的产业发展模式主要选择商务贸易型;产业布局分为机场核心区(航空工业、电子信息、物流、加工),南中轴商贸区(会展、总部经济、国际交往、现代服务业),东部综合保税区(综合保税、贸易、国际贸易结算中心、融资租赁、期货保税交割),西部生活服务区(酒店、零售、服务业),边缘组团工业区(技术性产业、都市工业、航空加工)。②企业类型主要分为航空核心产业(指向性强)、航空关联产业(指向性较强)和航空引致产业(指向性一般)。③首都机场调整为产业重心转向服务业,货运任务到天津。天津滨海机场调整主要是承担北方航空货运中心,以物流运输为主。河北机场调整为北京客运分流地。

第六,"村庄"经济。力争实现 2020 年三"化"新格局:加深中关村、亦庄与天津、河北重要区域之间的协同创新程度,开拓自主创新协同化新格局;逐步形成区域的产业差异化分工、协作配套的联动发展,打造产业分工协作一体化新格局;进一步凸显科技创新对经济社会发展的支撑作用,力争在全国率先形成创新驱动发展新格局。建议调整亦庄开发区以及其他制造业为主的产业园区基本功能，逐步去制造业化，提升高科技产业及建设研发中心。改变目前十六园区碎片化发展状况，适当集中整合园区资源。具体提出对策建议：①共建科技园，将中关村研发功能拓展到天津，打造以科技园区为主要载体的跨区域创新创业孵化共同体，推动全方位的创新创业服务合作。②共建跨区域技术转移联合体，推动中关村重大创新成果在津冀地区转化，依托中科院北京国家技术转移中心、产业技术研究院、中国技术交易所等科技成果服务机构，组建由中关村科研院所、龙头企业、行业联盟等主体组成的跨区域技术转移联合体，重点围绕新一代信息技术、生物技术、新能源、高端装备等产业领域，推动重大科技创新成果在京唐秦、京保石、京廊津塘三大交通干线周边的落地转化，打造大数据走廊、现代装备制造业走廊等一批跨区域的战略性新兴产业走廊。③共建特色产业园区和产业基地，培育战略性新兴产业集群。④推动传统产业升级。京津冀三省市主导产业实现错位发展，分类引导具有不同发展意愿的亦庄制造企业，传统制造领域实现技术改造升级。⑤联合治理区域生态环境。开展生态建设领域重大技术联合攻关，加强环境治理领域的技术集成应用，共同实施一批跨区域环境治理示范项目。

第七，临轨经济。①投融资体制方面，随着临轨经济规模不断扩张，摒弃单一的政府投资模式，建立多元化投融资体制，在贷款、税收优惠、财政补贴、土地供应、项目审批等方面完善民资参与地铁建设的体制机制保障，必要时可发行债券鼓励企业认购，同时成立第三方监管机构，有效保证资金实用效率；采取"站点＋上盖物业"或"线路＋沿线土地"捆绑起来统一招商，创新投资方式，提高项目投资收益。②产业发展方面，对已有地铁线路要加速沿线产业升级，进一步完善轨道交通枢纽与沿线商圈的对接，促进传统服务业向高端服务业的转型以满足居民需要同时吸引客流；对新建地铁沿线应结合本地区优势着力打造适合本地区发展的新型产业模式，在发展地区经济的同时，也间接促进了吸引人口外流这一政治任务。③基础设施建设方面，轨道交通的设计与建设应更加注重安全，对地铁安全门、电梯、车厢、安检闸机等地铁运行设备应定期进行故障排查，确保万无一失。同时在地铁新建及改造过程中更加人性化，如建立地铁车厢内无线网络全覆盖、完善残疾人专用通道等，使地铁在具备原有方便、快捷等特性的同时变得更加舒适。④轨道交通发展模式方面，应积极参考国内外先进经验，这方面可以借鉴中国香港的"轨道交通＋物业"的发展模式，使交通线路规划与城市规划、土地规划同步进行、有机结合，避免重复配置。同时在地铁周围建造大型停车场、公共自行车桩，鼓励居民乘坐公共交通出行。⑤城区铁路建设方面，应加速城市周边铁路建设及沿线改造，改扩建车站以完善运力；加快城市内铁路的拆除和搬迁工作，在协调各方利益的基础上，将原有穿城而过的货运线路搬离市中心以缓解一部分交通压力，同时空出部分城市用地以重新划分城市功能区。⑥京津冀一体化方面，加速城际轨道交通一体化建设，在此基础上简化收费手续、统一收费标准，实行三地通关和通勤一证制度，提高三地人员和货物流动的便利化程度。

第八，临港经济。未来5~10年内，以北京为首，天津港和唐山港为"双核"，秦皇岛港和黄骅港为"两翼"的真正意义上一体化的港口群，促进京津冀协同发展。①北京作为无水港，直接通道与天津港、唐山港相连，集装箱业务主要从天津港出海，散货则直接通往唐山港。②天津港仍定位国际航运中心和物流中心，着重发展外贸集装箱、高端装备制造业、高端航运服务业、国际中转集拼业务。在吸引国际中转业务上，简化国际中转拼箱的业务流程，提高中转效率；完善航线网络，尤其是内支线网络的支持；降低拼箱费用，拓展业务市场；突出保税港区的保税功能，充分利用自贸区建设的政策优势；建立新的保税港拼箱中心，吸引货物中转拼箱业务。③唐山港总体定位为东北亚地区综合大港，着重发展大宗商品散货、少量集装箱业务以及物流、保税服务。其中曹妃甸港区主要满足大型国企的运输需求，侧重发展10万吨级以上大进大出的泊位，作为互补，京唐港区以满足中小企业运输需求为主，侧重发展10万吨级以下泊位。唐山港的发展，需要打通北京到唐山港的直接货运和客运通道，天津滨海北站可以考虑直接延伸到曹妃甸港区，建立北京直接出海的铁路要道，减少运输成本。此外，充分发挥曹妃甸港区的水深优势，加快建设40万吨级船舶泊位。在临港产业发展上，可以进一步吸引北京的汽车等装备制造业向其港口周边转移布局。④秦皇岛港继续保持北方国际能源大港地位，并逐步向多功能现代化大港转变，注重港城互动，加大环保旅游产业的发展力度。⑤黄骅港定位于北方国际散货大港，主要发展综合运输、临港工业和仓储物流等港口基础功能。⑥同时，为保障其发展，要逐步建立完成"四个一"的保障措施：一个跨区域港口管理企业联盟、一个口岸通关模式、一个电子信息共享平台、一个集装箱运输网络。

附 录
LQ 计算的数据

以 2012 年数据为例。i = 1、2、3 分别代表北京、天津、河北；j = 1~5，分别是交通运输、仓储和邮政业、批发和零售业、住宿和餐饮业、金融业、房地产业。X_{ij} 是 j 区 i 产业，L_{ij} 是 j 区 i 产业的产值。

	L_{ij}	$\sum L_j$	$\sum L_i$	$\sum L_{ij}$	LQ_{ij}
X_{11}	816.31	24660.00	13669.93	231934.48	0.561644
X_{21}	2229.77	49394.4	13669.93	231934.48	0.765916
X_{31}	373.06	10464.21	13669.93	231934.48	0.604883
X_{41}	2536.91	28722.68	13669.93	231934.48	1.498577
X_{51}	1244.17	29359.73	13669.93	231934.48	0.718996
X_{12}	683.56	24660.00	6058.46	231934.48	1.061174
X_{22}	1680.33	49394.4	6058.46	231934.48	1.302327
X_{32}	222.18	10464.21	6058.46	231934.48	0.812833
X_{42}	1001.59	28722.68	6058.46	231934.48	1.33496
X_{52}	449.65	29359.73	6058.46	231934.48	0.586308
X_{13}	2212.93	24660.00	9384.78	231934.48	2.217767
X_{23}	2024.29	49394.4	9384.78	231934.48	1.012829
X_{33}	388.87	10464.21	9384.78	231934.48	0.918416
X_{43}	913.66	28722.68	9384.78	231934.48	0.786142
X_{53}	982.05	29359.73	9384.78	231934.48	0.826652

后　记

　　本研究成果来自于两个课题的支撑：第一，北京市教委共建项目"提升北京创新能力，打造环渤海经济新引擎"；第二，北京市社科基金 2013 年重大项目"推进首都经济结构战略性调整研究"（批准号 13ZDA03）。感谢两个项目经费的支持，使得课题组完成了巨大的研究工作量，并顺利结项。

　　本研究报告撰写的人员分工如下：第一章和第十章：刘瑞；第二章：胡亚昆；第三章：伍琴；第四章：韩学广，权五恩；第五章：金乐琴、徐天泽；第六章：韩超；第七章：曲闻；第八章：黄炎、高峰；第九章：伍琴。刘瑞对各章进行了统稿，对部分章节内容进行了补充修改。

　　在课题调研期间，得到了北京市发改委、北京市南部机场筹建办公室、北京市公交集团总公司、天津市发改委、天津市滨海新区政府、天津市东疆港务集团、河北省发改委、河北省曹妃甸新首钢集团、河北大学、辽宁省发改委、山东省发改委等单位及个人的无私援助和支持，借此出版机会表示真诚的感谢。

刘　瑞

2016 年 6 月 6 日